ELEFANTE

conselho editorial
Bianca Oliveira
João Peres
Tadeu Breda

edição
Tadeu Breda

preparação
Marlon Magno

revisão
Beatriz de Freitas Moreira
Lilian Aquino

capa & projeto gráfico
Bianca Oliveira

Eduardo Gudynas

Direitos da Natureza

—

Ética biocêntrica e políticas ambientais

tradução
Igor Ojeda

Introdução 11

1. Os valores e a Natureza 15

1.1. As urgências ambientais 16
1.2. Antropocentrismo, utilidade e controle 20
1.3. Críticas e alternativas 27
1.4. A construção de uma ética para a Natureza 31

2. Valores da Natureza 41

2.1. Ética, moral e valor 42
2.2. A multiplicidade de valorações 44
2.3. Valores intrínsecos 48
2.4. O caso das espécies inúteis e feias 53
2.5. Moral, valores e ecocentrismo 55
2.6. Valores e biocentrismo 58
2.7. Os sentidos do biocentrismo 65

3. Meio ambiente, direitos e transformações políticas 71

3.1. Valores e direitos 73
3.2. Meio ambiente e processos constitucionais 76
3.3. A guinada progressista 78
3.4. Progressismo, desenvolvimento e éticas ambientais 81
3.5. Esgotamento progressista e fortalecimento conservador 87

4. Meio ambiente e Natureza na Constituição do Equador 91

4.1. A Assembleia Constituinte 92
4.2. Conteúdos ambientais 94

4.3. Natureza e Pacha Mama 95
4.4. Direitos de terceira geração 98
4.5. Direitos da Natureza e biocentrismo 102
4.6. Direitos de restauração da Natureza 108
4.7. Bem Viver e estratégias de desenvolvimento 110

5. A construção do giro biocêntrico 113

5.1. Atores e âmbitos de discussão 114
5.2. Comparações na América Latina 122

6. Natureza, ecossistema, Pacha Mama 133

6.1. Natureza 134
6.2. Sistemas ecológicos 137
6.3. Naturezas em disputa 139
6.4. Pacha Mama 141
6.5. Diversidades, redefinições e relacionalidades 145
6.6. Outras ontologias 149
6.7. Escala e âmbitos dos direitos 159
6.8. As demandas atuais 164

7. Política e gestão ambiental 167

7.1. Implicações do biocentrismo para as políticas e a gestão ambientais 168
7.2. Marco das políticas e da gestão ambiental equatoriana 172
7.3. Compensação e reparação 176
7.4. Restauração e reparação ambiental 179
7.5. Outra política, outras orientações 182

8. Justiças ambiental e ecológica 189

8.1. Justiça ambiental 190
8.2. Uma justiça entre humanos 194

8.3. Uma justiça para a Natureza: justiça ecológica **196**
8.4. As múltiplas fundamentações da justiça ecológica **198**
8.5. Críticas a uma justiça ecológica **203**
8.6. A necessidade de uma justiça para a Natureza **205**

9. Cidadanias, direitos e meio ambiente **209**

9.1. O conceito clássico de cidadania **210**
9.2. A herança neoliberal e as cidadanias incompletas **213**
9.3. Cidadania ambiental e governos progressistas **217**
9.4. Conflitos sociais e cidadania **219**
9.5. Direitos da Natureza e metacidadanias ecológicas **221**
9.6. Cidadanias na selva: florestania **224**
9.7. Articulando as cidadanias **227**

10. Ensaios, avanços e retrocessos **231**

10.1. Direitos da Natureza e petróleo na Amazônia **232**
10.2. Alternativas aos extrativismos **244**
10.3. Políticas públicas a partir do biocentrismo **248**

11. Desenvolvimento, sustentabilidade e biocentrismo **253**

11.1. Desenvolvimento sustentável **254**
11.2. As correntes da sustentabilidade **257**
11.3. O questionamento ao desenvolvimento **262**
11.4. Alternativas ao desenvolvimento e Bem Viver **265**

12. Conservação: ética, ciências e crise **271**

12.1. Uma conservação biocêntrica diante da crise **272**
12.2. Distanciamento, tensões e restrições em relação à ética ambiental **278**

12.3. Uma "nova" ciência da conservação **280**

12.4. Ecologia, sociedade e desenvolvimento **285**

12.5. Antropocentrismo e biocentrismo, novamente **289**

13. Desafios de uma nova ética ambiental **295**

13.1. A construção de uma nova ética **297**

13.2. Direitos e políticas a partir da perspectiva do biocentrismo **302**

13.3. Contextos locais e demandas universais **308**

13.4. Urgência, desafios e alternativas **312**

Referências bibliográficas **319**

Sobre o autor **336**

Introdução

Uma das mais importantes novidades no amplo campo das políticas ambientais é o reconhecimento dos direitos da Natureza. É possivelmente uma das mudanças mais radicais das últimas décadas, pois implica transformações e alternativas que afetam as raízes mais profundas dos entendimentos sobre a política e o desenvolvimento contemporâneos. Uma vez que tais direitos partem do reconhecimento da Natureza como um sujeito, imediatamente são colocadas em questão as formas de se entender a política, a justiça e a cidadania, assim como nossas relações com o meio ambiente.

Desse modo, os direitos da Natureza alimentam reformulações em todo o espectro coberto pelas políticas ambientais — e, a partir daí, na gestão de tais políticas. É uma demanda ambiciosa, mas indispensável, dada a crescente degradação ecológica que vive o planeta em geral e a América Latina em particular. Não há dúvida de que existem avanços na compreensão da questão ecológica e na promoção de leis e instituições para abordá-la. Mas também é preciso reconhecer que o resultado tem sido insuficiente. As atuais medidas em política ambiental são incapazes de deter a degradação ecológica e a perda de biodiversidade. Somente no Brasil, grandes regiões ecológicas, como o Cerrado ou a Caatinga, correm o risco de sofrer uma artificialização completa nas próximas décadas, repetindo o que ocorreu há um século, com o quase total desaparecimento da Mata Atlântica. A tudo isso se somam os problemas continentais e os globais, dos quais se destaca o das mudanças climáticas.

As políticas ambientais que buscam inserir a conservação dentro do mercado, apelando, por exemplo, ao estabelecimento de um preço para a Natureza, têm sido ainda mais ineficazes. Estamos rodeados por evidências que mostram que esses mecanismos econômicos convencionais não asseguram uma efetiva proteção da biodiversidade. Por sua vez, à medida que a qualidade política atual se debilita, por meio de processos como os autoritarismos, a questão ambiental fica ainda mais para trás. Esse contexto explica a repetição de estilos de desenvolvimento que se baseiam em uma apropriação intensiva da Natureza para repetir nosso papel como exportadores de matéria-prima.

Sob essas condições, torna-se necessário reconsiderar nossa relação com a Natureza de forma muito diferente. Este livro explora essas opções, partindo do conceito dos direitos da Natureza e apelando aos exemplos concretos sobre como foram abordados em vários países, especialmente no Equador. A postulação de uma Natureza como sujeito tem consequências em todas as políticas ambientais, na biologia da conservação, nos entendimentos sobre justiça e cidadania, e até em como são pensados a democracia e o desenvolvimento.

Este texto é um exercício que, a partir da ecologia política e da ética ambiental, trata das relações entre meio ambiente e desenvolvimento. Portanto, é uma reflexão necessariamente transdisciplinar e, sempre que possível, faz alusão a exemplos latino-americanos. De todo modo, é oportuno advertir que esta não é uma análise focada no direito ambiental, nem na filosofia. Na realidade, é um texto que parte do convencimento de que as atuais ciências ambientais não podem mais se restringir a seus aspectos biológicos — devem, sim, incorporar cada vez mais imperativos éticos e suas vinculações com a gestão e a política. Essa transformação é indispensável para se enfrentar a grave crise ambiental na qual a humanidade está submergindo.

Também é preciso assinalar que o termo "Natureza"

será apresentado com maiúscula para se referir a um meio ambiente, como conjunto ou sistema, em que prevaleçam paisagens, fauna e flora originais (desde silvestre até graus intermediários de intervenção humana). Busca-se, assim, resgatar o conceito de outros usos atuais, como capital natural. Do mesmo modo, serve para diferenciá-lo da palavra "natureza", entendida como essência ou propriedade de algo.

O conteúdo deste livro foi possível graças ao apoio de muitas pessoas. Entre elas, destaco Alberto Acosta, ex-presidente da Assembleia Constituinte do Equador, por seu acompanhamento e amizade; também as autoridades daquele processo, por terem permitido minha participação em algumas de suas etapas, em especial Mónica Chuji (que presidia a Comissão de Recursos Naturais da Constituinte) e Francisco Rohn Dávila. Diferentes ideias foram discutidas com, entre outros, Arturo Escobar e Marisol de la Cadena. Arne Naess, a quem conheci em Montevidéu, está presente em várias seções. As ideias aqui elaboradas foram debatidas em diferentes eventos na América Latina juntamente com movimentos sociais, acadêmicos e políticos, e suas contribuições e comentários ajudaram a melhorar o conteúdo. Em Montevidéu, agradeço aos companheiros do Centro Latino-Americano de Ecologia Social (Claes) e, também, ao apoio contínuo da Fundação C. S. Mott.

A atual versão deste livro foi preparada especialmente para o Brasil e se beneficiou dos comentários das cinco versões anteriores. Finalmente, agradeço à Editora Elefante por possibilitar esta versão brasileira em um momento tão grave para o país.

1. Os valores e a Natureza

Nas últimas décadas, acumula-se um enorme volume de informações que alertam sobre os sérios impactos ambientais e a perda de biodiversidade em todo o planeta. Por sua vez, os impactos ambientais também afetam diretamente muitas comunidades locais. Desse modo, alimentam-se as reivindicações por outras relações com o meio ambiente e, nesse contexto, surge uma ou outra consideração sobre seus valores — propõe-se, por exemplo, possíveis valores econômicos à biodiversidade, ou seus valores culturais para povos indígenas, ou a relevância de espécies ameaçadas.

Dessa maneira, explícita ou implicitamente, a questão da valoração é uma dimensão de enorme relevância nos debates ambientais atuais. Essas questões são analisadas no presente capítulo, caracterizando-se as posições prevalecentes na atualidade e o papel de uma ética ambiental na renovação das políticas ambientais orientadas à conservação.

1.1. As urgências ambientais

As circunstâncias ambientais atuais não apenas são graves; a degradação que enfrentamos é mais extensa e aguda do que muitas vezes se aceita. Uma brevíssima revisão da situação ambiental deixa isso evidente.

Internacionalmente, alerta-se sobre a existência de uma onda de extinções maciças de espécies (Barnosky *et al.*, 2012; Ekins *et al.*, 2019) e disfuncionalidades ecológicas em escala planetária, tais como mudanças climáticas, alterações nos ciclos de fósforo e nitrogênio e a acidificação marinha, que ultrapassaram limites planetários (Rockström *et al.*, 2009; Sutherland *et al.*, 2010; Ekins *et al.*, 2019), e que dificilmente são administráveis (Galaz *et al.*, 2012). Essas alterações são de tal envergadura que estaríamos nos aproximando de um salto nas dinâmicas planetárias (Barnosky *et al.*, 2012). Isso traz, como consequência, o risco de deteriorações ecossistêmicas encadeadas, em grande escala, e possivelmente irreversíveis.

Não são poucos os que dizem que tal situação não atinge a América Latina com a mesma gravidade, e que, de alguma forma, nosso continente estaria a salvo desses problemas por ainda contar com uma reserva de áreas naturais. Pensar assim é um equívoco. Pelo contrário, há na região uma importante degradação ambiental, perda de biodiversidade, redução e fragmentação das superfícies das áreas naturais, e são registradas crescentes dificuldades com diferentes agentes contaminantes. Por exemplo, persiste o desflorestamento, e as áreas naturais estão sendo transformadas pela agricultura e pela criação de gado, além dos impactos locais dos extrativismos minerador e petrolífero. O resultado disso é, no caso de toda a Bacia Amazônica, por exemplo, a substituição dos meios ambientes originais de floresta tropical por paisagens degradadas, mais homogêneas e secas, com amplas zonas de savanas dominadas por pastos onde antes havia selvas (RAISG, 2012).

As mudanças climáticas globais, portanto, também atingem duramente a América Latina, como se evidencia pelo número de eventos extremos (secas e inundações), pela redução dos glaciares andinos ou pelos efeitos negativos nos ciclos de chuva. Os relatórios do Painel Intergovernamental sobre Mudanças Climáticas (IPCC) das Nações Unidas deixam claro que o aumento da temperatura média do planeta continua avançando, com todas as suas consequências (IPCC, 2014).

A apropriação de recursos naturais também pode ser avaliada pela chamada "pegada ecológica", que fornece dados sobre a superfície média necessária para obter os recursos requeridos por cada pessoa (terminologia e indicadores em Ewing *et al.*, 2010). A pegada ecológica total no Brasil é alta, estimada em 3,1 hectares globais/pessoa, abaixo da Argentina, calculada em 3,7 hectares globais/pessoa, a mais alta da América do Sul.[1] Como comparação, a pegada de um cidadão dos Estados Unidos é estimada em 8,4 hectares globais/pessoa. De todo modo, vários países latino-americanos têm uma grande disposição de recursos, nesse caso avaliada como biocapacidade disponível. A biocapacidade disponível no Brasil é enorme (estimada em 11,1 hectares globais/pessoa), mas é ainda mais alta, por exemplo, na Bolívia (16,7 hectares globais/pessoa). Por outro lado, nos países industrializados e em outros, como a China, consomem-se mais recursos do que sua biocapacidade

---

1   Dados referentes a 2014, de acordo com a base de dados publicada em 2018 pela Global Footprint Network. Disponível em: <https://www.footprintnetwork.org>. Acesso em: 18 set. 2019.

disponível e, portanto, todos estão em um déficit ecológico. Em boa parte da América Latina, a apropriação de recursos naturais e a afetação territorial não estão orientadas ao consumo interno de cada país, mas sim a fluxos exportadores globais, fazendo com que acabem servindo às necessidades de consumo de outras nações.

Observam-se avanços no enfrentamento desses impactos ambientais, alguns muito importantes. Em determinados casos, são medidas normativas, como a disseminação de requerimentos de avaliação de impacto ambiental em quase todos os países. Em outros, são ações concretas; por exemplo, a superfície incluída dentro dos sistemas de áreas protegidas passou de 17,5% em 1995 para 23,2% em 2007 (PNUMA, 2010). Mas há um consenso crescente no reconhecimento de que muitas exigências ambientais não são cumpridas, que as agências responsáveis pelo monitoramento e controle são muito fracas (com escasso orçamento e pessoal), e que em várias ocasiões não existe vontade política de impor condições ambientais. Portanto, as atuais medidas são insuficientes para enfrentar as enormes pressões ambientais; as tarefas de restauração e remediação ambiental são muito limitadas; e o saldo líquido é que a degradação ambiental segue avançando.

Um dos principais fatores de pressão e degradação sobre o meio ambiente é a extração de recursos naturais para exportá-los como matérias-primas aos mercados globais. Aqui desempenham um papel-chave os chamados extrativismos, entendidos como a apropriação de grandes volumes de recursos naturais para serem exportados como matérias-primas. Os exemplos conhecidos são a mineração em grande escala, como a realizada em Carajás, a exploração petrolífera ou as monoculturas, como a soja no Cerrado. A América Latina é uma grande fornecedora de recursos naturais para a globalização, e as maiores perdas ocorrem no Brasil. Estima-se que a exportação brasileira em 2012 foi de quase seiscentos milhões de toneladas de recursos naturais, com a Colômbia muito atrás, com aproximadamente 120 milhões de toneladas (Samaniego *et al.*, 2017). Isso determinou a acentuação da dependência econômica brasileira da venda de matérias-primas e sua proporcional desindustrialização nos últimos anos.

Os extrativismos, entendidos como a apropriação de recursos naturais em grandes volumes ou alta intensidade, para sua exportação como matérias-primas, são um dos principais fatores que explicam essa degradação. Entre os setores incluem-se, por exemplo, soja, minérios e hidrocarbonetos. Como os governos, as empresas e, inclusive, muitos setores acadêmicos, políticos e sociais entendem que os extrativismos são indispensáveis para as economias nacionais, não hesitam em reduzir o controle ambiental. Desse modo, as políticas ambientais se debilitam e a degradação ecológica do continente se agrava.

Por fim, é preciso destacar que a questão ambiental adquiriu uma dimensão global. As mudanças climáticas deixam claro que seus efeitos negativos atingem o mundo inteiro e que as ações locais também têm efeitos globais, tal como fica evidente nos relatórios do IPCC (2014).

1.2. Antropocentrismo, utilidade e controle

Essa preocupante situação ambiental deve-se a múltiplos fatores, que vão dos interesses produtivos às fragilidades estatais, do consumismo nacional às condicionalidades do comércio internacional etc. De uma maneira ou de outra, todos esses fatores expressam modos de entender a Natureza. Na América Latina, para além das evidentes diferenças políticas entre os governos, conservadores ou progressistas, ou das particularidades próprias de distintos grupos sociais, persiste a superexploração dos recursos naturais e a minimização de seus efeitos. Isso também acontece, por exemplo, nos países industrializados, entre os novos emergentes, como a China, e até em nações mais empobrecidas. Por trás das diversidades e diferenças, encontramos o que poderia ser qualificado como os alicerces do comportamento cultural sobre o papel que o meio ambiente desempenha.

Tais fundamentos podem ser caracterizados por serem antropocêntricos e orientados a controlar e manipular o meio ambiente em função de sua utilidade econômica. A categoria antropocêntrica diz respeito às posturas centradas nos seres humanos, colocando-os como ponto de partida para qualquer valoração. Concede-se aos humanos um lugar privilegiado ao se conceber que as pessoas são substancialmente distintas de outros seres vivos, únicas por suas capacidades cognoscitivas e por ser conscientes de si mesmas; portanto, somente elas podem atribuir valores. Dessa maneira, unicamente os humanos podem ser sujeitos de valor, fazendo dos demais elementos que nos rodeiam, tais como plantas ou animais, objetos de valor. O antropocentrismo implica também um sentido de interpretar e sentir o meio ambiente em função de necessidades e desejos dos próprios humanos. Portanto, segundo essas posturas, os direitos e deveres podem somente residir nas pessoas.

A Natureza, ou outros conceitos análogos, como meio ambiente, deixa de ser uma categoria plural, é desarticulada e se converte em um conjunto de objetos, vivos ou não vivos, em que alguns poderiam ter utilidade atual ou futura. Se as espécies ou os ecossistemas são objetos, podem eventualmente estar sob a propriedade dos humanos.

Como se pode ver, o antropocentrismo impõe uma valoração extrínseca no sentido de que os valores são propriedades externas aos objetos, e somente podem ser atribuídos pelos seres humanos. Uma planta, um animal ou uma cachoeira não possuem valores em si mesmos ou próprios; estes são atributos que lhes são dados pelas pessoas.

Por sua vez, o viés utilitarista é outro componente-chave. Esse olhar organiza a apropriação da Natureza e se converte na mediação com as compreensões sobre o desenvolvimento. Dessa forma, o desenvolvimento, em qualquer uma de suas variedades, sempre é entendido como uma necessária apropriação da Natureza. Na verdade, para além das particularidades de cada estilo, seja o desenvolvimento ensaiado nos Estados Unidos, no Brasil ou na China, todos esses países compartilham objetivos tais como assegurar o crescimento da economia, aumentar as exportações ou atrair investimentos. A apropriação de recursos naturais é o combustível para esse crescimento desejado.

A forma predominante de valoração dos humanos sob o antropocentrismo tem se baseado na utilidade ou no proveito próprio, por vias diretas ou indiretas. Isso pode ser expressado de muitas maneiras, como apreciar esteticamente uma paisagem, explorar uma jazida de minério ou modificar um ecossistema para convertê-lo em terras de cultivo. Contudo, para além dessas possibilidades, a postura antropocêntrica é organizada para atender à utilidade.

O utilitarismo se expressa na dominação, seja dos humanos sobre o meio ambiente, seja também de alguns humanos sobre outros — homens sobre mulheres, ou adultos sobre jovens. Isso significa que no antropocentrismo a dominação é uma dinâmica repetida, e também patriarcal, em que os agentes da dominação são homens onipotentes que rebaixam as mulheres, "naturalizando-as" em papéis que concebem como subsidiários, tais como o cuidado do lar, a reprodução etc.

Essa perspectiva antropocêntrica tem muitas consequências. Por um lado, a Natureza é fragmentada em componentes reconhecidos como "recursos". Por outro lado, a apropriação desses "recursos" necessariamente exige poder controlar, manipular e possuir o meio ambiente. São defendidas as posturas que permitem extraí-los, separá-los, transpassá-los, modificá-los. Sob esse tipo de apropriação, a utilidade percorre interesses que giram em torno do lucro e da rentabilidade.

Para alcançar esses objetivos, se fazem necessários o controle e a capacidade de manipular a Natureza. A velha raiz cultural desse comportamento tem antecedentes diretos nas profundas mudanças iniciadas no Renascimento, expressas por, entre outros, Francis Bacon, com seu imperativo de dominar a Natureza, e René Descartes, com seu entendimento do meio ambiente e dos animais como máquinas que poderiam ser desmontadas para ser entendidas e manipuladas. Não se pode perder de vista que tais mudanças culturais impregnaram todo o ciclo de explorações e conquistas coloniais na América Latina, alimentando a obsessão pela apropriação das riquezas do continente e justificando a descrição e catalogação de sua Natureza.

A consequência é uma Natureza dividida em elementos,

em que aqueles considerados úteis e valiosos para nutrir certos circuitos econômicos passam a ter um valor, sobretudo econômico. Dessa maneira, a árvore se converte em metros cúbicos de madeira; são as tábuas de madeira que adquirem um valor, enquanto a folhagem ou as raízes se tornam invisíveis ao carecer de utilidade: a árvore, como ser vivo, ou os ecossistemas não têm valores próprios nem direitos. Pelo contrário, impõe-se uma visão utilitarista, que fragmenta a Natureza, separando-a entre recursos úteis (ou potencialmente úteis) e os não úteis.

A perspectiva utilitarista tem como foco as consequências ou utilidades das ações (ver Mulgan, 2007, para uma introdução a essa corrente). Esse tipo de postura tem sido amplamente difundida. Alcançou, por exemplo, a própria conservação, fazendo com que algumas de suas expressões vejam como única saída demonstrar a utilidade de ecossistemas ou espécies vivas. Também se enfrenta um utilitarismo que afeta políticas e procedimentos de deliberação (Pontara, 1994). Dessa maneira, reduz-se ou simplesmente não interessa o problema das valorações em si mesmas, já que o relevante são as consequências. O bem-estar é entendido como a maximização da felicidade ou do prazer dos indivíduos, a partir do que se poderia justificar moralmente, por exemplo: derrubar florestas tropicais desde que os benefícios econômicos obtidos sejam distribuídos entre o maior número possível de pessoas. Por outro lado, a conservação da biodiversidade deveria ser justificada unicamente caso assegure a maior cobertura de bem-estar para as pessoas (mas não necessariamente para outras espécies vivas). Dessa maneira, acaba-se em posturas morais que justificam distintos tipos de egoísmo ancorados na maximização dos lucros, ou que evitam distinguir entre as ações individuais e coletivas. Não é surpresa, portanto, que sejam posturas reivindicadas por tendências políticas conservadoras ou neoliberais, ou que sejam defendidas de forma explícita ou implícita nas economias convencionais (inclusive entre vários economistas neoclássicos, apesar de o negarem; ver Trincado Aznar, 2009).

Como esses utilitarismos são sempre antropocêntricos, não se aceita que a Natureza seja um sujeito de direitos; os direitos da Natureza, portanto, não existiriam. Em vários casos, não somente essa ideia é inaceitável, como nem sequer há disposição para se abordar o problema. O antropocentrismo utilitarista pode chegar a excluir a própria possibilidade de se pensar em sujeitos de valoração não humanos.

Tais limitações têm efeitos em outras dimensões. Por exemplo, impõem condições sobre os direitos cidadãos, incluindo os direitos ambientais de terceira geração. Isso é particularmente evidente com a proliferação de empreendimentos extrativistas, como de minérios ou de hidrocarbonetos, em que os grupos locais sofrem com limitações ou violações de seus direitos. Isso inclui, entre outros, descumprimentos dos direitos de acesso à informação, limitações nas obrigações de promover a participação, descumprimentos das exigências ambientais, deterioração da qualidade de vida. Em muitos casos, isso desencadeia conflitos sociais, às vezes muito duros, em que os direitos desaparecem sob a perspectiva de assegurar utilidades econômicas ou produtivas.

Paralelamente, a insistência na utilidade é difundida culturalmente, invade as interações sociais e corrói as culturas tradicionais de camponeses e indígenas. Pouco a pouco, eles também passam a prestar cada vez mais atenção em critérios de benefício e utilidade.

Por esse e outros caminhos, são geradas condições que fazem prevalecer a valoração da utilidade como valor econômico e que se expressam, sobretudo, no preço. O preço responderia às diferentes disponibilidades das pessoas para realizar um pagamento por um recurso natural, ou para receber uma indenização por um dano ambiental. Outros atributos desses recursos, e seu pertencimento à Natureza, são invisíveis para esse olhar economicista. Ou então é preciso apelar a mecanismos alternativos para traduzir, por exemplo, valorações ecológicas, estéticas ou culturais em valores de mercado. De uma forma ou de outra, a valoração econômica do meio ambiente está estreitamente ligada aos pretendidos benefícios econômicos resultantes da utilização de recursos naturais e, especialmente, à percepção de tal uso como condição necessária para assegurar o crescimento econômico.

Sob essa mesma perspectiva, os direitos de propriedade também são reconhecidos. Certos elementos na Natureza não somente têm um preço, como também, além disso, podem ter donos. Os direitos de propriedade podem existir sobre porções de ecossistemas (por exemplo, dez hectares de selva amazônica), alguns elementos no meio ambiente (é o caso das concessões de mineração), ou sobre partes de um ser vivo (quando se concedem patentes sobre certos atributos genéticos de plantas). A propriedade pode ser privada, estatal, mista (estatal-privada), cooperativa etc.

Dessa maneira, enfrentamos um processo simultâneo em várias frentes: a Natureza perde sua organicidade, é fragmentada, e alguns desses fragmentos têm preço e donos, convertendo-se em mercadorias. Uma vez transformados em mercadorias, são introduzidos nos mercados. Essa penetração do mercado na Natureza tem sido impressionante. Suas expressões mais conhecidas são a difusão de categorias como "capital natural" ou "bens e serviços" ambientais, por meio das quais não apenas seres vivos ou recursos inertes são convertidos em mercadorias, como também tenta-se comercializar até as funções dos ecossistemas.

A apresentação da Natureza como uma forma de "capital" é uma mudança muito recente, mas atualmente aceita em muitos espaços, deixando clara a ampla difusão e a profunda penetração dessa perspectiva mercantilista. Foi a concepção de "capital" que se expandiu até cobrir as distintas dinâmicas sociais (capital humano, capital social) e a própria Natureza. Essa mudança levou à introdução de conceitos como "ativos ecológicos", "investimento" em conservação, "bioprospecção", "maximizar retornos" da conservação etc. A chegada dessa terminologia não é neutra, já que traz consigo um tipo de racionalidade voltado para a utilidade, a eficiência e o retorno. Tudo isso pode ser compreensível no caso de economistas que tentam incorporar aspectos ecológicos em suas análises, mas é surpreendente que também tenha se difundido entre muitos biólogos, ecologistas e conservacionistas, para quem, aparentemente, a proteção dos ecossistemas deve ser tratada como uma questão de intercâmbio entre capitais.

1.3. Críticas e alternativas

É preciso advertir que o antropocentrismo não impede que existam tentativas de enfrentar a crise ambiental. Para alguns, tornou-se evidente que um colapso ecológico, seja em um país, seja em escala global, terá enormes efeitos negativos sobre as economias e a qualidade de vida. É por isso que, mesmo sob posturas clássicas antropocêntricas, foram desenvolvidas disciplinas ambientais importantes, tais como as engenharias florestais ou de manejo da vida silvestre, que tratam da questão ambiental a partir da manipulação e do controle para servir a fins humanos. Uma boa parte da economia ambiental tem se dedicado a identificar o valor econômico dos recursos naturais ou da biodiversidade, um passo indispensável para que sejam expressos no âmbito de mercado e, consequentemente, para que se possa protegê-los ou reivindicar pagamentos por eles, segundo dizem os promotores dessa iniciativa. As atuais correntes que buscam comercializar os chamados bens e serviços ambientais seguem essa mesma perspectiva.

Uma forma extrema de utilitarismo antropocêntrico é o chamado *ambientalismo do livre mercado*, que defende a mercantilização de todos os recursos naturais e das principais espécies (por exemplo, a "privatização" de baleias). Seus defensores entendem que o mercado ofereceria as melhores oportunidades para se gerir esses recursos, com proprietários que defenderiam seus ecossistemas ou espécies (Anderson & Leal, 1991). Não é surpreendente que tais posições desataram ásperas controvérsias (ver, por exemplo, uma deliciosa crítica de Daly, 1993).

O utilitarismo também tem influenciado posições mais moderadas. Seu exemplo mais recente são os preceitos de uma "economia verde", discutidos no marco da Conferência das Nações Unidas sobre Desenvolvimento Sustentável, a Rio+20 (ver PNUMA, 2011), com ativa participação de países latino-americanos, inclusive o Brasil.

Mas não se deve esconder o fato de que, apesar de todos os esforços de conciliar mercado e proteção ambiental, a degradação, tal como se comentou anteriormente, continua avançando. É crucial reconhecer que o utilitarismo próprio do antropocentrismo não tem sido capaz de deter esse problema. Não somente isso; para muitos analistas, antes de uma solução, as pretensões de controle e a manipulação, e sua ética utilitarista, estão na base do drama ambiental atual.

Não deve causar estranhamento o fato de que, com o próprio surgimento do debate ambiental, tenham aparecido vozes que reivindicavam mudanças substanciais nesse marco ético. Tais vozes podem ser incluídas em três grandes correntes. A primeira proliferou desde a década de 1980, insistindo em que os usos atuais dos recursos naturais não consideravam as gerações futuras. Espécies ou elementos que hoje carecem de valor podem tê-lo no futuro, assim como a atual espoliação de recursos e suas consequências podem afetar nossos descendentes.

Uma segunda corrente insistiu em resgatar outras escalas de valoração, ainda que dentro do campo ambiental. São aqueles que reconhecem existir valores ecológicos, expressos pela diversidade de espécies animais e vegetais, cada uma cumprindo um papel específico e próprio no tecido da vida. Não são substituíveis umas pelas outras, e todas expressam particularidades evolutivas. Há aqueles que dão alguns passos atrás e sustentam que o conjunto de espécies vivas e os ecossistemas possuem um valor em si mesmos (chamados de valores intrínsecos).

Atualmente, nas chamadas ciências ambientais ou na conservação da biodiversidade, há diferentes posturas em relação aos debates sobre valores. Alguns continuam a buscar métodos para expressar as valorações em escalas econômicas; outros defendem espécies ou ecossistemas apelando para seus atributos ecológicos; outros recordam os deveres com as gerações futuras. De todo modo, prevalecem ciências que se apresentam como objetivas, independentes de considerações morais, e que indicam a conservação como útil e necessária para os humanos. Com alta dose de boa-fé, entendeu-se que, como o idioma mais compreendido pelos tomadores de decisões eram os custos e benefícios econômicos, seria preciso provar que a conservação era um bom negócio e que o colapso ecológico levaria a uma crise econômica. Desse modo, muitos ficaram presos ao reducionismo economicista de tipo utilitário.

Uma terceira corrente sustenta que a Natureza é muito mais do que um amontoado de possíveis mercadorias com preço — e, inclusive, ainda mais do que seus valores ecológicos. Há outros valores para as pessoas, tais como os estéticos (apreciação de uma bela paisagem), históricos (locais marcados por acontecimentos passados relevantes), culturais, religiosos, espirituais… Alguns desses atributos podem ter uma expressão econômica por meio de um preço, mas muitos outros não, e estão fora do mercado. Quando se trata, digamos, dos valores estéticos refletidos na beleza de diferentes ecossistemas, há quem admire os picos nevados andinos; outros se deleitam com o verde das florestas amazônicas; e muitos mais disfrutam as paisagens litorâneas. Também se atribuem valores religiosos ou espirituais, como ocorre, por exemplo, com os montes andinos (conhecidos como *apus*), quando uma montanha é muito mais que uma formação geológica recoberta de vegetação e, na realidade, expressa um ser vivo. Portanto, a pluralidade de valorações tem bases tanto nos saberes como nas sensibilidades e nas crenças.

Há tentativas, a partir da economia ambiental, de

expressar essas outras valorações em uma escala econômica, mas continuam cercadas de muitos questionamentos e advertências. Perguntas do tipo "Qual é o valor de uma espécie ameaçada?" não encontram uma resposta simples em uma escala monetária. Isso leva ao reconhecimento de que as pessoas abrem um amplo leque de valorações sobre o meio ambiente, razão pela qual não se pode aceitar que o valor econômico seja um indicador privilegiado ou que possa expressar as essências do valor do meio ambiente.

Por fim, uma quarta corrente dá uns passos a mais e sustenta que a Natureza possui valores próprios ou valores intrínsecos. Nesses casos, rompe-se decididamente com o antropocentrismo e se admite que há valores presentes em elementos do meio ambiente ou em seres vivos independentemente dos seres humanos. Essa postura, que aqui apenas é apresentada, será analisada com mais detalhe em outras seções.

As diferentes abordagens que esquematicamente acabaram de ser enumeradas foram sendo construídas pouco a pouco em um processo que levou várias décadas. A revisão de alguns aspectos marcantes dessa história, que será apresentada na seção seguinte, ilumina as atuais discussões no campo da ética ambiental.

1.4. A construção de uma ética para a Natureza

Na América Latina, desde os tempos das colônias espanhola e portuguesa, o desenvolvimento tem se baseado na exploração dos recursos naturais. Prevalece uma posição utilitarista, que sempre buscou maximizar a extração e o uso desses recursos. Sob essas condições, a posição dominante não incluía um componente ético no que diz respeito à Natureza; não existia uma "ética ambiental". Em geral, o meio ambiente era apenas concebido como uma cesta cheia de recursos à disposição do ser humano. No século XIX, surgiram algumas posições minoritárias, em alguns casos com características conservacionistas, ainda que orientadas a evitar o "desperdício" de recursos naturais e, portanto, enquadradas no utilitarismo; em outros casos, com base em uma preocupação estética como demanda de proteção de paisagens cênicas muito belas.

Ao longo do século XX, o modo utilitarista foi se acentuando. Suas expressões mais claras estão na exportação de matérias-primas, muito evidente nos ciclos de expansão e na crise econômica de vários países. Exemplos disso foram os *booms* de extração e exportação de minérios, a borracha amazônica, o guano[2] e o salitre da costa do Pacífico, e os ciclos de café, cacau e banana. No começo do século XXI, mantêm-se distintos componentes desse tipo de desenvolvimento, como as exportações de minério de ferro ou de soja. Embora isso gere uma enorme pressão sobre o meio ambiente, os alertas e as alternativas são rechaçadas por serem

---

2 Matéria resultante do acúmulo de excrementos e de cadáveres de aves marinhas, utilizada como fertilizante. [N.E.]

consideradas obstáculos ao crescimento econômico. Porém, como se adiantou anteriormente, a ciência e os movimentos sociais têm acumulado muitas evidências sobre os impactos dessas estratégias. Nesses debates, pouco a pouco foram se fortalecendo alguns componentes próprios de uma ética ambiental que merecem ser analisados (as seções a seguir estão baseadas em minhas contribuições em Zahedi & Gudynas, 2008).

Um dos primeiros acontecimentos-chave em âmbito internacional foi possivelmente a Conferência das Nações Unidas sobre o Meio Ambiente Humano, em Estocolmo (1972). O encontro foi precedido por fortes polêmicas sobre a suposta oposição entre conservação e progresso econômico, sobre o verdadeiro impacto do crescimento da população e sobre as metas de desenvolvimento das nações do "Sul" e as exigências ambientais proclamadas pelos governos do "Norte". O resultado político do evento, a Declaração de Estocolmo, embora faça uma lista detalhada dos problemas ambientais daqueles anos, não abordou diretamente a dimensão ética. O documento associado a essa declaração, *Uma Terra somente* (Ward & Dubos, 1972), tampouco incluía uma seção dedicada especificamente à ética. No entanto, a Declaração de Estocolmo postula que a proteção do meio ambiente deve atender tanto às necessidades atuais quanto às das gerações futuras (princípio 2). Essa não é uma mudança menor para a ocasião, e desde então essa preocupação foi se consolidando.

Um passo seguinte de enorme importância, e que às vezes não é valorizado adequadamente, ocorreu em 1980, com a publicação da Estratégia Mundial da Conservação (IUCN, PNUMA & WWF, 1980), uma ambiciosa iniciativa promovida pela União Internacional para a Conservação da Natureza (IUCN), pelo Programa das Nações Unidas para o Meio Ambiente (PNUMA) e pelo Fundo Mundial para a Natureza (WWF), com contribuições acadêmicas sobre as tarefas da conservação e uma das primeiras definições de desenvolvimento sustentável. De todo modo, nesse documento não aparece um componente ético específico, embora se indiquem responsabilidades com os chamados "bens comuns", que, portanto, não estão associados a posses individuais ou empresariais, mas pertencem à humanidade.

A pressão sobre a questão ambiental em nível internacional cresceu, e, como resposta, a ONU constituiu a Comissão Mundial sobre o Meio Ambiente e o Desenvolvimento. Seu relatório, *Nosso futuro comum*, publicado em 1987, elaborou com mais precisão o conceito de "desenvolvimento sustentável", mas tampouco aprofundou os aspectos éticos (CMMAD, 1989). Da mesma maneira, a versão latino-americana dessa iniciativa, promovida pelo Banco Interamericano de Desenvolvimento (BID) e pelo PNUD, resultou na chamada *Nossa própria agenda* (1990), que mais uma vez não considerou os aspectos éticos (CDMAALC, 1990).

Portanto, a situação dominante nas décadas de 1970 e 1980 esteve centrada no campo do que se poderia chamar de "ética entre humanos", no sentido de estar restrita às valorações em que os sujeitos de valor são as pessoas, e a Natureza é um objeto. Isso corresponde à perspectiva antropocêntrica, com uma enorme influência do utilitarismo, especialmente alimentado a partir de visões econômicas convencionais. Sua consequência foi uma moral de proteção de espécies ou ecossistemas — por considerar que sua perda afetaria o bem-estar humano —, de responsabilidade com as gerações futuras e de necessidade de repensar a propriedade com a postulação da ideia de "bens comuns".

A diversificação da temática permitiu que as posições éticas mais inovadoras deixassem de ser marginais e, pouco a pouco, abandonassem suas origens restritas a acadêmicos ou líderes sociais, sendo apropriadas por vários movimentos sociais (Gudynas, 1990). Como consequência, passou-se não somente a se reagir diante de impactos ambientais, como também a se evocar valorações de todo tipo: estéticas, ecológicas, religiosas, culturais...

Desde a década de 1980, somam-se contribuições vindas de outras frentes. Entre elas estão, por exemplo, a antropologia ecológica, a história ambiental e a ecoteologia (especialmente a partir das igrejas protestantes). Além disso, foi formalizada uma "ecologia ecológica" distinta da economia ambiental arraigada em posturas convencionais. Consolidaram-se o nascimento da chamada "biologia da conservação", o amadurecimento de diferentes correntes na "ética ambiental" e versões mais sofisticadas sobre o desenvolvimento sustentável. Muitas dessas questões serão discutidas em outros capítulos, mas ainda assim é oportuno adiantar algumas precisões sobre a biologia da conservação. As contribuições desses olhares serão analisadas nos sucessivos capítulos deste livro.

No terreno internacional, uma contribuição inédita aconteceu em 1991, como antessala à Rio 92. De fato, entrou-se em um acordo sobre uma nova estratégia mundial para a conservação, intitulada *Cuidar da Terra*, com uma mudança qualitativa: uma seção específica dedicada à ética (IUCN, PNUMA e WWF, 1991). Os aspectos éticos ganharam um papel central, pois "o que as pessoas fazem depende daquilo em que as pessoas acreditam". A nova estratégia postulou que o desenvolvimento sustentável implica uma transição rumo a uma sociedade sustentável que também se baseia em uma ética para viver de outra maneira. Essa não é uma advertência menor se considerarmos que o sentido de sustentabilidade tem sido tão manipulado que para alguns é sinônimo de crescimento econômico contínuo. A estratégia considerou que essa mudança era moralmente correta e que, sem essa ética, o futuro da humanidade estava em perigo.

Cuidar da Terra reposiciona o papel do ser humano como parte da comunidade da vida, junto com as demais espécies viventes. Afirma que "toda forma de vida merece ser respeitada, independentemente de seu valor para o ser humano". Nesse caso, a posição se distancia ainda mais do antropocentrismo utilitarista, pois reivindica a preservação das espécies para além de sua utilidade para o ser humano. Essa afirmação era especialmente radical naqueles anos para boa parte da comunidade acadêmica conservacionista, que estava mais focada em defender a preservação da biodiversidade por conta de seu potencial valor econômico futuro. De fato, vários estudos influentes insistiam no valor econômico que espécies desconhecidas ou não estudadas poderiam ter (Reid & Miller, 1989; McNeely *et al.*, 1990). Tentava-se justificar a conservação a partir de uma visão utilitarista e, desse modo, reforçava-se uma racionalidade economicista, tudo muito em sintonia com o ambientalismo de livre mercado daquela época. Mas essa ênfase utilitarista era, por sua vez, uma das causas primárias dos problemas ambientais.

A ética de *Cuidar da Terra*, ao contrário, argumentava que a conservação deveria ser levada a cabo nem tanto por sua utilidade real ou potencial para os humanos, mas para de fato valorizar essas espécies, os ecossistemas e a evolução em si mesmos. Aqui surgem os valores intrínsecos. Os direitos dos seres vivos são localizados em um mesmo nível que os direitos humanos — "a proteção dos direitos humanos e das outras espécies é uma responsabilidade mundial que transcende todas as fronteiras geográficas, culturais e ideológicas", indica essa estratégia.

Cuidar da Terra, além disso, inspirou muitas das discussões que aconteceram durante a preparação da Cúpula da Terra celebrada no Rio de Janeiro em 1992, incluindo a redação da Convenção sobre Diversidade Biológica. Lamentavelmente, suas contribuições em ética ambiental não se viram representadas no posicionamento final dos governos na Declaração do Rio, que se mantém dentro da discussão tradicional sobre meio ambiente e desenvolvimento. Para dizê-lo de outra forma, no mundo de governos e empresas, os objetivos econômicos clássicos, segundo os quais a Natureza é um conjunto de recursos a ser utilizados, foram mantidos, e as questões ambientais, situadas em segundo ou terceiro plano.

Análises mais profundas e reivindicações mais enérgicas aconteceram no seio da sociedade civil. De fato, durante a Rio 92 realizou-se o primeiro fórum internacional de organizações cidadãs paralelamente a uma conferência maior da ONU. Centenas de ONGS e movimentos sociais elaboraram declarações e tratados próprios, entre os quais destaca-se o "Compromisso ético das ONGS para uma atitude e conduta ecológica global".[3] O documento parte de um "princípio da unidade na diversidade, em que cada ser individual é parte do todo", para dizer que todos os seres têm um valor existencial intrínseco que transcende valores utilitários. Portanto, de maneira análoga às demais declarações, o texto defende o direito à vida, mas o ponto de partida é substancialmente distinto, uma vez que proclama os valores próprios do meio ambiente.

Também foi realizado um encontro de confederações e organizações indígenas de todos os continentes, ocasião em que foi aprovada a Declaração de Kari-Oca — um texto muito breve, no qual os autores se apresentam como ocupantes da Mãe Terra e defendem os direitos de

---

3 Foro Internacional de ONG y Movimientos Sociales, Rio de Janeiro, Brasil, 1992. Tratados alternativos de Rio 92. Disponível em: <http://www.eurosur.org/NGONET/rio92.htm>. Acesso em: 2 set. 2019.

autodeterminação e sobre territórios e recursos. Essa declaração foi apontada como o primeiro pronunciamento público em nível internacional dos povos indígenas em relação ao meio ambiente (Ulloa, 2004).

A cúpula presidencial seguinte, sobre meio ambiente e desenvolvimento, celebrada em Johannesburgo, na África do Sul, em 2002, aprovou uma declaração que não apresentou avanços que se destacaram em relação aos acordos de 1992 no Rio de Janeiro. Paralelamente, a Declaração do Milênio, aprovada em 2000 pelos Estados-membros das Nações Unidas,[4] contém elementos-chave para a sustentabilidade. Reconhecendo a gravidade da situação ecológica, indica que é necessário atuar com prudência na gestão das espécies vivas e dos recursos naturais, recorda o compromisso com as gerações futuras e postula "adotar uma nova ética de conservação e resguardo em todas as nossas atividades relacionadas com o meio ambiente".

Enquanto isso, no campo da sociedade civil, continuaram somando-se iniciativas. Por exemplo, foi retomada a *Carta da Terra*, um documento que os Estados-membros não conseguiram aprovar em 1992. Uma coalizão de organizações cidadãs acordou um texto definitivo em 2000.[5] Seus princípios se nutrem de vários saberes, incluindo a ciência contemporânea, as leis internacionais, a filosofia e a religião. A *Carta da Terra* advoga por uma "sociedade global sustentável fundada no respeito à natureza, aos

---

[4] Nações Unidas, Declaração do Milênio, Resolução aprovada pela Assembleia Geral, set. 2000. Disponível em: <http://www.br.undp.org/content/brazil/pt/home/library/ods/declaracao-do-milenio.html>. Acesso em: 2 set. 2019.

[5] Ver *Carta da Terra*. Disponível em: <https://www.mma.gov.br/responsabilidade-socioambiental/agenda-21/carta-da-terra.html>. Acesso em: 2 set. 2019.

direitos humanos universais, à justiça econômica e a uma cultura de paz". Postulam-se quatro princípios básicos: respeitar a terra e a vida em toda a sua diversidade; cuidar da comunidade da vida com compreensão, compaixão e amor; construir sociedades democráticas; e assegurar que os frutos e a beleza da Terra sejam preservados para as gerações presentes e futuras. A partir desses princípios gerais, três grupos de compromissos são detalhados: o primeiro se refere à "integridade ecológica" da Terra; o segundo aborda a justiça social e econômica para erradicar a pobreza como um imperativo ético, social e ambiental; e o terceiro trata de democracia, não violência e paz.

No mesmo campo internacional cidadão, divulgou-se o *Manifesto pela vida*, uma iniciativa para a América Latina e o Caribe promovida por indivíduos destacados no marco do Fórum de Ministros de Meio Ambiente da América Latina e do Caribe, e apoiada pelo PNUMA (2003). O manifesto aprofunda princípios éticos que podem ser a base do Plano de Ação Regional de Meio Ambiente focado no desenvolvimento sustentável (PNUMA, 2001; Leff, 2002). Sua base é uma série de princípios éticos, embora quase todos restritos à dimensão humana (por exemplo, a diversidade de saberes, a defesa de espaços públicos, a democracia, a justiça etc.). O manifesto oscila, portanto, entre posições destacadas no terreno social, propondo novas exigências morais nas relações entre os seres humanos, mas não aprofunda explicitamente uma ética da Natureza.

Paralelamente, a partir de várias frentes, incluindo algumas organizações ambientalistas, grupos de acadêmicos e até agrupamentos religiosos, seguiu-se insistindo em uma mudança radical na abordagem ética sobre a questão ambiental. Questionava-se o modo dominador, a assimetria patriarcal ou a soberba tecnológica. Embora fossem expressões menores diante de outras no interior do debate ambiental, nelas se postulava, por diversas vias, o reconhecimento de valores próprios da Natureza e se evocavam as sensibilidades e os posicionamentos de alguns povos indígenas latino-americanos. Várias haviam sofrido uma grande influência do pensamento de Aldo Leopold ou da ecologia profunda (Naess, 1989), e em alguns países incidiriam com muita força no debate político. Contribuições como essas consolidaram a necessidade de considerar que há valores próprios na Natureza e, consequentemente, ampliaram o campo da ética ambiental (ver, por exemplo, uma introdução em Kernohan, 2012; e uma recopilação de ensaios clássicos em Light & Rolston III, 2003).

2. Valores da Natureza

Quando abordamos os problemas ambientais, sempre serão encontrados valores em jogo. Em alguns casos, são muito evidentes, enquanto em outros estão mais ocultos. Sem dúvida, na atualidade, dominam as valorações econômicas, que buscam controlar e manipular a Natureza para alimentar o crescimento econômico. Por sua vez, as alternativas que desejam proteger a vida de animais e plantas também se expressam em valorações do meio ambiente, embora de outro tipo.

Tudo isso torna necessário precisar conceitos-chave, começando pelos usos da ideia de valor em uma ética interessada no meio ambiente — ponto de partida do presente capítulo. Isso permite aprofundar a caracterização das posições antropocêntricas e esclarecer as alternativas que permitem se abrir a outras dimensões de valoração consideradas na ética ambiental. Entre elas, encontra-se o reconhecimento dos valores intrínsecos, e, a partir dessa posição, descreve-se o campo do biocentrismo. Isso representa uma mudança radical em relação ao antropocentrismo dominante, já que são aceitos valores em outros seres vivos e no meio ambiente, independentes dos humanos.

2.1. Ética, moral e valor

Antes de avançar, é necessário apresentar dois detalhes. O primeiro é uma distinção de trabalho, que estará presente em toda esta obra, diferenciando, por um lado, o campo da *ética* e o da *moral*.

O primeiro campo, a ética, está relacionado aos valores e às valorações e, no nosso caso, especificamente, aborda como se reconhecem, ou não, os valores no meio ambiente e quais são esses valores, atributos, tipos etc. Exemplo disso é entender que somente os seres humanos podem atribuir valores ao meio ambiente, e que estes estão essencialmente relacionados à sua utilidade, ou, ao contrário, aceitar que existem valores intrínsecos independentes.

O segundo campo, a moral, aborda posições, códigos ou guias normativos, como aqueles sobre o correto ou incorreto. Por exemplo, se é correto ou incorreto contaminar um rio ou derrubar uma floresta.

É verdade que as distinções entre ética e moral são complexas, já que são abordadas de muitas maneiras diferentes por vários autores (Maliandi, 2004). Como esta obra não é um ensaio filosófico, e sim discute questões ambientais, essa distinção de trabalho é muito útil, simples e, além disso, permite aplicações práticas concretas.[6]

O segundo detalhe está relacionado ao uso do termo *valor*, uma palavra com significados amplos e controversos. Seu uso corrente teve origem na economia do século XVIII, e foi a partir de então que passou à filosofia (Maliandi, 2004), embora muitas dessas questões tenham

---

6 Outro uso corrente é considerar questões como os mandatos sobre o correto ou incorreto como parte de uma ética normativa, enquanto as discussões sobre o que é um valor e como se valora são parte de uma metaética ou metateoria normativa.

sido abordadas pela filosofia desde suas origens clássicas, mas sob outros termos (como direitos, virtudes, verdade etc.). Todas foram agrupadas nos estudos sobre o valor e a valoração, incluindo temas originários de economia, jurisprudência, ética e estética. O valor, como substantivo, é um conceito abstrato para ideias que se referem a atributos que valem a pena, revestidos de importância, eventualmente desejados ou que são corretos, e são estudados sob a chamada teoria do valor ou axiologia (Frankena, 2006).

Atualmente, a ideia de valor aparece de diversas maneiras no campo ambiental. Por exemplo, um ecologista pode usá-la ao informar sobre o "valor" do fluxo de água em um rio ou da energia entre um herbívoro e seu predador; e um economista a usa para indicar o preço de venda da madeira da floresta. Nesses casos, faz-se alusão a indicadores, quase sempre numéricos, expressos em distintas escalas de medição. Mas valor também será usado nesta obra ao abordar os debates em ética ambiental (sob a perspectiva indicada anteriormente). Sob essa abordagem, serão encontrados diferentes valores em relação ao meio ambiente ou a seus componentes, a partir de distintas formas de entender ou sentir, por exemplo, um rio, um cervo ou uma jaguatirica. Dessa maneira, um assunto central são as formas de valoração — a discussão sobre o que é objeto ou sujeito de valor, e como são expressos; tais temas são os que articulam boa parte dos debates no presente livro.

2.2. A multiplicidade de valorações

Na atualidade, há uma ênfase evidente em valorar a Natureza a partir de uma perspectiva antropocêntrica, e especificamente a partir dos valores econômicos, tal como se adiantou no capítulo anterior. Esse tipo de valor recebeu atributos de objetividade: reconhecem-se nele atributos práticos entendidos como relevantes no funcionamento da economia de cada país, e é traduzido em uma escala numérica de interpretação supostamente fácil. As árvores, o minério de ferro ou as horas de trabalho do operário podem ser expressas em reais, dólares ou euros. Tal perspectiva está tão consolidada que muitos aceitam que, para reivindicar a proteção de um ecossistema, é preciso demonstrar seu valor econômico.

O valor econômico é expresso habitualmente em um preço, seja pelas vias clássicas da disponibilidade de pagar ou aceitar uma indenização, seja por meios indiretos de avaliação contingente. Contudo, a questão avança para além desses aspectos, e o valor econômico parece expressar a essência de todo valor possível na Natureza. É que essa postura, além disso, reivindica que outros possíveis atributos podem ser expressos, traduzidos ou convertidos em um valor econômico. Portanto, torna-se possível postular uma comensurabilidade perfeita entre distintos valores (por exemplo, convertendo atributos ecológicos ou culturais de um lugar em valores econômicos). A comensurabilidade entende que valores que se expressam em distintas escalas podem ser traduzíveis a uma mesma escala de valoração. Nesses casos, a escala mais comum de referência é monetizada, como um valor em dólares.

Dessa maneira, valorações que correm em escalas muito diferentes — como o número de espécies em um ecossistema, a beleza de uma paisagem ou o volume de ferro em uma jazida — poderiam ser "traduzidas" em um preço. O valor econômico seria como um receptáculo que, segundo essa visão, permitiria expressar, em uma só escala, a essência dos atributos essenciais do meio ambiente.

Isso explica o fato de a valoração econômica carregar problemas muito mais profundos que os aceitos normalmente. É que não somente prevalecem as valorações econômicas, como também se aceita que as essências das espécies e dos ecossistemas possam ser comparadas de maneira rigorosa e efetiva em uma mesma escala econômica, expressa no preço.

O mito dessa comensurabilidade perfeita se expandiu, sobretudo, nas políticas e na gestão ambiental. Existe uma longa lista de estudos e ensaios que tentam buscar o valor econômico de uma espécie, de um hectare de um ou outro tipo de ecossistema, ou até de certas dinâmicas dos ecossistemas.

Porém, a realidade é muito diferente. Nós nos encontramos com uma enorme variedade de valorações sobre a Natureza, que não podem ser reduzidas a uma simples comparação em uma escala de valor econômico. Na verdade, as pessoas expressam valores estéticos (relacionados, por exemplo, à beleza de uma paisagem), culturais (é o caso de lugares que representam aspectos destacados das culturas locais ou nacionais), históricos (como acontece com localidades onde ocorreram eventos importantes), e assim sucessivamente. No campo da ética, distintos autores têm reconhecido essas particularidades, inclusive agrupando-as em campos próprios das artes, da ciência, da religião, da economia ou da política (Frankena, 2006). Por sua vez, dentro de uma mesma dimensão, as pessoas defendem diferentes posições (haverá quem goste mais ou menos de uma paisagem, e outros estarão dispostos a pagar mais ou menos por um recurso natural). Os ecologistas também colocam em evidência que os valores ecológicos são diversos. Isso acontece com a identificação de espécies em perigo em uma região e dos níveis de endemismo, e com os alertas sobre processos ecológicos pouco comuns. Não nos esqueçamos de que diferentes povos indígenas atribuem valores ainda mais complexos ao meio ambiente, segundo os quais algumas espécies ou até montanhas ou florestas estão revestidos de personalidade própria.

Essas diferentes valorações são comparáveis entre si, e também podem ser objeto de debates públicos sobre como ponderá-las. Mas não tem sentido nem fundamento pretender que sejam perfeitamente comensuráveis entre si e expressas em uma mesma escala de preço. Qual é o valor econômico de uma paisagem bonita? Quanto você estaria disposto a pagar por uma espécie de sapo em risco de extinção? Quanto vale para um povo indígena seu monte sagrado? Essas questões não podem ser respondidas facilmente, e em muitos desses casos se dirá que o valor econômico é infinitamente alto ou que está fora das possíveis transações de mercado.

Essas diferentes valorações se expressam em vários tipos de dimensões, tais como número de espécies ameaçadas ou lugares que podem ser bonitos ou feios. Essas escalas são tão diferentes que tampouco tem sentido a pretensão de uma comensurabilidade perfeita que as reduza a uma escala. Tudo isso leva ao questionamento da utilidade prática do reducionismo ao valor econômico. Além disso, é preciso sustentar que a Natureza é uma categoria plural; portanto, expressa em múltiplas valorações — e, consequentemente, é incomensurável (esses pontos são analisados mais detalhadamente em Gudynas, 2004).

Estabelecida a valoração múltipla da Natureza, a questão não reside em decidir qual seria o valor essencial que poderia resumir todos os demais, ou pretender uma única escala na qual situar toda essa variedade. Não tem sentido optar, por exemplo, entre o preço, a beleza ou o respeito ao espírito da montanha. Essas e outras valorações devem ser entendidas cada uma em suas próprias dimensões, e em marcos culturais específicos. Há também variadas interpretações sobre o que é Natureza ou os conceitos a ela vinculados, como meio ambiente ou ecossistema. Portanto, o ponto de partida sempre exige atender a uma variedade de valorações; não é possível escapar dessa condição. Não existe um monopólio de um tipo de valoração que permita excluir ou suplantar outras, nem é possível defender uma comensurabilidade perfeita entre diferentes escalas de valor, como se pretende sustentar a partir da perspectiva do antropocentrismo utilitarista. Pelo contrário, a Natureza só pode ser entendida com base nessa pluralidade de valores, na qual cada um deles contribui com um tipo de avaliação e certa sensibilidade. Caso se lide com uma ou algumas poucas dimensões de valoração, a apreciação da Natureza fica limitada. Por outro lado, conforme essa pluralidade de valores é incrementada, a apreciação do meio ambiente melhora e se torna mais complexa. Por sua vez, o debate político e a tomada de decisões se tornam mais representativos e participativos.

Vários dos exemplos precedentes referem-se a valores originados nos seres humanos. Por exemplo, a dimensão estética ou histórica depende das valorações das pessoas, já que são elas as que sentem ou julgam um lugar como bonito ou não, ou sua vinculação a um fato passado relevante. Essas valorações são antropogênicas, no sentido de se originarem nas pessoas, embora não necessariamente sejam parte do antropocentrismo no sentido descrito antes, já que nem sempre estão amarradas à utilidade, ao controle ou à manipulação.

Essa diversidade torna possível dar um passo a mais no reconhecimento de valores próprios da Natureza. Tais valores são intrínsecos ou inerentes aos seres vivos e seus hábitats, e, portanto, são independentes das valorações feitas com base na utilidade comercial dos recursos naturais.

2.3. Valores intrínsecos

Os *valores intrínsecos* da Natureza expressam uma essência, natureza ou qualidade própria e inerente a um objeto, a um ser vivo ou ao meio ambiente, e, portanto, independente dos valores atribuídos pelos seres humanos. São aqueles valores que não consideram os objetos ou as espécies um meio subordinado às pessoas. Um exemplo simples serve como introdução a essa temática: as antas têm valores próprios e independentes da utilidade que possam ter para caçadores, da avaliação ecológica dos biólogos ou dos visitantes que as admiram. São, portanto, valores externos ou extrínsecos aos humanos, não instrumentais aos interesses das pessoas.

Diferentemente, o olhar *antropocêntrico* insiste em que somente há valores intrínsecos em e entre os seres humanos. São éticas que, em muitos casos, tratam de como usar o meio ambiente; seria possível dizer que é uma ética "sobre o meio ambiente", enquanto o reconhecimento de valores próprios busca expressar uma ética "do meio ambiente" (Regan, 1992). Mas ir além das ideias antropocêntricas não é simples, pois nossa cultura, as formas de valoração, boa parte da ciência, as estratégias de desenvolvimento e quase todo o debate político estão imersos nesse conceito. Ao considerar as espécies vivas e os ecossistemas, portanto, tendemos a nos mover em direção a uma ética não antropocêntrica, e muitas resistências culturais serão enfrentadas.

Há diversas maneiras de entender o conceito de valor intrínseco (O'Neill, 1993; Agar, 2001; Bradley, 2013). Uma introdução apropriada é reconhecer três abordagens desse conceito (baseadas em O'Neill, 1993; resumidas em Gudynas, 2009a), o qual pode ser entendido como:

i) sinônimo de valor não instrumental: quando um objeto tem um valor instrumental, sendo um meio para um fim de outro, nesse caso não haveria um valor desse tipo, ou então se poderia aceitar que o valor instrumental seria ter um fim em si mesmo. Nessa categoria se encontra um dos preceitos básicos da ecologia profunda, que sustenta que "o bem-estar e o florescimento da vida humana e não humana na Terra têm valor em si mesmo (sinônimos: valor intrínseco, valor inerente)", e acrescenta que tais valores "são independentes da utilidade do mundo não humano para os propósitos humanos" (Naess & Sessions, 1985);

ii) referência ao valor de um objeto, unicamente em razão de suas propriedades intrínsecas: refere-se aos atributos de um objeto e em que grau os possui; tais propriedades são independentes de relações com o meio ambiente ou outros objetos (propriedades não relacionais);

iii) um sinônimo de "valor objetivo": representa os valores de um objeto independentemente das avaliações que os avaliadores façam. É uma categoria que se coloca por fora do subjetivismo e na qual se aceita que existem valores objetivos, próprios de cada objeto.

Embora essas três abordagens apareçam muitas vezes confundidas e sobrepostas, como acertadamente indica O'Neill (1993), a questão-chave é que se pode chegar aos valores próprios com diferentes ênfases. Isso leva a reconhecer que, parafraseando os ecologistas profundos, em um mundo sem pessoas, as plantas e os animais continuariam com sua marcha evolutiva e estariam imersos em seus contextos ecológicos; essas manifestações da vida constituem um valor em si. Tanto nos seres vivos como nos ecossistemas, tais valores inerentes são independentes de qualquer consciência, interesse ou reconhecimento dos humanos (Naess & Sessions, 1985). Esse tipo de valoração, na qual a vida é um valor em si mesma, corresponde à perspectiva conhecida como biocentrismo (esse ponto será aprofundado a seguir).

Sem dúvida, há muitas resistências e rejeições ao reconhecimento da existência de valores intrínsecos em plantas, animais ou ecossistemas. Não poderia ser diferente, dada a prevalência do olhar antropocêntrico. As rejeições a esses valores se baseiam na sustentação de que somente os seres humanos, enquanto indivíduos cognoscentes, volitivos e racionais, podem gerar valores. A valoração é um ato unicamente humano. Portanto, a ideia de valores próprios não teria sentido, já que, para reconhecer valores, seria necessária a presença de seres humanos que os atribuíssem. Onde não há humanos, não haveria valores.

Há diversas respostas possíveis a essas objeções. A mais simples é centrar na definição de valor intrínseco como valor não instrumental para os fins humanos. Portanto, não se tenta caracterizar esse valor, nem o determinar detalhadamente, pois qualquer movimento nessa direção nos leva de volta às interpretações humanas (não é possível escapar da antropogênese no sentido indicado aqui). É suficiente reconhecer que no meio ambiente encontram-se valores inerentes aos seres vivos e aos ecossistemas, e não há a obrigação de caracterizá-los. Essa postura tem outra vantagem: permite incorporar com muita comodidade diferentes cosmovisões indígenas, que reconhecem valores próprios no meio ambiente e também consideram que outros seres vivos são agentes morais e políticos análogos aos seres humanos.

Dando um passo adiante na discussão, em geral se reconhece que as atribuições dos valores sempre partem das pessoas e atravessam as mediações humanas. São antropogênicas, no sentido de se originarem nos seres humanos, mas isso não quer dizer que sejam antropocêntricas, no sentido de aceitarem unicamente valores instrumentais ao ser humano e à centralidade da utilidade, do controle e da manipulação (tal como se explicou anteriormente). Tendo isso em conta, em ética ambiental, autores como Callicott (1989) diferenciam o *locus* do valor — que pode estar em objetos, plantas, animais ou pessoas — da fonte da valoração — que está no ser humano. Diversos aspectos desse pensamento vêm sendo debatidos há anos, mas tais detalhes não estão no centro do que é tratado no presente capítulo (ver os ensaios de Norton e Rolston III citados por Ouderkirk & Hill, 2002).

Além disso, a defesa dos valores intrínsecos pode se sobrepor à afirmação de que os demais seres vivos se valorizam a si mesmos, embora o façam dentro de suas capacidades cognitivas e sencientes,[7] e, portanto, de maneira distinta às empregadas pelos humanos. Não há muito sentido em tentar conceber a si mesmo como um condor dos Andes; basta saber que essa ave tem certa forma de entender e conceber a si mesma.

Há, ainda, autores muito destacados, como Taylor (1986), que sustentam que qualquer ser vivo tem um valor intrínseco por sua condição de estar vivo. Tal valor seria objetivo a todos os seres vivos, e também igual para todos eles, sejam animais, plantas ou micro-organismos. Nessas condições, o valor intrínseco está situado nos indivíduos, enquanto há outras aproximações que os situam também em comunidades de seres vivos ou em ecossistemas (como o fazem, por caminhos diferentes, Rolston III, 1986; e Callicott, 1984, 1989, 1994, 1998).

Quando se postula que existem valores próprios na Natureza, não se nega que os humanos atribuem

---

[7] Senciência se refere à capacidade de sentir, de experimentar sensações e percepções.

valores. Na verdade, aceita-se que, além desses, os demais seres vivos possuem alguns valores inerentes e independentes da utilidade para as pessoas. Rompe-se com o utilitarismo antropocêntrico. Reconhece-se e defende-se que as espécies possam desenvolver seus projetos de vida, e que os ecossistemas persistam, e que tudo isso é um direito em si mesmo. É importante alertar que esse passo rumo aos direitos da Natureza não nega nem altera os conteúdos relacionados aos direitos cidadãos a um meio ambiente saudável, conhecidos, em geral, como direitos humanos de terceira geração. Estes últimos são os que prevalecem na normativa de quase todos os países latino-americanos. As duas abordagens de direitos sobre o meio ambiente são válidas, e é positivo que sejam mantidas e se articulem entre si. É necessário apenas ter em mente que os direitos clássicos a um meio ambiente saudável têm como foco as pessoas: são direitos humanos, e se cuida da Natureza na medida em que isso pode afetar as pessoas, não pelos valores próprios da Natureza.

2.4. O caso das espécies inúteis e feias

É importante recorrer a outra abordagem sobre o mesmo assunto, de maneira a enfatizar a radicalidade de reconhecer valores intrínsecos, e, com isso, a Natureza como sujeito de direitos (Gudynas, 2011b). Como se adiantava anteriormente, muitas das atuais campanhas de proteção da Natureza se baseiam em demonstrar a utilidade de alguns recursos ou ecossistemas, seu potencial econômico e, em alguns casos, seu valor estético.

A primeira abordagem tem como foco o proveito econômico, tal como acontece com espécies de anfíbios amazônicos nos quais se identificam fármacos. O valor não está na rã, e sim na potencial rentabilidade da comercialização do fármaco presente em seu organismo. A segunda abordagem trata de espécies emblemáticas, como o urso polar e o condor andinos, ou ecossistemas com paisagens de beleza singular. As campanhas de publicidade exibem fotos impactantes que reforçam essa beleza. No entanto, uma vez mais, o foco está nas pessoas, pois é a valoração estética dos humanos que está em jogo.

Dessa maneira, boa parte da conservação tradicional se baseia nas valorações de utilidade ou beleza. Mas o que acontece então com as espécies que são "inúteis", das quais se desconhece possíveis usos econômicos, como produtos farmacêuticos, ou para seu germoplasma, seja no presente, seja no futuro? Da mesma maneira, o que fazer com espécies que são feias ou desagradáveis, como baratas endêmicas de um planalto ou vermes achatados de um riacho? No primeiro caso, a justificativa econômica mais comum não se sustenta, e no segundo não se pode esperar que as campanhas publicitárias sejam bem-sucedidas. O mesmo acontece com os ecossistemas.

Além disso, alguns ecossistemas de baixa biodiversidade ficam fora das listas de prioridade das medidas de conservação; portanto, neles se realizam empreendimentos com intensos impactos ambientais. Essa situação é muito evidente em meios ambientes áridos e semiáridos — por carecer de espécies chamativas ou não ter clara utilidade econômica, sofrem a imposição de projetos extrativistas.

Contudo, caso os direitos da Natureza sejam levados a sério, todas as espécies devem ser protegidas, independentemente de sua beleza ou de sua utilidade real ou potencial. Deve-se assegurar a conservação inclusive de espécies que consideremos feias ou desagradáveis, ou daquelas que possam ser completamente inúteis para os fins humanos. Todas têm o direito de prosseguir seus processos ecológicos e evolutivos.

Esse problema é mais comum do que normalmente se assume. Pouco tempo atrás, o então presidente do Brasil, Luiz Inácio Lula da Silva, defendia a construção de represas na Amazônia por sua utilidade econômica e produtiva, e zombava daqueles que defendiam os "bagres".[8]

É muito mais simples tentar salvar espécies como o condor andino do que fazer campanhas para proteger, por exemplo, baratas endêmicas da Amazônia. Mas é justamente nesse plano que fica em evidência a radicalidade e a profundidade da atribuição dos direitos da Natureza, pois obriga a tomar medidas de proteção para todos os seres vivos, inclusive aqueles que consideramos feios ou que supostamente carecem de utilidade para os humanos.

---

8 As declarações de Lula sobre os bagres foram proferidas publicamente quando estudos de impacto ambiental atrasaram a construção das usinas hidrelétricas de Santo Antônio e Jirau, no Rio Madeira, em 2007. Ironias semelhantes foram empregadas pelo então presidente da República quando estudos sobre espécies de anfíbios retardaram, por exemplo, obras viárias no Rio Grande do Sul, em 2009, e Rio de Janeiro, em 2010. Ver, entre outros, "As pererecas e os bagres de Lula", em *O Eco*, 4 mai. 2009. Disponível em: <https://www.oeco.org.br/reportagens/21597-as-pererecas-e-os-bagres-de-lula/>. Acesso em: 16 set. 2019. [N.E.]

2.5. Moral, valores e ecocentrismo

As atuais posições sobre os valores próprios da Natureza vêm de vários ensaios, repetidas reflexões e práticas sociais diversas. Uma breve revisão sobre esses esforços ilustra seus conteúdos e, ao mesmo tempo, permite oferecer exemplos adicionais sobre os argumentos em defesa dos valores intrínsecos.

No âmbito da reflexão própria da ética ambiental, diversas contribuições têm sido muito importantes. Uma primeira investida contra o privilégio humano busca aceitar que algumas espécies apresentam capacidades cognitivas próximas ou análogas às dos humanos e, sendo assim, também deveriam ser sujeitos de valor. Esse é o caso de algumas perspectivas sobre os direitos dos animais, reconhecidos para certos mamíferos, como grandes primatas ou golfinhos, pois exibem altos níveis de inteligência e mostram sensibilidade (e até implantam formas de "política" para lidar com o poder, ou tremem diante da morte). Aqui se localizam os defensores dos direitos dos animais, como ocorreu no início da década de 1970 com Peter Singer (1999). Argumentam em prol do bem-estar de outras espécies, o que poderia ser chamado de uma postura moral, mas não necessariamente rompem com o antropocentrismo. É que entendem que os animais deveriam ter um reconhecimento moral, mas não expressam valores próprios. Ou seja, a defesa dos animais acontece por uma benevolência ou caridade humana, mas não por reconhecer neles valores em si mesmos. Além disso, esse é um caso que mostra a importância de distinguir ética e moral no campo ambiental.

Por outro lado, outros autores defendem valores intrínsecos aos animais, e a partir disso é que derivam seus direitos (como ocorre com Regan, 1981, 1984, 2001). Enquanto a visão antropocêntrica, lembremos, valora as espécies animais por sua utilidade concreta ou potencial, Regan aponta as limitações desse antropocentrismo e passa a defender um valor inerente em cada animal, no nível de cada indivíduo, sustentado na ideia de que possam alcançar seu bem-estar. Segundo seu critério, o imperativo moral de proteger esses indivíduos é o que leva a reconhecer que eles têm valores próprios, que residem em seus atributos ou propriedades naturais.

O filósofo J. Baird Callicott (1989, 1998) avançou em vários flancos, já que não somente defende os valores intrínsecos, como também o faz a partir de uma ética que poderíamos chamar de ampliada. Seu viés holístico se nutre, em parte, das cosmovisões indígenas da América do Norte, sem se restringir, portanto, às éticas ocidentais. Callicott sustenta que os valores intrínsecos devem estar situados em todas as espécies (indo além de Regan ou Taylor) e nos ecossistemas e destaca as contribuições da ecologia contemporânea para fundamentá-los. Alude, por exemplo, aos estudos em redes tróficas (nas quais se analisa o fluxo de matéria e energia de umas espécies para outras). O ponto de partida de Callicott é ecológico, e, por essa razão, esse tipo de posicionamento é chamado de *ecocêntrico*. Ao defender o conceito de comunidade biótica (a comunidade dos seres vivos), aproxima-se dos postulados da ética da terra defendidos por Aldo Leopold (comentados mais adiante).

Considerando esses distintos pontos de vista, observa-se que aqueles que seguem abordagens ecossistêmicas, como o ecocentrismo de Callicott, ampliam os valores para além daqueles instrumentais, em particular em direção a diferentes aspectos ecológicos. Incluem-se atributos como a presença de espécies ameaçadas, altos níveis de endemismo ou estruturas únicas dos ecossistemas. Mas é uma noção que igualmente sofre algumas tensões, pois, por um lado, reconhece valores próprios nos ecossistemas, e, por outro, esses valores são, em parte, dependentes ou projeções de atributos dados por humanos (sua origem está no trabalho de ecologistas e outros biólogos). Portanto, uma expansão dos julgamentos e da subjetividade dos humanos sobre o meio ambiente segue em sobreposição, pelo menos em parte, pela perspectiva antropocêntrica. Sem dúvida, é um avanço muito maior do que o clássico utilitarismo sobre a Natureza, mas as sensibilidades humanas continuam tendo um forte peso.

2.6. Valores e biocentrismo

Outros pontos de vista são os denominados *biocêntricos*, cuja ênfase é mais abrangente e focaliza os valores próprios na vida, seja de indivíduos, espécies ou ecossistemas. Em parte, sobrepõem-se aos pontos de vista ecocêntricos, mas vão além de um olhar ecossistêmico, já que reconhecem a existência de valores intrínsecos, próprios da vida, tanto humana como não humana. Nesse caso, defendem-se valores próprios nos seres vivos, nos elementos não vivos, e também no meio ambiente, em paisagens ou em ecossistemas em geral. Além disso, o desenvolvimento dos processos vitais e evolutivos, sem interferência humana, é um valor em si mesmo. Não se negam as valorações humanas; a elas, soma-se o reconhecimento dos valores intrínsecos no não humano.

O biocentrismo vem sendo construído ao longo de várias décadas. Algumas pessoas adotaram essa vertente a partir da defesa da vida silvestre; outras, por se preocupar com os direitos dos animais; e assim sucessivamente. Os antecedentes mais antigos podem ser encontrados nas vertentes românticas e transcendentalistas ante a Natureza, expressas, sobretudo, por Ralph Waldo Emerson e Henry David Thoreau, e em alguns elementos do conservacionismo de John Muir. Existiram algumas expressões latino-americanas de sensibilidades transcendentalistas e, inclusive, panteístas ante a Natureza. O caso mais destacado foi o do escritor e poeta boliviano Manuel Céspedes Anzoleaga (que assinava como Man Césped),[9] que concebe os demais seres vivos como "irmãos" e, além disso, aspira tornar-se parte da Natureza (Gudynas, 2004).

---

9 Nasceu em Sucre, em 1874, e faleceu em Cochabamba, em 1932, na Bolívia.

Outro passo, mais substantivo, foi dado por Aldo Leopold e a influência de sua ética da terra sobre a biologia da conservação e as práticas de muitos ambientalistas (uma revisão sobre sua vida e sua ideologia se encontra em Lutz Newton, 2006; uma análise sobre suas ideias, em Knight & Riedel, 2002). Leopold foi uma figura singular, pois se formou inicialmente nas vertentes clássicas do manejo florestal, e a partir daí promoveu o nascimento do "manejo da vida silvestre" (*wildlife management*). A avaliação de suas próprias práticas, a descoberta de manejos não convencionais com base em saberes locais (que ele presenciou em uma viagem ao México) e outras circunstâncias o levaram a se distanciar cada vez mais das perspectivas convencionais e a pretender um manejo tecnológico eficiente e seguro dos ecossistemas. Como resultado, Leopold propôs a ética da terra em um livro clássico de 1966.

O "obstáculo-chave" para chegar a uma ética da terra é, segundo Leopold, conseguir "deixar de pensar no uso apropriado da terra como um problema exclusivamente econômico". Segundo seu critério, cada questão deve ser ponderada "em termos do que é correto nos aspectos ético e estético, além do que seja economicamente produzido", e acrescenta: "Uma coisa é correta quando tende a preservar a integridade, estabilidade e beleza da comunidade biótica. É incorreta quando não tende a esses fins" (Leopold, 1966). Ele considera que é "inconcebível que possa existir uma relação ética com a terra sem amor, respeito e admiração por ela, e sem um alto apreço de seu valor", em que "valor" se refere a "algo mais amplo que a simples utilidade econômica; refiro-me ao valor em sentido filosófico". Outra barreira para avançar na direção desse tipo de ética se encontra, segundo Leopold, no fato de que o "sistema educacional e econômico tenha se distanciado da consciência da terra, em vez de se aproximar dela". Ele advertia que as pessoas estavam distanciadas da terra por intermediários tecnológicos e substitutos sintéticos, fazendo com que tivessem "deixado a terra para trás".

Não nos esqueçamos de que essas advertências e críticas, que hoje têm um eco muito maior, foram externadas por Leopold na década de 1940; portanto, sua aceitação foi limitada. Leopold avançou ainda mais ao apontar que a "causa da ética da terra pareceria perdida se não fosse pela minoria que se levanta em óbvia oposição a essas tendências 'modernas'". A partir dessas considerações, ele chegou a seus imperativos éticos, que expressam tanto um processo intelectual como emocional, em que algo é correto, como já dissemos, quando "tende a preservar a integridade, estabilidade e beleza da comunidade biótica".

As posturas de Leopold foram resgatadas e postas no primeiro plano da discussão na década de 1980, tanto no campo da ética ambiental como no da biologia da conservação. Naqueles mesmos anos são difundidas as ideias da ecologia profunda, do filósofo norueguês Arne Naess, que alcançaram muita influência em vários países do hemisfério norte, e mais lentamente na América Latina.

Naess e seus seguidores sustentaram uma ética biocêntrica, que partiu de uma defesa do conceito de valores intrínsecos, postulando que "a vida na Terra tem valores em si mesma", e que esses valores são "independentes da utilidade do mundo não humano para os propósitos humanos (Naess & Sessions, 1985; uma primeira versão dessas ideias pode ser encontrada em Naess, 1973). Essa formulação foi aplicada à biosfera, de modo que inclui espécies e elementos inanimados dos ecossistemas. Portanto, é uma alternativa a posturas fragmentárias, e também não contradiz ideias que não são ocidentais, como a da Pacha Mama, sustentada por alguns povos indígenas. Buscou-se dissolver a separação entre pessoa e meio ambiente, recorrendo-se a uma ampliação do "si mesmo"; essa postura é análoga à que se encontra em algumas cosmovisões indígenas segundo as quais as pessoas estão inseridas em um contínuo com a Natureza.

Essa vertente foi apresentada como "profunda" para se diferenciar de uma ecologia "superficial", que, segundo Naess (1973), centrava-se em lutar contra a contaminação e o esgotamento dos recursos para assegurar a saúde e opulência das sociedades ricas. Por outro lado, a ecologia profunda descrevia um chamado à mobilização social sob uma clara orientação normativa, um movimento que deveria se basear antes em uma ecofilosofia do que na ecologia biológica.

A corrente da ecologia profunda admite que é possível chegar a uma postura biocêntrica a partir de diferentes percursos filosóficos e políticos, ou seja, a partir tanto de uma reação diante da modernidade como das cosmovisões dos povos originários. Também explora formas de identificação ampliadas e substantivas com o meio ambiente, nas quais a pessoa concebe a si mesma necessariamente dentro de um ambiente natural (um "si mesmo" expandido, alcançado graças à identificação com o meio ambiente). Dessa maneira, é uma postura que concebe uma "comunidade" da vida de alcance ecossistêmico.

Esses e outros aspectos foram se ampliando e se ajustando ao longo de vários anos (Naess, 1989, 2005). Conforme a perspectiva da ecologia profunda ganhou maior difusão, misturou-se de diferentes formas com as ideias da ética da terra, de Leopold, e tingiu algumas facetas do ambientalismo — particularmente, a nascente biologia da conservação. Em torno dessa corrente, gerou-se um rico debate que explora, por exemplo, a igualdade ou a diferença entre as formas de vida, ou a geração dos deveres morais. Há aqueles que dão um maior peso à evolução e à ecologia, em que não se reconhece necessariamente um igualitarismo radical entre todos os seres vivos; Agar (2001), entre outros, aponta que a crescente complexidade em algumas espécies implica estatutos morais diferentes (Attfield, 1999, 2013).

Também devem ser considerados aqueles que postulam um biocentrismo segundo o qual o valor intrínseco é próprio e objetivo dos objetos no meio ambiente, independentemente de qualquer intervenção humana, incluídas as contribuições de ecologistas ou de qualquer outro tipo. A figura proeminente nessa proposta é Holmes Rolston III (1986). Enquanto alguns dos outros posicionamentos comentados anteriormente, embora biocêntricos, entendem os valores de forma em parte subjetiva, Rolston apela a um viés mais radical, segundo o qual os valores são objetivos, próprios dos seres vivos. Nisso, ele se assemelha a Taylor, comentado anteriormente, mas a diferença está no fato de que Rolston não é individualista, e sim aponta esses valores próprios sobretudo em espécies e ecossistemas.

Nessa concepção, a Natureza ocupa um papel central, embora se introduza outra ênfase-chave: essa Natureza, embora entendida de uma maneira estendida e ampliada, também inclui a sociedade. Dito de outra forma, a cultura e as sociedades humanas se inserem na Natureza, segundo o entendimento de Rolston. Essa é uma posição que hoje não desperta tantas resistências, na medida em que sabemos que está presente, de diferentes formas, em vários povos indígenas. Rolston sustenta que essa Natureza ampliada é a que abriga os valores, e os humanos expressam alguns deles; porém, outros valores se encontrariam em outros seres vivos, como plantas ou animais. Desse modo, a objetividade está baseada em um valor "natural", relacional em um sentido ecológico, embora restrita aos seres vivos (os elementos não vivos, segundo Rolston, somente têm valores instrumentais e não intrínsecos).

Outras contribuições que influíram nessa discussão tiveram origem no ecofeminismo. Muitas analistas e ativistas apontaram que o antropocentrismo é também um *androcentrismo*, no qual a dominação dos homens sobre as mulheres respondia a processos análogos à imposição dos humanos sobre o meio ambiente. Segundo essa visão, o antropocentrismo é sempre, e ao mesmo tempo, um androcentrismo. No ecofeminismo, tais posições se diversificaram entre aquelas que entendiam que esse problema se originou no âmbito da ciência contemporânea e da cultura do Iluminismo, enquanto outras apontavam para um dualismo com antecedentes historicamente muito mais profundos na cultura ocidental (Gaard, 2011). O ecofeminismo manteve uma disputa com a ecologia profunda, de quem reivindicava mais atenção a esse problema, enfatizando a importância de uma ética ambiental orientada para o papel das mulheres e os sentidos de responsabilidade, cuidado e confiança (Slicer, 1995; Mellor, 2000). Também contribuiu, sob a perspectiva dos direitos dos animais, com a necessidade de reconhecer direitos do não humano (Seager, 2003).

O biocentrismo não ficou restrito a uma discussão entre filósofos e militantes ambientalistas; afetou diversas discussões sobre conservação e políticas ambientais. Por exemplo, na segunda estratégia mundial de conservação, *Cuidar da Terra* (IUCN, PNUMA & WWF, 1991), mencionada anteriormente, indica-se que "toda forma de vida merece ser respeitada, independentemente de seu valor para o ser humano", o que é claramente uma sentença biocêntrica. O ser humano passa a ocupar outro lugar, e é interpretado como uma parte da comunidade da vida; é mais um, junto com as demais espécies viventes, e não está acima delas. Embora os compromissos com os direitos fundamentais como a liberdade sejam mantidos, essa nova proposição põe em xeque o antropocentrismo clássico segundo o qual o ser humano está acima do meio ambiente. A estratégia acrescenta que o "desenvolvimento humano não deve ameaçar a integridade da natureza nem a sobrevivência de outras espécies. As pessoas devem dar a todos os seres vivos um tratamento correto e os proteger da crueldade, do sofrimento evitável e da morte desnecessária". Essa postura acarreta obrigações e responsabilidades para além de fronteiras, culturas e identidades; "trata-se de um dever individual e coletivo".

Na mesma linha, encontrava-se o compromisso ético da sociedade civil elaborado a partir das reuniões paralelas aos governos na Rio 92 (Fórum Internacional, 1992). Nele, parte-se de um "princípio da unidade na diversidade, em que cada ser individual é parte do todo", para passar a postular que todos os seres apresentam um valor existencial intrínseco que transcende valores utilitários.

Dessa maneira, pouco a pouco, as posições biocêntricas foram difundidas globalmente e alcançaram diferentes militantes, organizações cidadãs e acadêmicos da América Latina. Parte dessas influências será evidenciada nas seções seguintes e em outros capítulos deste livro.

De todo modo, deve-se reconhecer que tanto o biocentrismo, em geral, como a ecologia profunda, em particular, foram criticados no interior do ambientalismo. Os casos mais emblemáticos vieram da escola da ecologia social de corte libertário defendida por Bookchin (1987), que apontou um excessivo individualismo e certo desinteresse em questões sociais e políticas. Da mesma forma, alguns autores do Sul questionaram o que interpretavam como atitudes de superioridade ocidental em relação a outras culturas, ou a incapacidade para entender que em diferentes regiões a Natureza também incluía comunidades humanas e era um produto histórico-social (Guha, 1989).

2.7. Os sentidos do biocentrismo

As diferentes propostas ecocêntricas e biocêntricas buscam ir além de posturas utilitaristas exclusivamente interessadas naquilo que pode ser útil ou vantajoso, como preservar uma bacia hidrográfica não por causa do bem-estar das espécies que a habitam, e sim como necessidade de assegurar um sistema de irrigação. Sob essa perspectiva, as espécies feias ou inúteis ficam relegadas.

O biocentrismo joga por terra essas limitações, já que existe uma igualdade biocêntrica: todas as espécies vivas têm a mesma importância, e todas elas merecem ser protegidas. Tenta-se conservar tanto as espécies úteis como as inúteis, tanto as que têm valor de mercado como as que não têm, tanto as espécies atrativas como as desagradáveis.

De alguma maneira, o biocentrismo postula um igualitarismo entre todas as formas de vida. Isso não quer dizer que sejam iguais ou que suas implicações morais ou práticas sejam idênticas. Apesar desses esclarecimentos, não é incomum que muitos ataquem o biocentrismo — e os valores intrínsecos, argumentando que estes implicariam, na prática, a imobilização de qualquer atividade humana no meio ambiente. Para esses críticos, uma onça, uma cobra, um mosquito ou um vírus seriam a mesma coisa. Em sentido estrito, o biocentrismo reconhece as heterogeneidades e diversidades, inclusive as hierarquias, entre as espécies viventes e dentre dos ecossistemas.

Fica evidente que, como o biocentrismo exige outra ética na atribuição de valores e nos sujeitos de valoração, imediatamente são geradas mudanças substanciais nos imperativos morais em relação à Natureza. De fato, o biocentrismo impõe "obrigações com as coisas viventes em razão do reconhecimento de seu valor inerente" (Taylor, 1981). Algumas dessas obrigações são adicionais e diferentes das que existem em relação aos seres humanos, mas exibem um atributo-chave compartilhado: o bem-estar dos seres vivos. Assim como o bem-estar humano é um fim em si mesmo, de maneira similar é gerado um mandato moral com o bem-estar dos demais seres vivos. Esses deveres morais impõem, por exemplo, defender as espécies viventes como conjuntos, e os ecossistemas onde elas desenvolvem seus processos vitais, como agrupamentos heterogêneos. Ganha relevância aqui a advertência de Leopold, quando indica que as ações corretas são as que tendem a conservar a "integridade, estabilidade e beleza da comunidade biótica", e são incorretas quando vão no sentido contrário.

Taylor (1981) aprofunda-se nas mudanças em relação às obrigações e aos imperativos. No antropocentrismo, as ações em relação aos ecossistemas "são corretas (ou incorretas) de acordo com algum dos dois critérios: se têm consequências favoráveis (ou desfavoráveis) para o bem-estar humano ou se são consistentes (ou inconsistentes) com o sistema de normas que protege e dá corpo aos direitos humanos". Por outro lado, o biocentrismo defende "obrigações morais com as plantas e os animais silvestres enquanto membros da comunidade biótica da Terra", segundo as quais os humanos devem protegê-los para assegurar que possam continuar seus próprios processos de vida ou evolução, ou seja, assegurar seus valores próprios. Essas obrigações são as que se buscam cristalizar em constituições, leis e outras normas; a partir delas, são geradas políticas, que por sua vez são levadas em conta na discussão pública. Assim, é possível consolidar determinações morais que reivindicam a preservação de espécies em perigo e impedir a contaminação, mas cuja fundamentação passa a ser que as espécies viventes possam desenvolver seus próprios processos vitais (Taylor, 1981).

É importante recordar que essa visão não rejeita a valoração econômica, mas afirma que esta é somente um tipo de valor entre vários. Tampouco rejeita os usos produtivos, mas defende que estes sejam feitos em harmonia com o meio ambiente, não ao custo de sua destruição. Tais equilíbrios estarão limitados e ajustados a assegurar a sobrevida de espécies e a integridade de ecossistemas, por seus próprios valores, independentemente de utilidades ou estéticas humanas. Também não é uma postura primitivista e antitecnológica, pois defende que as tecnologias serão usadas de modo apropriado — as mais recentes onde seja necessário, e outras mais antigas onde sejam apropriadas. Portanto, aqueles que insistem em que o biocentrismo ou os direitos da Natureza implicam um regresso ao tempo das cavernas não estão entendendo que o que está em jogo é avançar rumo a um novo futuro.

Para além de como esse valor intrínseco é reconhecido, e até para além da discussão sobre a particularidade do ser humano como único capaz de reconhecer os valores, o importante é que são geradas obrigações morais sobre o meio ambiente. Em outras palavras, pode-se chegar a admitir os valores intrínsecos a partir de várias posturas, e dotá-los de diferentes atributos, mas esse não é o debate central para a ecologia política. A questão-chave é que essas obrigações e responsabilidades se impõem sobre as pessoas, e é precisamente nossa própria capacidade de atender à dimensão ética que nos obriga a proteger o meio ambiente. Dito de outra forma, inclusive para os antropocêntricos que entendem que o único agente ético é o ser humano, somente as pessoas podem construir uma moral que assegure a proteção ambiental.

Também é preciso destacar que, da perspectiva do biocentrismo, é possível regressar à ideia de uma Natureza que deixa de ser um mero amontoado de mercadorias ou capitais e volta a ser um conglomerado de espécies vivas. A Natureza como conjunto reaparece como sujeito de valores. Isso permite reconhecer que conta com atributos próprios do conjunto, propriedades emergentes ou expressões que não podem se derivar de cada uma de suas partes. Consequentemente, poderão ser assumidas posições ou sensibilidades que encontram no meio ambiente atributos sistêmicos ou organicistas.

Como se verá mais adiante, a primeira formalização biocêntrica que reconheceu os direitos da Natureza aconteceu na nova Constituição do Equador. Não nos esqueçamos de que uma Constituição é, no final das contas, um acordo normativo construído politicamente e referendado pela maioria, em que não é preciso explicar as origens das valorações, bastando que sejam reconhecidas. Dessa maneira, pessoas que partem de distintas tradições culturais, filosóficas ou religiosas podem chegar aos direitos da Natureza por diferentes caminhos, e esse é um ponto de enorme importância na presente análise. Um texto constitucional não pode impor valores culturais ou religiosos, mas sim deve permitir que se expressem e gerem espaços de encontro nas políticas públicas.

Uma vez que se conquista o reconhecimento desses valores intrínsecos, imediatamente são geradas obrigações, inclusive direitos sobre o meio ambiente e os seres vivos, que deverão ser atendidas por pessoas, agrupamentos sociais, empresas, Estado etc. A partir daí, é possível começar a explorar novas políticas ambientais construídas sob a perspectiva do respeito biocêntrico.

3. Meio ambiente, direitos e transformações políticas

Os recentes debates sobre ética ambiental e a irrupção dos direitos da Natureza na América Latina ocorreram em tempos de fortes mudanças políticas. Na primeira década do século XXI, a chegada de novos governos que rompiam com tradições conservadoras utilizando um discurso próprio da esquerda resultou em importantes mudanças, tais como novas constituições, a insistência no debate sobre desenvolvimento e justiça e o fortalecimento do Estado. Entre essas mudanças, esteve a possibilidade de se considerar outras valorações da Natureza, e, no caso do Equador, isso resultou no reconhecimento dos direitos da Natureza.

Não era raro encontrar posturas simplistas que assumiam que a crise ambiental era uma consequência direta de ideologias político-partidárias conservadoras, e que, portanto, esse novo progressismo poderia oferecer soluções concretas. No entanto, isso não aconteceu, e progressismos como os do Brasil e outros países acabaram gerando muitos impactos ambientais severos, embora essa exploração estivesse organizada, em parte, de outras formas. Por sua vez, o esgotamento desses progressismos e o regresso do conservadorismo aos governos sul-americanos tiveram como consequência o aprofundamento ainda maior dos impactos ambientais. As raízes antropocêntricas são muito mais profundas do que as variedades político-partidárias.

Os debates em ética ambiental devem ser entendidos

no contexto dessas mudanças políticas. Além disso, as experiências progressistas fornecem muitas lições sobre possibilidades e limites para abordar a temática ambiental. Isso acarreta novas condições de abordagem da temática ambiental, que em vários sentidos é muito diferente das vividas nas décadas finais do século XX e que deve lidar com particularidades próprias da América Latina. Com tal finalidade, neste capítulo são analisados alguns desses aspectos. Inicia-se com uma breve revisão das relações entre valores e direitos, o que permite abordar sua incorporação aos marcos constitucionais. Por fim, revisa-se o marco gerado na chegada, no auge e no retrocesso do progressismo, com alguns comentários finais sobre os atuais governos conservadores.

3.1. Valores e direitos

Muitas correntes interessadas na conservação do meio ambiente buscaram se fundamentar na ampliação dos direitos humanos. A intenção era, por exemplo, associar direitos — como os relacionados à qualidade de vida das pessoas — com a integridade da Natureza que tornasse essa vida possível, promovendo, assim, obrigações morais para proteger o meio ambiente.

A formulação contemporânea dos direitos humanos se concretizou com a construção do sistema das Nações Unidas a partir de 1945, e foi formalizada com sua Declaração Universal em 1948. No começo da década de 1960, foram lançadas as primeiras reivindicações para que o cuidado ambiental fosse entendido como um direito humano, especialmente graças ao trabalho de Rachel Carson (com seu livro clássico de 1962, *Primavera silenciosa*). A primeira conferência mundial sobre meio ambiente e desenvolvimento, realizada em 1972, em Estocolmo, indicou que os direitos fundamentais das pessoas, como liberdade e igualdade, somente eram possíveis caso contassem com uma adequada qualidade ambiental, tanto no presente como para as gerações futuras. Dito de outra forma, diferentes impactos ambientais não somente afetam a qualidade de vida das pessoas como também, por esse meio, acabam limitando direitos humanos fundamentais.

Essa vinculação da temática ambiental ao campo dos direitos avançou com o passar do tempo (um processo revisado, por exemplo, por Boyd, 2012). Sua importância foi enorme, já que não somente tornou-se a porta de entrada para formalizações jurídicas, como também serviu de refúgio para muitas reivindicações cidadãs.

É importante advertir que aqui se trata do conceito

de *direitos* em dois sentidos. Por um lado, expressam demandas e condições consideradas próprias e essenciais das pessoas, que devem ser asseguradas ou atendidas por serem fundamentais para a própria dignidade humana. Essa é uma das portas de entrada para as preocupações ambientais, ao apontar que a vida humana somente é possível sob determinada qualidade ambiental. A posição ética que concebe a Natureza somente por seu valor econômico tem pouca relevância nesse esforço. Por outro lado, o entendimento do meio ambiente a partir de uma pluralidade de valores é mais efetivo para alcançar consensos morais estendidos dentro de uma sociedade a fim de incorporá-los aos direitos humanos. Por sua vez, os direitos têm uma aplicação estendida, seja dentro de um Estado, seja, em alguns casos, em nível internacional. Isso permite que essas condições ambientais resultem em normas e políticas que devem ser cumpridas dentro dos países e na comunidade das nações.

Por outro lado, a formulação contemporânea dos direitos também esteve estreitamente vinculada à construção dos conceitos de cidadania. O cidadão era considerado como tal dentro de comunidades políticas na medida em que possuía direitos sociais, políticos. As ideias de cidadania e direitos ficaram estreitamente vinculadas. Sobre essa articulação, muitas demandas ambientais começaram a atuar, como as exigências para que os cidadãos pudessem ter acesso a informações ambientais e participar na avaliação ambiental de empreendimentos.

Sob o esquema seguido neste livro, os valores incidem na construção de mandatos morais que se formalizam em direitos legalmente reconhecidos. Portanto, os direitos expressam simultaneamente, ainda que em diferentes proporções, conteúdos morais e jurídicos.

Tem sido comum reconhecer três gerações de direitos. Os primeiros centram-se em questões consideradas fundamentais, como a vida, a liberdade, o voto etc. Os de segunda geração incluem demandas sociais, culturais e econômicas, como a saúde e a educação. Reconhece-se que os de terceira geração têm como foco exigências coletivas, tais como paz ou solidariedade, e é entre estas que aparecem os direitos a um meio ambiente saudável ou a uma qualidade ambiental adequada. As posições mais recentes, no entanto, rejeitam a hierarquia que poderia derivar dessas categorias e consideram que todos esses direitos têm a mesma importância.

Os direitos ambientais se expressam tanto em salvaguardas (por exemplo, manter o meio ambiente livre de contaminantes) como em ações (como as que o Estado deve realizar para proteger uma área natural). Essas duas abordagens são distinguidas como direitos negativos e positivos (Boyd, 2012). Por sua vez, muitas dessas demandas refletem condições substantivas nesses direitos, mas associadas a elas encontram-se exigências sobre os procedimentos, tais como o acesso à informação ou à participação. Muitos desses direitos procedimentais não são especificamente ambientais, pois, digamos, a participação é uma condição que diz respeito a distintas esferas. Mas está claro que esses procedimentos são indispensáveis em muitos casos para assegurar as condições do meio ambiente.

3.2. Meio ambiente e processos constitucionais

A recuperação de algumas valorações alternativas sobre o meio ambiente permitiu legitimar condições morais que passaram a se concretizar em direitos ambientais. A melhor maneira de formalizá-los é, por um lado, vinculá-los diretamente aos direitos fundamentais das pessoas e, por outro lado, incluí-los nas Constituições. Essas estreitas relações podem ser defendidas de muitas formas, começando por um alerta óbvio, mas nem sempre atendido: um colapso ambiental generalizado põe em risco a sobrevida de toda a espécie humana e, portanto, condiciona diretamente todos os seus direitos fundamentais.

Por sua vez, a consagração dos valores ambientais como direitos constitucionais reforça a possibilidade de serem criadas leis e outras normas, promove uma melhor gestão ambiental, oferece marcos para disputas nos casos não previstos por normas específicas (Hayward, 2005) e, por fim, é uma salvaguarda a mais para muitas reivindicações cidadãs, tanto em suas exigências sobre qualidade ambiental como no controle de atores estatais e privados.

As mudanças que começaram a ser promovidas desde a década de 1970 estimularam importantes avanços na América Latina. Boa parte das constituições passou a incluir direitos ambientais entre os direitos humanos. Por sua vez, foram aprovadas leis ou códigos básicos em matéria ambiental que cobrem aspectos essenciais como avaliação de impactos, sistemas de áreas protegidas e qualidade ambiental. Foram criadas agências estatais especificamente encarregadas dessa matéria, como ministérios ambientais ou mistos (onde essa temática é compartilhada com outra, como o ordenamento territorial ou a moradia). Uma revisão da situação recente em gestão ambiental é oferecida em Rodríguez-Becerra e Espinoza (2002).

Durante as décadas de 1980 e 1990, sucederam-se reformas no marco legal ambiental de quase todos os países sul-americanos. O direito a um meio ambiente "saudável" foi incluído nas constituições de Argentina (1994) e Brasil (1988). A Constituição do Brasil indica que "todos têm direito ao meio ambiente ecologicamente equilibrado, bem de uso comum do povo e essencial à sadia qualidade de vida, impondo-se ao Poder Público e à coletividade o dever de defendê-lo e preservá-lo para as presentes e futuras gerações". Em outros casos, como a Constituição do Chile (1980), a indicação é mais limitada, como o "direito a viver em um meio ambiente livre de contaminação", enquanto indica que o Estado deve preservar a Natureza para que esse direito não seja afetado. Em outro extremo, encontra-se o Uruguai, país que não reconhece esse tipo de direito em sua Constituição, apenas entende que proteger o meio ambiente é de "interesse geral" (emenda de 1996).

Mais recentemente, desde o começo do século XXI, ocorreram novos processos constitucionais na Venezuela, na Bolívia e no Equador. Essas mudanças são parte do chamado novo constitucionalismo latino-americano e foram promovidas pelos governos progressistas. Esses governos consideravam que era indispensável contar com novas constituições, por exemplo, para incorporar realmente os povos indígenas (como a plurinacionalidade, na Bolívia), para salvaguardar outro tipo de regulações sobre o mercado (tais como proteger as economias solidárias), ou para modificar a estrutura do Estado e o regime político e eleitoral (Ávila Santamaría, 2011a). Como parte desse impulso neoconstitucional, somaram-se várias novidades ambientais, entre as quais se considerou o reconhecimento dos direitos da Natureza. Isso foi tentado na nova Constituição da Bolívia, mas não rendeu frutos, e foi concretizado na do Equador.

3.3. A guinada progressista

O contexto político que permitiu concretizar as novidades ambientais no Equador é parte da renovação promovida pelos que ficaram conhecidos como governos progressistas ou da nova esquerda. No começo do século XXI, essas mudanças aconteceram com os governos de Lula e Dilma Rousseff (Brasil), Hugo Chávez e Nicolás Maduro (Venezuela), Néstor Kirchner e Cristina Fernández de Kirchner (Argentina), Rafael Correa (Equador), Evo Morales (Bolívia), Tabaré Vázquez e José Mujica (Uruguai) e, durante um breve período, Fernando Lugo (Paraguai). É evidente que existiram diferenças dentro desse conjunto. Por exemplo, Bolívia, Equador e Venezuela em geral eram apresentados como politicamente mais "radicais", enquanto Lula ou Mujica eram parte de uma esquerda mais "razoável", ao estilo social-democrata.

Para além dessa diversidade, existia muita esperança no início de alguns desses governos, especialmente entre diferentes movimentos ambientalistas. No Brasil, enquanto se situava na oposição, o Partido dos Trabalhadores (PT) defendeu iniciativas em temas como desmatamento, qualidade ambiental nas grandes cidades e a situação da Amazônia.

No começo dessa mudança política, foram abertas novas opções de participação, questionou-se o reducionismo de mercado, esperava-se potencializar o Estado e insistiu-se na relevância da justiça social. Figuras icônicas do ambientalismo ocuparam cargos-chave, como foi o caso, no Brasil, da militante seringueira Marina Silva (mulher, negra, acreana e então integrante do PT, foi ministra do Meio Ambiente no governo Lula). Os vínculos estreitos com os movimentos sociais permitiam supor que os mecanismos de participação e acesso à informação seriam melhorados. Por outro lado, em outros países, a esquerda convencional que chegou ao governo era muito mais distante da temática ambiental, como aconteceu com o peronismo da Argentina ou a Frente Ampla do Uruguai.

Os ensaios mais radicais, que usaram rótulos como "socialismo do século XXI" ou "revolução cidadã", entenderam que novas constituições eram imprescindíveis para seu projeto político. Essa dinâmica permitiu considerar de uma maneira nova a temática ambiental no Equador e na Bolívia, embora não na Venezuela.

No Equador, uma das promessas do novo presidente, Rafael Correa, foi a convocação de uma Assembleia Constituinte. Correa conquistou a presidência em 2006 com um apoio diversificado, sem estruturas partidárias formais consolidadas, incluindo grupos ambientalistas e outros movimentos sociais, entre as quais se encontravam organizações indígenas. Esse protagonismo foi fundamental para que se abrissem de outra maneira as portas para a discussão sobre os valores da Natureza.

Na Bolívia, Evo Morales chegou ao poder sustentado por uma base política mais bem organizada e mais experimentada — o Movimento ao Socialismo (MAS) —, porém precisou enfrentar, no começo de seu governo, uma oposição mais estruturada e agressiva. De todo modo, lá também o impulso essencial para ampliar a agenda ambiental veio de indígenas e camponeses. Conquanto as dinâmicas políticas internas foram muito diferentes das equatorianas, como se verá mais adiante, as inovações ambientais foram muito mais limitadas.

As tentativas de fortalecer uma agenda ambiental que efetivamente controlasse os empreendimentos de mais alto impacto e promovesse a justiça ecológica começaram a enfrentar obstáculos com o passar do tempo. A esquerda que ganhava as eleições pouco a pouco se transformava em um progressismo que apoiava a ideia de um progresso entendido como crescimento econômico, a partir da exploração da Natureza. O alto preço das matérias-primas e a demanda internacional, que estavam no auge em meados dos anos 2000, forneciam muitos argumentos econômicos para continuar explorando hidrocarbonetos, minérios e a terra. A racionalidade econômica, com a qual persistiram as éticas utilitaristas, se fortaleceu, embora não fosse idêntica às anteriores, pois usava uma retórica com palavras que tinham origem na esquerda clássica. O progressismo começou a apresentar a exploração da Natureza como necessária à justiça social. Hoje sabemos que essa bonança econômica não foi utilizada para explorar alternativas produtivas que não dependessem de uma apropriação intensiva dos recursos naturais. Pelo contrário, os extrativismos foram reforçados.

3.4. Progressismo, desenvolvimento e éticas ambientais

Embora em meados dos anos 2000 boa parte da América do Sul estivesse em mãos de governos que se autodefiniam como progressistas, estes continuaram com estratégias de desenvolvimento baseadas na intensiva exploração da Natureza. Na verdade, seja sob gestões conservadoras ou progressistas, a extração e a exportação de matérias-primas se acentuaram a ponto de aumentar a pressão sobre os recursos e o meio ambiente. Tais atividades geram sérios impactos sociais e ecológicos, e isso somente é possível sob o manto de éticas utilitaristas e todo tipo de justificativas economicistas.

Porém, esses mesmos impactos sociais e ambientais alimentam diferentes resistências e conflitos sociais, nos quais os valores se convertem em argumentos-chave. O conteúdo dessa discussão mudou sob os governos progressistas, que insistiam na necessidade de explorar a Natureza para poder reduzir a pobreza. Essa era sem dúvida uma resposta simplista e que não correspondia à realidade dos usos do dinheiro proporcionado pelos extrativismos, mas deu legitimidade social às posturas antropocêntricas voltadas ao utilitarismo, à manipulação e ao controle. É verdade que o progressismo aumentou e estendeu os planos estatais de luta contra a pobreza, mas, como o fazia defendendo os extrativismos, combateu de diferentes formas as éticas ambientais.

Conforme passavam os anos, aquela esquerda inicial que chegou ao governo em países como Brasil, Bolívia ou Equador deixava de ser "vermelha" para se tornar "marrom": reduzia as exigências ambientais, limitava a informação e a participação cidadã, negligenciava uma adequada salvaguarda aos povos indígenas e seus territórios e voltava-se à globalização financeira. Dizemos "marrom" para resgatar o termo usado tradicionalmente na gestão ambiental para lidar com efluentes, resíduos e outros contaminantes, pois aceita justamente as estratégias de desenvolvimento convencionais e apenas tenta minimizar os impactos mais agudos. Tais governos repetem uma fé inquebrantável no progresso e, por isso, autoqualificam-se como "progressistas", e suas práticas estão obcecadas com o crescimento econômico (Gudynas, 2010b). É importante, portanto, ter presente que esquerda e progressismo são regimes políticos e plataformas de ideias diferentes.

Essa diferença possivelmente alcançou sua maior divergência na questão ambiental equatoriana durante o governo de Rafael Correa. Nesse país, foram aprovados direitos constitucionais à Natureza, tal como será analisado detalhadamente mais adiante, mas, na prática, esse governo não os respeitou e lançou mão de extrativismos mineradores e petrolíferos, enquanto para impô-los deveria flexibilizar os controles ambientais, impedir a informação cidadã e controlar a resistência local. O caso mais relevante foi o cancelamento da iniciativa de moratória de extração de hidrocarbonetos no Parque Nacional Yasuní, na Amazônia, uma reivindicação que se fazia precisamente para assegurar os direitos da Natureza nessa região de alta e complexa biodiversidade (Gudynas, 2013).

Esse tipo de situação se repetiu em outros países. Na Argentina, as gestões de Néstor e Cristina Kirchner promoveram tanto os hidrocarbonetos como a mineração a céu aberto — incluindo o chamado "veto Barrick Gold", um veto presidencial à lei de proteção dos glaciares andinos que teve o objetivo de permitir o avanço da mina de ouro de Pascua Lama (Bonasso, 2011). No Brasil, durante o governo Lula, os controles ambientais foram flexibilizados, enquanto o presidente queixava-se, por exemplo, dos entraves ao crescimento impostos pelas "questões dos índios, quilombolas, ambientalistas e Ministério Público".[10] Sob a gestão de Dilma Rousseff, a situação se agravou tanto que as organizações cidadãs alertaram sobre o "maior retrocesso da agenda socioambiental" nos últimos trinta anos.[11]

No Uruguai, na gestão de José Mujica, considerado internacionalmente um ícone contra o consumo, o governo tentou por todos os meios inaugurar no país a megamineração a céu aberto, apoiando um empreendimento de mineração de ferro que desatou uma intensa oposição local.

A prática dos progressismos mostra que as mudanças na organização dos usos da Natureza e na propriedade dos recursos naturais não necessariamente promovem éticas ambientais alternativas. A análise comparada das gestões de governos progressistas e conservadores demonstra que, nesses temas, uma e outra vez prevalece uma ética antropocêntrica — embora esta possa ser expressada de maneiras diferentes. O fortalecimento do Estado não permitiu necessariamente uma melhor proteção ambiental; foi, na verdade, em muitos casos, um mediador para explorar o meio ambiente com ainda mais intensidade — o que pode ser ilustrado pelas empresas estatais petrolíferas, que não mostraram melhores desempenhos sociais ou ambientais que as corporações privadas.

[10] "Ambientalistas criticam discurso de Lula", em *Folha de S. Paulo*, 25 nov. 2006. Disponível em: <https://www1.folha.uol.com.br/fsp/brasil/fc2511200605.htm>. Acesso em: 2 set. 2019.

[11] "Carta da sociedade sobre retrocessos socioambientais do governo", em *Página 22*, 6 mar. 2012. Disponível em: <http://pagina22.com.br/2012/03/06/carta-da-sociedade-sobre-retrocessos-socioambientais-do-governo/>. Acesso em: 2 set. 2019.

Os progressismos não poderiam se declarar abertamente antiambientais, como às vezes acontece em gestões conservadoras; seria uma contradição intolerável com suas retóricas que evocavam a esquerda. Portanto, defendiam os usos intensivos da Natureza como expressão de inovação ou avanços tecnológicos, como formas de reduzir a pobreza, e assim sucessivamente. Ao mesmo tempo, ignoravam os alertas cidadãos ou zombavam deles, qualificando-os de infundados, infantis ou até perigosos (como ocorria, por exemplo, na Bolívia, com o uso da imagem de Lenin, que considera o "esquerdismo" uma "doença infantil").

Tais governos navegavam na contradição, mas o dissimulavam retoricamente. Um caso ilustrativo é o de Rafael Correa no Equador. Enquanto os direitos da Natureza eram concretizados durante seu primeiro governo, o presidente se tornava um extrativista passional, revestindo a mineração de atributos quase religiosos (é "a grande oportunidade que Deus nos deu para sair da miséria") e concedendo-lhe poderes quase mágicos para levar o país ao "desenvolvimento", pois, segundo Correa, graças a uma mina de cobre seria possível "eliminar a pobreza". Por outro lado, aqueles que advertiam sobre os impactos da atividade extrativista foram classificados como infantis ou demagogos, dignos de serem "internados em um manicômio".

Tais episódios fizeram os progressismos se sentirem mais cômodos com medidas ambientais centradas no consumo, como as campanhas para abandonar o plástico ou as lâmpadas incandescentes, ao mesmo tempo que resistiam aos controles ambientais sobre investidores ou exportadores, considerando-os um freio para a reprodução do aparato estatal e para a manutenção da assistência econômica aos mais necessitados. Chegou-se, portanto, a uma gestão ambiental estatal debilitada, uma vez que não se atuou com vigor nos temas mais sensíveis, especialmente em zonas rurais ou áreas naturais.

Essas contradições significam que esses governos se converteram no que comumente se denomina "neoliberais"? Certamente não, e é equivocado cair em reducionismos que levam a qualificá-los dessa maneira. Continuam sendo governos que buscam recuperar o papel do Estado, expressam um compromisso popular que esperam atender com políticas públicas e geração de certo tipo de justiça social. Porém, como se indicou anteriormente, o progressismo é uma entidade política distinta, que aceita um tipo de capitalismo de fortes impactos ecológicos e sociais, inserido no antropocentrismo, a partir do qual somente são possíveis alguns avanços parciais. Sob as ideologias neoliberais em sentido estrito, desaparece a própria opção de justiça, na medida em que qualquer intervenção no mercado é rechaçada. Em direção a esse campo está se movendo o governo de Jair Bolsonaro no Brasil, por exemplo.

É importante levar em consideração a enorme pressão exercida por diferentes fatores econômicos, o que pode ser ilustrado claramente no caso do Peru, quando Ollanta Humala ganhou as eleições em 2011 com uma agenda que, em uma de suas primeiras formulações, foi entendida como progressista, uma vez que defendia, entre outras metas, certa recuperação dos recursos naturais para o Estado e uma aproximação às demandas cidadãs em temas sociais e ambientais. O otimismo inicial também foi reforçado pela presença de atores progressistas em ministérios-chave, como o do Meio Ambiente. No entanto, nem sequer foi possível no país uma guinada das políticas conservadoras rumo ao progressismo. Na verdade, em poucos meses, o novo presidente teve de decidir se continuava com uma estratégia mineradora convencional ou se a reformava para atender às demandas cidadãs. Estava em discussão o enorme projeto de megamineração a céu aberto de

Conga, no departamento de Cajamarca, que enfrentava uma generalizada resistência local devido a seus possíveis impactos sociais e ambientais. A gestão Humala escolheu o caminho dos "investimentos e da ordem", tal como indicavam alguns meios de comunicação em Lima, em dezembro de 2011. Interveio no departamento de Cajamarca, as coalizões com a velha esquerda foram rompidas e militantes de destaque abandonaram o gabinete (incluindo o ministro e os dois vice-ministros do Meio Ambiente).

Tais situações não são raras nos demais países da região. Quando os governos precisam escolher, normalmente optam pela exploração da Natureza com a esperança de que isso lhes permita avançar economicamente. À diferença das perspectivas conservadoras, os progressismos, entre suas justificativas, aludem à justiça social, o que amplia o campo do debate na ética e torna necessário abordar detalhadamente questões de justiça ambiental e ecológica (tal como faremos no capítulo 8).

Como muitos movimentos cidadãos apoiaram a chegada desses governos progressistas, não tem sido simples lidar com tais contradições, especialmente na temática ambiental. Por sua vez, a retórica governamental que recorria a imagens de justiça ou de luta contra o imperialismo tornava as discussões ainda mais confusas. No entanto, os graves impactos dos extrativismos desnudaram todos os limites ecológicos e sociais desse tipo de desenvolvimento. As resistências cidadãs contra esses empreendimentos, de uma forma ou de outra, expressam questionamentos a partir da ética, pois a pretensão de valorar um lugar unicamente pelo benefício econômico de seus minérios ou hidrocarbonetos logo se choca com as múltiplas valorações locais que ultrapassam a dimensão econômica.

3.5. Esgotamento progressista e fortalecimento conservador

Os diferentes progressismos começaram a se esgotar no sentido de perderem a capacidade de inovação política. Condições externas, como a queda dos preços das matérias-primas, e situações internas, como a própria repetição de estratégias econômicas e produtivas convencionais, levaram-nos a práticas políticas que limitavam a participação cidadã, abusavam do clientelismo eleitoral e se tornavam cada vez mais "mais do mesmo". Somaram-se sérias dificuldades, como os escândalos de corrupção entre grandes empresas e partidos políticos. Após quedas de popularidade, o progressismo acabou sendo substituído por grupos político-partidários conservadores na Argentina, com Mauricio Macri, enquanto no Brasil a presidenta Dilma Rousseff foi destituída pelo Congresso e substituída por uma coalizão conservadora liderada por seu vice, Michel Temer, a qual, por sua vez, foi sucedida por um governo de extrema direita encabeçado por Jair Bolsonaro. Enquanto isso, o progressismo persiste no Uruguai e na Bolívia, foi abandonado no Equador com Lenin Moreno, que assumiu uma agenda conservadora, e, por fim, na Venezuela, se vive uma situação dramática com o colapso econômico sob Nicolás Maduro.

Essa complexa dinâmica política merece várias análises, mas, à luz da ética ambiental, o relevante é o regresso de uma predominância conservadora dentro das posturas antropocêntricas. Nesse ponto, existem distinções substanciais com o campo progressista, que representava antropocentrismos com outro tipo de moral e justiça. Novos governos, como o de Macri ou Bolsonaro, reforçam o campo conservador e explicam a acentuação dessa posição em outros países, como acontece com Sebastián Piñera no Chile e Iván Duque na Colômbia. Tudo isso limita as opções de uma ética ambiental.

Na verdade, as medidas defendidas por Jair Bolsonaro, por exemplo, de liberar as terras indígenas para os extrativismos agrícolas ou mineradores, reduzir drasticamente o controle ambiental (por exemplo, no uso de agrotóxicos ainda mais agressivos), promover cortes nos orçamentos das agências que devem aplicar esse controle, ou aumentar o apoio às grandes empresas privadas, têm como consequência a anulação de muitos componentes de qualquer estratégia em justiça social e ambiental. Institui-se uma confusão, mas em um sentido diferente da dos progressismos, uma vez que Bolsonaro apoia muitas dessas medidas por meio de um discurso de moral conservadora que, por sua vez, impõe sérias limitações à ética. Dito de outra forma, Bolsonaro insiste em dizer que sabe o que é "certo" e o que é "errado", mas, ao mesmo tempo, ataca a pluralidade de valores que deveria alimentar a construção de uma moral. Um dos seus aspectos principais é anular qualquer ética que reconheça um valor próprio à Natureza — ou um valor que não seja puramente econômico.

4. Meio ambiente e Natureza na Constituição do Equador

Nos capítulos anteriores, procuramos elucidar o marco conceitual dos valores intrínsecos, a Natureza como sujeito e as posturas biocêntricas, assim como as mudanças políticas recentes no continente. Isso nos permite dar um novo passo e focalizar as importantes mudanças oferecidas pela Constituição do Equador, aprovada em 2008.

Nesse pequeno país andino-amazônico, pela primeira vez em todo o mundo, a *polis*, a cidadania, aceitou um novo contrato social que reconhece os direitos da Natureza. O texto constitucional inclui uma outra visão sobre o meio ambiente. Isso não implica desconhecer ou rejeitar quem não considere a Natureza sujeito de direitos, mas obriga a considerar esses direitos juntamente a outros nos debates e na administração da justiça. Os direitos humanos de terceira geração vinculados ao meio ambiente foram reposicionados, e os direitos da Natureza, próprios dos valores intrínsecos, foram formalizados. Possivelmente essa seja a novidade mais difundida internacionalmente, mas a nova Constituição equatoriana oferece outras inovações, como seu olhar intercultural ou as articulações com o desenvolvimento. Esses aspectos são analisados neste capítulo e nos seguintes.

4.1. A Assembleia Constituinte

A elaboração da nova Constituição do Equador esteve a cargo de uma Assembleia Constituinte eleita por votação popular e instalada em novembro de 2007, durante a primeira presidência de Rafael Correa. Seus trabalhos foram finalizados com a aprovação, por maioria, de um texto constitucional em julho de 2008. Este texto foi submetido a consulta popular em 28 de setembro do mesmo ano, sendo referendado por 64% dos votantes.

Foram montados mecanismos de consulta cidadã por meio de encontros itinerantes em todo o país, como na sede da Assembleia em Ciudad Alfaro, na localidade de Montecristi, além de serviços de informação. Os constituintes trabalharam divididos em mesas temáticas (uma delas abordava especificamente as questões relativas aos recursos naturais e à biodiversidade) e contaram com uma numerosa equipe de assessores e colaboradores.

O processo não esteve isento de controvérsias, não somente entre os diferentes grupos políticos, mas também no interior da coalizão governante — inclusive com denúncias de pressões exercidas pelo Poder Executivo. Essas disputas, em alguns casos, alcançaram a agenda ambiental. As etapas finais do processo foram mais polêmicas, pois tiveram como corolário a renúncia do presidente da Assembleia, Alberto Acosta, devido às pressões presidenciais pela aceleração da aprovação do texto.

Diferentes temas ambientais desempenharam um papel central naqueles debates: a possibilidade de permitir a exploração petrolífera em áreas protegidas, a forma de abordar a mineração, a necessidade ou não de consentimento prévio informado das comunidades indígenas sobre empreendimentos em seus territórios, a forma de encarar a plurinacionalidade (Acosta, 2008). A partir disso, foram aprovadas dezenas de artigos em poucos dias, de forma a se cumprirem os prazos previstos, o que acarretou controversas correções de redação.

Como primeiro balanço, porém, deve-se destacar que existe certo consenso de que a nova Constituição equatoriana representou um passo à frente em vários temas e um aprofundamento da cobertura de direitos cidadãos (Ospina, 2008; Ávila, 2011a).

4.2. Conteúdos ambientais

A Carta equatoriana apresenta uma grande quantidade de artigos direta ou indiretamente relacionados com temas ambientais. O marco básico inclui uma seção sobre direitos da Natureza ou Pacha Mama, e outra relacionada aos direitos ambientais de base cidadã, focados na perspectiva do Bem Viver ou *Sumak Kawsay*, em kíchwa. Esse marco é complementado com uma descrição do regime de desenvolvimento (título VI) e uma elaboração mais detalhada sobre o regime do Bem Viver (título VII).

Dada sua hierarquia constitucional, tais conteúdos ambientais deveriam orientar a legislação e a regulação ambiental, inspirar novas normas e servir como referência para resolver dúvidas e conflitos. Representam postulados, além de vicissitudes e debates partidários, e, pelo contrário, devem canalizá-los. Do mesmo modo, geram obrigações para as pessoas e para o próprio Estado, em ações que devem ser empreendidas, regulações que devem ser seguidas ou medidas que deveriam ser implementadas. A inovação mais notável, como já dissemos, é o reconhecimento dos direitos da Natureza, articulando-os com posturas mais clássicas relativas aos direitos. Também inovou ao apresentar em um mesmo nível a ideia de Natureza e a de Pacha Mama, própria da cultura tradicional dos povos originários do país.

Em seguida, são analisados os conteúdos ambientais diretamente relacionados com os direitos da Natureza. Outros aspectos serão retomados ao se abordar a gestão e política ambiental no capítulo 7.

4.3. Natureza e Pacha Mama

A Constituição equatoriana define a Natureza ou Pacha Mama como a dimensão "em que se reproduz e se realiza a vida" (art. 71).[12] Essa formulação oferece novidades substanciais do ponto de vista da ecologia política. Não é pouco usar em um texto constitucional o termo "Pacha Mama" no mesmo patamar que "Natureza", já que o primeiro está ancorado nas cosmovisões dos povos indígenas e o segundo é próprio do acervo cultural europeu.

As formas sob as quais o meio ambiente tem sido caracterizado mudaram desde a colonização (Gudynas, 2004). O conhecimento dos povos indígenas foi suplantado por um saber europeu, que nos tempos da Colônia entendiam que a Natureza eram áreas "vazias", "selvagens", potencialmente perigosas ou nocivas, que deveriam ser dominadas. A Natureza era uma fronteira e um limite que deveriam ser enfrentados. Conforme a colonização avançou, a Natureza passou a ser entendida como uma cesta cheia de recursos valiosos (particularmente ouro e prata), assim como fonte de alimentos e outras matérias-primas comercializadas nas metrópoles europeias. Tais ideias persistiram nas jovens repúblicas latino-americanas, uma vez que todos os países desenvolveram economias de vocação exportadora, cujo comércio era baseado em recursos naturais.

Essas perspectivas relativas ao meio ambiente são típicas do antropocentrismo — funcionais, portanto, a uma intensa apropriação dos recursos naturais, enquanto os

---

12 "La naturaleza o Pacha Mama, donde se reproduce y realiza la vida, tiene derecho a que se respete integralmente su existencia y el mantenimiento y regeneración de sus ciclos vitales, estructura, funciones y procesos evolutivos", no original. [N.E.]

impactos ambientais são minimizados ou ignorados. A base dessa perspectiva é o dualismo que separa o ser humano da Natureza: sociedade e meio ambiente seriam duas coisas distintas, sendo uma externa à outra. Esse dualismo é uma das bases conceituais mais firmes da modernidade europeia, e foi assim que se implantou na América.

Por outro lado, a perspectiva da Pacha Mama, para além das diversas posições em seu interior, aponta para outra noção, que rompe essa dualidade: o ser humano é parte do meio ambiente e não pode ser entendido sem esse contexto ecológico. Portanto, quando a Constituição equipara Natureza a Pacha Mama, o que faz é colocar no mesmo nível de hierarquia a herança de conhecimento europeia e os saberes tradicionais que têm sido sufocados desde a época da Colônia.

O conhecimento dos povos originários e sua interpretação do meio ambiente nunca foram incorporados substantivamente na gestão ambiental ou na academia ecológica, e há somente algumas tentativas limitadas de recuperá-los — entre as mais conhecidas, estão os esforços de certos antropólogos ambientais ou conservacionistas que trabalham com comunidades indígenas, assim como as reivindicações de algumas organizações indígenas ou ambientalistas.

No entanto, as novas concepções sobre o meio ambiente, incluindo o conceito de ecossistema, tampouco têm sido capazes de superar o dualismo; além disso, encerram uma perspectiva de fragmentação, controle e manipulação da Natureza. Portanto, podem ser funcionais às ideias que concebem a relação com o meio ambiente como necessária para assegurar o acesso a recursos de valor econômico atual ou potencial.

O conceito de Pacha Mama abriu as portas para uma entrada substantiva da visão indígena sobre o meio ambiente na Constituição do Equador. Essa possibilidade se deveu, em parte, à pressão política dos movimentos indígenas do país, à sua boa organização na época e à constância de seu discurso. Recordemos que as organizações indígenas equatorianas mantiveram durante uma primeira etapa do governo um apoio crítico ao presidente Rafael Correa e participaram da Assembleia Constituinte — embora depois tenham se distanciado, assim como outros movimentos sociais. Essa situação também permitiu incorporar as ideias de Bem Viver à Carta. Tais opções plurais ofereceram oportunidades de promover uma ruptura com o programa da modernidade e do antropocentrismo — que está na base da atual crise ambiental.

4.4. Direitos de terceira geração

Por outro lado, ao apresentar essas questões como um "direito", fica implícito o reconhecimento de um conjunto de valores básicos, compartilhados (ou aceitos) pela maioria, não negociáveis, e que devem ser a base de uma legislação específica que permita sua aplicação, exercício e promoção. Impõe-se também a necessidade de salvaguardar e exigir tais valores. Esses e outros aspectos aparecem nos princípios de aplicação dos direitos (capítulo i do título ii).

Tradicionalmente, as questões ambientais foram incorporadas como parte dos direitos cidadãos. Por sua vez, a ideia de cidadania em jogo foi inspirada em concepções como as de T. H. Marshall (1950). Essa perspectiva descreve uma primeira etapa de direitos civis (incluindo as liberdades básicas), seguidos por direitos políticos e, mais recentemente, por direitos sociais e econômicos, aos quais os ambientais foram acrescentados. Do ponto de vista da ecologia política, tudo isso permitiu que as questões ambientais ingressassem na esfera política, nas obrigações do Estado e na construção de cidadania. Recordemos que tais direitos, sob essa perspectiva, também implicam obrigações, assumidas sob interações contratuais entre os indivíduos e o Estado e ventiladas na esfera pública.

Esse tipo de direitos das pessoas a um "meio ambiente saudável" aparece na Constituição equatoriana na seção dedicada ao Bem Viver (capítulo ii do título ii), juntamente com os de água e alimentação, comunicação e informação, cultura e ciência, educação, saúde, trabalho e seguridade social. Reconhece-se "o direito da população a viver em um meio ambiente saudável e ecologicamente equilibrado, que garanta a sustentabilidade e o Bem Viver,

Sumak Kawsay" (art. 14).[13] Declara-se de "interesse público" a preservação e a conservação, a integridade do patrimônio genético do país, a prevenção do dano ambiental e a recuperação de ecossistemas degradados (art. 14).[14] Por sua vez, entre os direitos de liberdade, estabelece-se o "direito de viver em um meio ambiente saudável, ecologicamente equilibrado, livre de contaminação e em harmonia com a Natureza" (art. 66),[15] e se alude ao princípio da precaução (art. 73).[16]

Também se determina que o Estado deverá promover, tanto em seu interior como no setor privado, o uso de tecnologias limpas e energias alternativas não contaminantes e de baixo impacto, e são listadas várias proibições — desde armas químicas, biológicas e nucleares a organismos geneticamente modificados que apresentem riscos (art. 15).[17]

13 "Se reconoce el derecho de la población a vivir en un ambiente sano y ecológicamente equilibrado, que garantice la sostenibilidad y el buen vivir, Sumak Kawsay", no original. [N.E.]

14 "Se declara de interés público la preservación del ambiente, la conservación de los ecosistemas, la biodiversidad y la integridad del patrimonio genético del país, la prevención del daño ambiental y la recuperación de los espacios naturales degradados", no original. [N.E.]

15 "El derecho a vivir en un ambiente sano, ecológicamente equilibrado, libre de contaminación y en armonía con la naturaleza", no original. [N.E.]

16 "El Estado aplicará medidas de precaución y restricción para las actividades que puedan conducir a la extinción de especies, la destrucción de ecosistemas o la alteración permanente de los ciclos naturales. Se prohíbe la introducción de organismos y material orgánico e inorgánico que puedan alterar de manera definitiva el patrimonio genético nacional", no original. [N.E.]

17 "El Estado promoverá, en el sector público y privado, el uso de tecnologías ambientalmente limpias y de energías

Há outros direitos claramente associados às questões ambientais e, entre eles, destacam-se: o direito à água como "fundamental e irrenunciável" (art. 12);[18] o direito a alimentos saudáveis (art. 13);[19] o direito a uma cidade que obedeça aos "princípios da sustentabilidade" (art. 31);[20] e o direito à saúde, cujo componente é o direito a um meio ambiente saudável (art. 32).[21]

> alternativas no contaminantes y de bajo impacto. La soberanía energética no se alcanzará en detrimento de la soberanía alimentaria, ni afectará el derecho al agua. Se prohíbe el desarrollo, producción, tenencia, comercialización, importación, transporte, almacenamiento y uso de armas químicas, biológicas y nucleares, de contaminantes orgánicos persistentes altamente tóxicos, agroquímicos internacionalmente prohibidos, y las tecnologías y agentes biológicos experimentales nocivos y organismos genéticamente modificados perjudiciales para la salud humana o que atenten contra la soberanía alimentaria o los ecosistemas, así como la introducción de residuos nucleares y desechos tóxicos al territorio nacional", no original. [N.E.]

18 "El derecho humano al agua es fundamental e irrenunciable. El agua constituye patrimonio nacional estratégico de uso público, inalienable, imprescriptible, inembargable y esencial para la vida", no original. [N.E.]

19 "Las personas y colectividades tienen derecho al acceso seguro y permanente a alimentos sanos, suficientes y nutritivos; preferentemente producidos a nivel local y en correspondencia con sus diversas identidades y tradiciones culturales. El Estado ecuatoriano promoverá la soberanía alimentaria", no original. [N.E.]

20 "Las personas tienen derecho al disfrute pleno de la ciudad y de sus espacios públicos, bajo los principios de sustentabilidad, justicia social, respeto a las diferentes culturas urbanas y equilibrio entre lo urbano y lo rural. El ejercicio del derecho a la ciudad se basa en la gestión democrática de ésta, en la función social y ambiental de la propiedad y de la ciudad, y en el ejercicio pleno de la ciudadanía", no original. [N.E.]

21 "La salud es un derecho que garantiza el Estado, cuya realización se vincula al ejercicio de otros derechos, entre ellos el derecho al agua, la alimentación, la educación, la cultura

Entre as outras áreas temáticas englobadas sob os direitos do Bem Viver, é oportuno destacar algumas que também têm implicações ambientais. No caso das comunidades, povos e nacionalidades, apresenta-se seu direito a "conservar e promover suas práticas de manejo da biodiversidade e de seu meio ambiente natural", assim como condições de consulta e participação na exploração dos recursos não rentáveis em suas terras (art. 57).[22]

Por fim, em um toque de republicanismo, a Constituição também estabelece responsabilidades e deveres, como "defender" os recursos naturais do país e "respeitar os direitos da Natureza, preservar um meio ambiente saudável e utilizar os recursos naturais de modo racional e sustentável" (art. 83).[23]

física, el trabajo, la seguridad social, los ambientes sanos y otros que sustentan el buen vivir. [...]", no original. [N.E.]

22 "[...] Conservar y promover sus prácticas de manejo de la biodiversidad y de su entorno natural. El Estado establecerá y ejecutará programas, con la participación de la comunidad, para asegurar la conservación y utilización sustentable de la biodiversidad. [...]", no original. [N.E.]

23 "[...] Respetar los derechos de la naturaleza, preservar un ambiente sano y utilizar los recursos naturales de modo racional, sustentable y sostenible [...]", no original. [N.E.]

4.5. Direitos da Natureza e biocentrismo

Como dissemos, a Constituição equatoriana é a que pela primeira vez reconhece direitos próprios à Natureza ou Pacha Mama. Nos princípios básicos de aplicação dos direitos, indica-se que a "natureza será sujeito daqueles direitos que a Constituição lhe reconhecer". Consequentemente, mais adiante é detalhado que ela "tem o direito de ver respeitados integralmente sua existência e a manutenção e regeneração de seus ciclos vitais, estrutura, funções e processos evolutivos" (art. 71). Em seguida, acrescenta-se que "toda pessoa, comunidade, povo ou nacionalidade poderá exigir da autoridade pública o cumprimento dos direitos da natureza", e que o "Estado incentivará as pessoas físicas e jurídicas e os coletivos a protegerem a natureza, e promoverá o respeito a todos os elementos que formam um ecossistema" (art. 71).[24]

Trata-se de uma mudança radical em comparação com os demais regimes constitucionais na América Latina, onde geralmente os temas ambientais foram incorporados como direitos de terceira geração, conforme indicado anteriormente: uma posição com limites claros. Por exemplo, o meio ambiente é incorporado à legislação, mas em função dos direitos das pessoas; o direito a um "meio ambiente saudável" é uma clara referência a que o meio ambiente deve guardar certos níveis de qualidade, não pelas espécies

---

[24] "[…] Toda persona, comunidad, pueblo o nacionalidad podrá exigir a la autoridad pública el cumplimiento de los derechos de la naturaleza. Para aplicar e interpretar estos derechos se observarán los principios establecidos en la Constitución, en lo que proceda. El Estado incentivará a las personas naturales y jurídicas, y a los colectivos, para que protejan la naturaleza, y promoverá el respeto a todos los elementos que forman un ecosistema", no original. [N.E.]

que nele vivem ou pela integridade dos ecossistemas, mas sim como condição indispensável para assegurar a saúde ou o bem-estar humano. Da mesma maneira, também são entendidos como extensões dos direitos de propriedade dos humanos; então, quando um ecossistema é afetado, não há reação, por exemplo, à perda de biodiversidade, e sim ao dano de uma propriedade. Os direitos ambientais de terceira geração são, sem dúvida, muito importantes, mas continuam situados dentro de uma perspectiva antropocêntrica.

Porém, quando se afirma que a Natureza tem direitos que lhes são próprios e independentes das valorações humanas, expressa-se uma postura biocêntrica. A Natureza deixa de ser objeto de direitos atribuídos pelos humanos para ser ela mesma sujeito de direitos, e, portanto, admite-se que possui valores intrínsecos. Rompe-se, dessa maneira, com o antropocentrismo convencional, e a Natureza ou Pacha Mama não pode mais ser concebida unicamente em função de sua utilidade para o ser humano, como conjunto de bens e serviços com provável valor de uso ou de troca, tratados como uma extensão dos direitos de propriedade ou como posses humanas — individuais ou coletivas (arts. 72, 73 e 74).[25]

---

[25] "Art. 72 — La naturaleza tiene derecho a la restauración. Esta restauración será independiente de la obligación que tienen el Estado y las personas naturales o jurídicas de indemnizar a los individuos y colectivos que dependan de los sistemas naturales afectados. En los casos de impacto ambiental grave o permanente, incluidos los ocasionados por la explotación de los recursos naturales no renovables, el Estado establecerá los mecanismos más eficaces para alcanzar la restauración, y adoptará las medidas adecuadas para eliminar o mitigar las consecuencias ambientales nocivas.
"Art. 73 — El Estado aplicará medidas de precaución y restricción para las actividades que puedan conducir a

No caso dos direitos da Natureza no contexto constitucional, há pelo menos três componentes: ético, que legitima um debate sobre os valores do meio ambiente não humano; moral, na medida em que há obrigações como assegurar a preservação da biodiversidade; e político, expresso em aspectos que vão da sanção da Constituição até a elaboração de um novo marco legal.

Recordando os possíveis sentidos do conceito de valor intrínseco (apresentados no capítulo 2), distintas vinculações com o texto equatoriano podem ser apontadas. Alguns poderão insistir em que o mandato de respeito integral da Natureza faz alusão a seus valores, independentemente dos possíveis usos ou fins humanos, correspondendo à primeira opção (valor não instrumental). Mas também é possível evocar a segunda definição, que entende o valor de um objeto unicamente em razão de suas propriedades intrínsecas, considerando a referência constitucional às propriedades inerentes dos ecossistemas, tais como os ciclos vitais e os processos evolutivos. Por fim, a terceira opção (como valor objetivo próprio de um objeto, independentemente das avaliações feitas pelos avaliadores) também poderia ser contemplada, embora com maiores dificuldades devido ao fato de que o texto constitucional concede a mesma hierarquia à Pacha Mama, uma ideia que se constrói explicitamente a partir do subjetivismo dos sujeitos

> la extinción de especies, la destrucción de ecosistemas o la alteración permanente de los ciclos naturales. Se prohíbe la introducción de organismos y material orgánico e inorgánico que puedan alterar de manera definitiva el patrimonio genético nacional.
> "Art. 74 — Las personas, comunidades, pueblos y nacionalidades tendrán derecho a beneficiarse del ambiente y de las riquezas naturales que les permitan el buen vivir. Los servicios ambientales no serán susceptibles de apropiación; su producción, prestación, uso y aprovechamiento serán regulados por el Estado", no original. [N.E.]

(não é possível, sob a ideia de Pacha Mama, tentar descobrir valorações objetivas, pois a dicotomia entre meio ambiente e sociedade é em parte dissolvida).

Portanto, pode-se dizer que, entre as possíveis abordagens da ideia de valor intrínseco, a opção de valor não instrumental, em primeiro lugar, e a que se baseia nas propriedades intrínsecas, em segundo lugar, são as que porventura se ajustam à formulação equatoriana. Dessa maneira, esses direitos reconhecem na Natureza atributos independentes dos seres humanos, e que permanecem mesmo na sua ausência.

Por uma via ou por outra, parece claro que não é imprescindível decifrar nem elaborar as possíveis propriedades intrínsecas na Natureza, nem entender como os demais seres vivos concebem a si mesmos. De igual forma, pode-se chegar a esse olhar biocêntrico a partir de várias vertentes discutidas no capítulo anterior (inclusive a ecocêntrica). A questão não está tanto nas dissertações acadêmicas sobre os possíveis conteúdos desses valores, e sim no reconhecimento de que esses valores próprios existem e que a partir deles se fundamentam direitos que resultam em condições e obrigações a nós, humanos.

Recorrendo a uma imagem conhecida, seria possível dizer que, assim como se defende o bem comum entre os seres humanos, que busca o bem-estar inclusive daqueles que não conhecemos e que são sujeitos humanos sobre cujas particularidades intrínsecas nada sabemos, deve-se dar um passo a mais e construir um bem comum com a Natureza. Dessa maneira, se esses direitos são levados a sério, produzem-se novas obrigações com o meio ambiente.

Consequentemente, mudam as justificativas e as desencadeantes das medidas ambientais, e não será mais imprescindível demonstrar, como justificativa para agir, que um impacto ambiental causará danos à propriedade de algumas pessoas, afetará a saúde de outras ou impactará a economia. Da mesma forma, tampouco se dependerá do convencimento de políticos e empresários sobre a perda iminente de um lugar bonito ou sobre a possível extinção de uma espécie emblemática. Esses e outros desencadeantes continuarão presentes e terão um papel a ser desempenhado. Mas é com a mudança na direção dos direitos da Natureza que será possível evocar a proteção de espécies e ecossistemas, mesmo em casos em que nenhum desses aspectos esteja em jogo. Será possível reivindicar a proteção de lugares cujo desaparecimento não envolva recursos de valor econômico, espécies apreciadas pela sua beleza ou a propriedade de indivíduos ou empresas.

O texto constitucional equatoriano é compatível tanto com a ética da terra, de Aldo Leopold, como com vários postulados da ecologia profunda, de Arne Naess, ou com distintos componentes indígenas do Bem Viver. Isso torna possível partir de diversas fundamentações para se chegar a definições mais precisas sobre o que é correto ou incorreto desde o ponto de vista dessa ética ambiental. Tais precisões se traduzem em imperativos morais e em normas, como as que regulam o dano ambiental ou as leis de conservação do patrimônio natural. A diversidade cultural à qual a ecologia profunda é sensível também serve para abrigar conceitos não ocidentais, como o da Pacha Mama.

Deve-se admitir que o conceito de valor intrínseco é controverso, e há muitos que o rejeitam, tal como se indicou no capítulo 2. Algumas objeções e respostas foram oferecidas antes, e agora é possível passar para contestações de outro tipo: as que insistem nos problemas práticos de conceder direitos à Natureza, como determinar quem a representaria em ações judiciais. Também se advertiu que o biocentrismo pode resultar em situações antidemocráticas ao serem impostas restrições com base nesses direitos.

Diante dessas observações, deve-se recordar que a posição biocêntrica não rechaça o protagonismo do ser humano em atribuir valores, e é precisamente por essa razão que se reivindica sua responsabilidade de aceitar que possam existir valores para além dos que ele atribui. Essa é uma distinção que somente as pessoas podem fazer. Nesse ínterim, a tutela dos direitos próprios do não humano não representa um problema essencial insolúvel, pois todos os esquemas legais concedem distintos direitos a quem não é consciente ou sensível.

4.6. Direitos de restauração da Natureza

A Constituição equatoriana oferece outra inovação ao considerar que a Natureza ou Pacha Mama tem "direito" a uma restauração integral. Isso é apresentado no art. 72, e se acrescenta que essa "restauração será independente da obrigação que o Estado e as pessoas físicas ou jurídicas têm de indenizar os indivíduos e coletivos que dependam dos sistemas naturais afetados". Da mesma forma, esclarece-se que o Estado "estabelecerá os mecanismos mais eficazes para alcançar a restauração". Além disso, na seção sobre biodiversidade e recursos naturais, ao se abordar os danos ambientais, indica-se que, além das sanções, também é obrigatório "restaurar integralmente os ecossistemas" (art. 396).[26]

Portanto, além das indenizações e compensações que as pessoas possam receber pelos danos ambientais que as afetem (em sua saúde, em seu patrimônio etc.), a ênfase é colocada na própria Natureza, e em que esta deve voltar ao estado prévio a esse impacto. Uma analogia com a saúde humana é apropriada para explicar melhor essa postura: imaginemos uma pessoa que sofre um acidente que prejudique sua saúde. Esse indivíduo pode receber uma indenização em dinheiro, e, assim, uma reivindicação se restringiria a esse terreno; mas esse dinheiro não assegura a recuperação de sua saúde. A restauração seria recuperar esse estado de saúde, independentemente do custo que isso teria, e essa exigência não termina com o pagamento de uma multa ou uma indenização, e sim unicamente quando a saúde é reconquistada — o que

---

[26] "[...] La responsabilidad por daños ambientales es objetiva. Todo daño al ambiente, además de las sanciones correspondientes, implicará también la obligación de restaurar integralmente los ecosistemas e indemnizar a las personas y comunidades afectadas. [...]", no original. [N.E.]

em nosso caso corresponde à situação do ecossistema antes de sofrer um impacto.

A apresentação da restauração integral como um direito em nível constitucional é uma novidade impactante. Do ponto de vista da ética ambiental, essa postura é compatível em alguns aspectos com o biocentrismo, na medida em que reforça a ampliação dos direitos, mas também se distancia dele em razão de seu forte apego a uma engenharia ambiental baseada em uma pretensão de ciências suficientes e efetivas, não somente para compreender o funcionamento da Natureza, como também para "repará-la" e fazê-la regressar a estados anteriores. Na realidade, as visões biocêntricas desconfiam desses extremos e se sentem mais confortáveis com as noções de mínima intervenção e tecnologias apropriadas.

4.7. Bem Viver e estratégias de desenvolvimento

Outra das inovações da Constituição equatoriana é a abordagem do conceito de Bem Viver ou *Sumak Kawsay*, que permite redefinir entendimentos sobre boa vida, qualidade de vida e sustentabilidade a partir de um diálogo intercultural. As contribuições decisivas vêm da tradição de alguns povos indígenas, concebendo-se como uma alternativa à ideia contemporânea de desenvolvimento. É um conceito plural e em construção, sobre o qual se entendia que a Constituição ofereceria um marco e uma orientação básicos (Gudynas, 2011a).

No caso da Constituição, os direitos clássicos são afetados pelo Bem Viver. Do ponto de vista da ecologia política, os direitos relacionados com o "meio ambiente saudável" são ampliados para se articularem com o Bem Viver (arts. 12 a 15). De fato, ao se descrever o "regime" do Bem Viver, são apresentadas normas sobre inclusão e equidade (questões sobre educação e saúde), juntamente a questões sobre biodiversidade e recursos naturais (arts. 395 a 415). Portanto, a visão apresentada sobre o Bem Viver é integral, tanto no aspecto social como no ambiental: não pode haver um Bem Viver sem uma Natureza ou Pacha Mama protegida e conservada.

O regime de desenvolvimento também vincula os sistemas econômico, político e sociocultural com o ambiental, e ao mesmo tempo o relaciona ao Bem Viver. Esse marco de desenvolvimento aparece descrito com vários objetivos de distintos níveis de especificidade, mas sempre apontando para a recuperação e a conservação da Natureza e a promoção do ordenamento territorial (por exemplo, no art. 276). Isso permite ensaiar mudanças substanciais orientadas a posições mais radicais do desenvolvimento sustentável, construídas em chave biocêntrica, sob um novo regime econômico mais interessado no viver bem do que na apropriação material como objetivo essencial (esse ponto é analisado no capítulo onze).

As tradições culturais andinas expressas no Bem Viver ou na Pacha Mama têm muitas ressonâncias com as ideias ocidentais da ética ambiental promovida, por exemplo, pela ecologia profunda ou pelos defensores de uma comunidade da vida. Uma parte substancial do movimento da ecologia profunda resgata espiritualidades e cosmovisões de povos originários e insiste em argumentar que suas posições incluem tanto novas formas de valoração como uma redefinição do "si mesmo" (sob uma concepção expandida de "si mesmo").

As contribuições indígenas têm sido muito importantes, embora seja preciso levar em conta que nem todos os povos originários apoiam posturas biocêntricas — além das diferenças que existem dentro de cada um deles. Tais contribuições cumpriram papel essencial ao introduzir éticas não necessariamente antropocêntricas, nas quais os entendimentos e as sensibilidades não aferraram-se ao utilitarismo. Na época da redação da Constituição equatoriana, a deputada constituinte Mónica Chuji — indígena kíchwa amazônica que havia presidido a comissão sobre recursos naturais e biodiversidade — recordava que "o direito ao território e à própria cultura e às instituições é um primeiro direito fundamental e ontológico do sujeito definido nos povos e nacionalidades" (Chuji, 2008). Assim como atentar contra a vida é um delito grave, atentar contra os territórios ou a cultura dos povos e nacionalidades também é um delito grave, acrescenta Chuji. Esse tipo de formulações foi o que permitiu o avanço de alternativas articuladas mais profundamente com as culturas e os territórios.

5. A construção do giro biocêntrico

A inclusão dos direitos da Natureza na Constituição do Equador, sua articulação com a categoria Pacha Mama, e as formas sob as quais se abriram as portas às alternativas ao desenvolvimento não surgiram de um dia para o outro. São o resultado de um processo de acumulação de experiências, reflexões e posturas que levou anos, não somente nesse país, como também internacionalmente.

Neste capítulo, é oferecido um breve resumo dos atores e processos mais importantes na promoção dessas posturas, complementado por uma breve análise comparativa em escala latino-americana, em que são apontadas algumas particularidades da nova Constituição da Bolívia.

5.1. Atores e âmbitos de discussão

O giro biocêntrico, que teve como consequência o reconhecimento constitucional dos direitos da Natureza, é produto de um longo acúmulo de debates e construção política em temas ambientais e da ação de uma grande diversidade de atores. Seria exagerado argumentar que essas novidades se deveram a alguns seguidores da ecologia profunda; é mais apropriado afirmar que foram resultado de muitos fatores, desde ideias desenvolvidas de forma independente dentro do Equador até contribuições internacionais, juntamente com a experiência de vários líderes sociais e ambientais equatorianos e as práticas de movimentos sociais e indígenas.

Efetivamente, existe no Equador uma forte atenção sobre os temas ambientais. É um país com níveis muito altos de biodiversidade, onde ocorreram sucessivas mobilizações relacionadas à destruição de áreas naturais e aos efeitos negativos da exploração petrolífera na região amazônica, e onde há ONGs ecologistas muito ativas (Hanekamp & Ponce, 2005; Fontaine & Narváez, 2007).

Alguns integrantes da comunidade de ONGs recordam como anteriores às conferências do constitucionalista colombiano Ciro Angarita Barón, ministradas em Quito, em meados da década de 1990, as discussões entre ambientalistas e o trabalho de algumas organizações, como a Fundação Pachamama e sua colaboração com a Community Environmental Legal Defense Fund (CELDF) (Pacha Mama, 2010). Os constitucionalistas europeus que atuavam como consultores na Assembleia Constituinte, ao contrário, foram, em sua maioria, indiferentes ou refratários à questão, concebendo-a como uma excentricidade.

No meu modo de ver, a incorporação dos temas ambientais na nova Constituição deveu-se, sobretudo, às próprias particularidades equatorianas, e não tenho evidências, seja pela minha interação com esse processo, seja pelos vínculos com vários de seus protagonistas, que me permitem apontar que a contribuição de organizações do Norte tenha sido determinante para a implantação da ideia dos direitos da Natureza ou para a sua aprovação.

Há também antecedentes governamentais. Entre eles, encontra-se a Estratégia Ambiental para o Desenvolvimento Sustentável do Equador, aprovada em 1999 pelo Ministério do Meio Ambiente. Entre seus princípios, inclui-se o "valor intrínseco da vida", considerando que o "respeito à vida em todas as suas formas é condição necessária para a preservação do equilíbrio ecológico", que, "por sua vez, constitui a base sobre a qual se sustentam a própria vida humana e o desenvolvimento social". A estratégia diz ainda que a "proteção dos ecossistemas, tanto de seu funcionamento como de seus componentes, é uma condição para a reprodução da vida, e deve ser valorizada como tal pela sociedade equatoriana" (MAE, 1999). Portanto, no país existiam muitos antecedentes e uma massa crítica fortemente envolvida nesses temas.

No campo político-partidário equatoriano, no Plano de Governo da Aliança PAÍS (Pátria Altiva e Soberana, coalizão de pessoas e grupos que sustentou a candidatura de Rafael Correa), apresentado em 2006, foi incluída uma breve seção em que se postulava uma convivência harmoniosa com a Natureza, incorporando elementos éticos, estéticos e até espirituais, na qual se rechaçava a "mercantilização depredadora" do meio ambiente. Ao chegar ao poder, no entanto, a coalizão governamental não manteve uma posição unânime em relação a essa questão, e enquanto uns apoiavam essas ideias outros a rejeitavam. O próprio presidente da República passou de resistências iniciais a ataques diretos contra essa perspectiva.

Diferentes posturas também se repetiram entre os demais grupos políticos, em que prevaleceram posições pessoais contrárias e favoráveis. Portanto, o debate sobre esse tema não foi organizado exclusivamente no âmbito das agremiações político-partidárias, e sim, sobretudo, a partir de posicionamentos pessoais. Isso foi evidente, por exemplo, no interior da comissão da Assembleia Constituinte dedicada a recursos naturais e biodiversidade: entre os integrantes da coalizão governista, eram evidentes as posturas favoráveis, contrárias e até indiferentes.

Um dos promotores mais ativos dos direitos da Natureza foi o presidente da Assembleia Constituinte, Alberto Acosta, um economista bastante vinculado aos movimentos sociais. Antes de ocupar o cargo, havia sido ministro de Energia e Minas no governo Rafael Correa, desempenhando um papel decisivo no lançamento da ideia da moratória petrolífera para o Parque Nacional Yasuní. Uma vez na Assembleia Constituinte, foi um ferrenho promotor dos direitos da Natureza. No início de 2008, ele divulgou um breve artigo sobre a Natureza como "sujeito de direitos" (publicado no site da Assembleia em 29 de fevereiro de 2008; reproduzido em Acosta, 2008). Na ocasião, entre outras questões, argumentou que o "marco normativo teria de reconhecer que a Natureza não é somente um conjunto de objetos que poderiam ser a propriedade de alguém, e sim também um sujeito próprio com direitos legais e com legitimidade processual". Outros assessores e acadêmicos reforçavam as mesmas posições (Martínez, 2009).

A atenção internacional sobre o processo equatoriano também teve um papel relevante. Um exemplo disso foi o artigo jornalístico do escritor uruguaio Eduardo Galeano, "La naturaleza no es muda" [A natureza não é muda], publicado em abril de 2008,[27] replicado em muitos meios

---

[27] "La naturaleza no es muda", em *Página 12*, 27 abr. 2008. Disponível em: <https://www.pagina12.com.ar/diario/contratapa/13-103148-2008-04-27.html>.

de comunicação, e que alimentou ainda mais a aprovação dessas ideias no texto constitucional.

No interior da Assembleia Constituinte, o debate ocorreu no âmbito de diversas áreas temáticas. Em alguns momentos, esteve vinculado à análise sobre os direitos dos animais, e chegou a se misturar com o debate sobre o direito à vida e vertentes religiosas. Essa diversidade e a existência de diferentes posicionamentos, inclusive na coalizão governista, explicam por que a temática dos direitos da Natureza foi abordada prioritariamente na mesa sobre direitos fundamentais e garantias constitucionais, presidida pela deputada constituinte María Molina Crespo, e apenas parcialmente na mesa sobre recursos naturais e biodiversidade, presidida por Mónica Chuji, em que existiam ideias mais diversas e divergentes sobre a temática ambiental. As primeiras versões mostravam a intenção de ir além dos direitos ambientais de terceira geração, mas a redação ainda não era muito precisa. Pouco a pouco, no entanto, o texto foi melhorado, até chegar à sua versão final.

Os pontos anteriores já deixam claro que a formulação equatoriana tampouco é um mero transplante das ideias da ética da terra de Aldo Leopold ou da ecologia profunda de Arne Naess. Além disso, com base no acompanhamento do processo, tampouco há evidências de que qualquer dessas correntes tenha tido uma influência determinante. O caso equatoriano é, sobretudo, uma elaboração em boa medida autônoma, que chega a concepções dos valores intrínsecos a partir de uma mescla heterogênea de atores e opiniões, com uma forte marca de sensibilidades originadas no movimento indígena.

Esses e outros aspectos indicam que o processo de aprovação foi possível graças à ação de atores muito diversos, que atuaram essencialmente com base na coincidência de suas ideias e sensibilidades, e não por filiações político-partidárias ou por seus vínculos com instituições da sociedade civil. Da mesma maneira, enquanto os atores políticos de maior peso — como agremiações partidárias, associações empresariais, grupos religiosos ou sindicatos e meios de comunicação — davam prioridade a outros temas do debate constituinte, abriram-se espaços que permitiram o avanço da temática ambiental sem despertar uma forte reação contrária. Consequentemente, o processo de análise e aprovação não foi linear, enfrentando diferentes reveses, com acontecimentos inesperados e até certa dose de sorte.

De todo modo, isso evidencia que não se sustenta o argumento daqueles que desqualificam esses artigos dizendo que os direitos da Natureza foram introduzidos por poucas pessoas. A consagração de tais direitos é a culminação de um processo longo e diverso, com muitos participantes e, portanto, heterogêneo, mas todos caminhando no mesmo sentido: o do fortalecimento da política ambiental. Embora a mudança mais notável gire em torno dos direitos da Natureza, isso não pode ofuscar nem deixar em segundo plano a importância dos demais artigos ambientais ou o uso da categoria Pacha Mama, que, como já sublinhamos, também representam importantes novidades.

Outras críticas lançadas contra o texto constitucional equatoriano incluem rejeições à ideia de direitos para sujeitos não humanos, a partir da interpretação de que é uma tentativa de transplantar entendimentos indígenas a um marco legal, e reações em defesa de uma cultura moderna e ocidental que se sente ameaçada. Um bom exemplo dessas críticas está em Jaria i Manzano (2013). Como são apresentadas quase todas misturadas, porém, é oportuno revisá-las.

Jaria i Manzano interpreta que a Constituição equatoriana buscava superar o "modelo depredador, possessivo e extrativista" do capitalismo a partir de metas indígenas, mas que, apesar de tudo, o texto acabou prisioneiro da ideia de progresso da modernização europeia. Essa afirmação expressa uma confusão comum. Na realidade, confundem-se os conteúdos de uma Constituição e os de um plano de desenvolvimento governamental. A Constituição do Equador conta com elementos que tornariam possíveis diferentes ênfases no desenvolvimento — entre eles, aqueles que transitam rumo a alternativas ao capitalismo extrativista. Porém, uma Constituição não é um plano nacional de desenvolvimento. Na verdade, como bem se sabe, o governo tem se ocupado em manter o desenvolvimentismo convencional, e faz isso ignorando os dispositivos constitucionais.

Jaria i Manzano considera que essa Constituição foi uma tentativa de suplantar as concepções convencionais por "uma" proposta "indígena", outra crítica repetida em muitos lugares. Nessa avaliação, há também vários equívocos. Não pode haver "uma" proposta indígena se o indígena é plural, e se se trata de um termo imposto a partir do exterior sobre diferentes povos, que, por sua vez, possuem, cada um deles, suas compreensões particulares sobre como manejar a política, a economia, os territórios etc. Já o debate constitucional, e o texto resultante, sempre apontaram para o diálogo e a articulação, próximos à ideia plurinacional e intercultural, e certamente muito longe de qualquer propósito de suplantar uns saberes por outros. Por isso, os sentidos convencionais de uma modernidade ocidental certamente estão na Constituição equatoriana, e ninguém nega isso, mas foram articulados com ideias provenientes de outras cosmovisões, como a da Pacha Mama.

Em alguns momentos, Jaria i Manzano cai em um tom depreciativo sobre o reconhecimento latino-americano desses direitos, qualificando-os como uma "ampliação exuberante" e, apesar de tudo, inútil, porque, na sua opinião, estão associados intimamente com um estilo de vida ocidental. Esse é outro problema comum, mas que na realidade briga com os fatos, pois foi precisamente a Constituição equatoriana que inovou nos direitos da Natureza ou no Bem Viver, algo que até agora não se viu em nenhum país da Europa ou da América do Norte.

O analista espanhol vai além e argumenta que ideias como os direitos da Natureza ou o Bem Viver são perigosas por "rechaçar" o pluralismo, sendo assim um flerte com o totalitarismo. São avaliações infundadas, e resta a dúvida: se uma Constituição europeia propõe a liberdade e a igualdade para todos, isso é considerado democrático, mas, se na América Latina se defende o Bem Viver para todos, por que isso seria uma "tentação totalitária"? É verdade que o Equador, sob Rafael Correa, padeceu de um hiperpresidencialismo, mas isso é, mais uma vez, um plano de análise distinto sobre os conteúdos constitucionais (sem deixar de apontar que também deveríamos analisar o hiperpresidencialismo imperante em alguns países da Europa).

No fundo, o que expressam o texto de Jaria i Manzano e os de muitos outros analistas é um incômodo em um plano básico, que é cultural e político, diante de outro modo de entender e propor um marco constitucional. A origem dessa resistência está em sua postura antropocêntrica e eurocêntrica, admitida com toda a sinceridade. Ao se referir à Natureza, ele diz que ela deve estar à "disposição das necessidades e do bem-estar dos seres humanos, pois qual outra função [a Natureza] poderia ter a não ser oferecer-se ao sujeito humano, elemento ativo e consciente que é o único ser moral e racional?". E acrescenta imediatamente: "Não é a *razão* o argumento para justificar a superioridade do ser humano em relação ao outro e, portanto, para colocá-lo a seu serviço?". Fica claro que Jaria i Manzano expressa uma noção conceitualmente pura do antropocentrismo próprio da modernidade — e, como se fosse pouco, tingido por tons de superioridade colonial. Argumenta ainda que a liberdade e a propriedade formam a matriz fundamental da modernidade (é notável que coloque a propriedade no mesmo plano da liberdade), e que, graças à razão, pode-se avançar no manejo e aproveitamento da Natureza em benefício das pessoas. Sua solução para a crise ambiental é recorrer a uma sacralização, de tom religioso, em que a ideia de Pacha Mama poderia ser reposicionada no âmbito da ideia cristã do manejo responsável da Criação. Como Jaria i Manzano defende o antropocentrismo, não pode conceber uma ética ambiental que reconheça os direitos da Natureza, e, por isso, sua única saída é voltar-se para uma moral, na qual o que é correto ou incorreto estaria delimitado por equilíbrios entre o individualismo, a propriedade e os sentidos religiosos.

Tais discussões mostram que a proposta de uma Natureza sujeito de direitos desencadeia tensões e contradições que se estendem aos planos mais profundos sobre os quais descansam nossas culturas.

5.2. Comparações na América Latina

É oportuno comparar esse giro biocêntrico na Constituição equatoriana com o que aconteceu em outros países latino-americanos. Em primeiro lugar, deve-se indicar que a onda de reformas institucionais e de normativas ambientais parece ter acabado em muitos países. Entre as mudanças recentes mais importantes incluem-se a criação dos ministérios do Meio Ambiente no Peru e no Chile, mas reformas constitucionais ambientais não estiveram no horizonte nesses e em outros países.

Entre as nações governadas por presidentes progressistas, a situação em relação aos temas ambientais foi de estancamento — ou, em alguns casos, de retrocesso. O caso mais dramático é observado no Brasil, cujo Ministério do Meio Ambiente teve papel secundário durante as duas gestões do governo Lula, perdendo algumas "batalhas" emblemáticas para os interesses dos ministérios produtivos em casos como a aprovação de transgênicos e a construção de grandes usinas hidrelétricas. Mas, além disso, o Instituto Brasileiro do Meio Ambiente e dos Recursos Naturais Renováveis (Ibama) enfraqueceu-se substancialmente e foi dividido em duas unidades, com a criação do Instituto Chico Mendes de Conservação da Biodiversidade (ICMBio). Durante o governo de Dilma Rousseff, a situação se agravou em questões como o manejo de empreendimentos extrativistas e a gestão de áreas protegidas e dos territórios indígenas, e mais ainda com Michel Temer, com sua tentativa de liberar a mineração dentro de áreas de reserva, por exemplo.

Na Bolívia, sob o governo de Evo Morales, há uma situação similar, uma vez que foi criado somente um vice-ministério do Meio Ambiente, inicialmente com competências imprecisas, e que, depois de migrar para outras pastas, foi parar no novo Ministério da Água e do Meio Ambiente.

É oportuno avaliar mais detalhadamente se as reformas constitucionais progressistas na Bolívia e na Venezuela permitiram introduzir mudanças ambientais substanciais como as do Equador. A resposta é negativa. Em nenhum desses casos produziu-se um giro biocêntrico ou foram reconhecidos os direitos da Natureza.

A nova Constituição bolivariana da Venezuela, de 1999, inclui uma seção sobre direitos ambientais segundo o espírito clássico. Portanto, indica-se que as pessoas têm o direito individual e coletivo de disfrutar de uma vida e de um meio ambiente seguro, saudável e ecologicamente equilibrado, livre de contaminação e cujas espécies são protegidas (art. 127).[28] Estabelecem-se as obrigações do Estado nesse sentido, embora seja indicado que é um direito, mas também um dever, que cada geração proteja e mantenha o meio ambiente, em benefício de si mesma e do mundo futuro. Essa seção também inclui indicações sobre ordenamento territorial, a realização de estudos de impacto ambiental, sociocultural etc. Portanto, observa-se que a aproximação é convencional e se enfatizam os direitos de terceira geração.

A discussão mais complexa e extensa ocorreu na Bolívia, onde também foi redigida uma nova Constituição. De maneira similar ao que aconteceu na Venezuela, são reconhecidos os direitos a um meio ambiente "saudável, protegido e equilibrado", tanto nas presentes como nas futuras gerações (art. 33),[29] e

---

28 "[…] Toda persona tiene derecho individual y colectivamente a disfrutar de una vida y de un ambiente seguro, sano y ecológicamente equilibrado. […]", no original. [N.E.]

29 "Las personas tienen derecho a un medio ambiente saludable, protegido y equilibrado. El ejercicio de este derecho debe permitir a los individuos y colectividades de las presentes y futuras generaciones, además de otros seres vivos, desarrollarse de manera normal y permanente", no original. [N.E.]

qualquer pessoa pode "exercitar as ações legais em defesa do direito ao meio ambiente", sem prejuízo das obrigações estatais (art. 34).[30] Da mesma forma, outros pontos se somam, como a especificação do direito a "viver em um meio ambiente saudável, com manejo e aproveitamento adequado dos ecossistemas" nas comunidades camponesas e indígenas (art. 30).[31] Portanto, repete-se a orientação na direção dos direitos de terceira geração, e não se reconhecem valores próprios ou direitos da Natureza. É importante levar isso em conta, uma vez que artigos jornalísticos e algumas análises acadêmicas indicaram de forma incorreta que a Constituição boliviana reconhece os direitos da Natureza. Basta ler o texto com atenção para identificar as diferenças substanciais em relação à conceitualização equatoriana. De todo modo, a nova Constituição da Bolívia se aproxima da equatoriana na abordagem de temas como o Bem Viver (expressado, em termos bolivianos, como Viver Bem: *Vivir Bien* ou *Suma Qamaña*, em quéchua) e a plurinacionalidade.

No entanto, na Constituição boliviana são mais evidentes as tensões resultantes da persistência do antropocentrismo. Embora se defenda o direito a um meio ambiente saudável, em vários artigos constitucionais é indicado que uma das funções essenciais do Estado é a "industrialização" dos recursos naturais. Isso é ilustrado no artigo 9º, que estabelece, entre os objetivos e as funções essenciais do Estado, "promover e garantir o aproveitamento responsável e planificado dos recursos naturais, e impulsionar sua industrialização, a

---

[30] "Cualquier persona, a título individual o en representación de una colectividad, está facultada para ejercitar las acciones legales en defensa del derecho al medio ambiente, sin perjuicio de la obligación de las instituciones públicas de actuar de oficio frente a los atentados contra el medio ambiente", no original. [N.E.]

[31] "A vivir en un medio ambiente sano, con manejo y aprovechamiento adecuado de los ecossistemas", no original. [N.E.]

partir do desenvolvimento e do fortalecimento da base produtiva em seus diferentes níveis e dimensões, assim como a conservação do meio ambiente, para o bem-estar das gerações atuais e futuras".[32] Por sua vez, no artigo 355, lê-se que "a industrialização e comercialização dos recursos naturais será prioridade do Estado".[33]

Cria-se uma contradição evidente: enquanto, por um lado, aspira-se a um uso cuidadoso do meio ambiente, por outro lado propõe-se como propósito substantivo "industrializar" os recursos naturais. A expressão pode ser compreendida, no caso boliviano, como forma de alcançar processos produtivos próprios (especialmente em mineração e hidrocarbonetos) para reduzir a dependência econômica e sustentar o desenvolvimento econômico. Contudo, o problema é que essa formulação sobre o meio ambiente e a industrialização recai em visões desenvolvimentistas tradicionais, e a ideologia do progresso volta a aparecer. As consequências em ecologia política são também claras e acabam causando tensões e conflitos entre empreendimentos produtivos e econômicos e medidas ambientais. Essa contradição explica em grande parte a resistência de vários governos progressistas em relação às visões de outro desenvolvimento e outras relações sociais, e a forma depreciativa com a qual se referem aos ambientalistas e às organizações dos povos indígenas.

[32] "Promover y garantizar el aprovechamiento responsable y planificado de los recursos naturales, e impulsar su industrialización, a través del desarrollo y del fortalecimiento de la base productiva en sus diferentes dimensiones y niveles, así como la conservación del medio ambiente, para el bienestar de las generaciones actuales y futuras", no original. [N.E.]

[33] "La industrialización y comercialización de los recursos naturales será prioridad del Estado", no original. [N.E.]

Devemos levar em conta que, no caso boliviano, a parte final do debate constitucional foi muito tensa, e incluiu duros enfrentamentos internos. Isso fez com que a proposta de nova Constituição ficasse em um limbo por longos meses e que seu conteúdo tivesse de ser renegociado com as forças políticas de oposição no parlamento.

Como era previsível, o texto constitucional boliviano não resolveu as contradições, que acabaram se acentuando com o passar do tempo. Por sua vez, diferentes movimentos sociais se mostravam claramente insatisfeitos com o tipo de reconhecimento dado à Natureza ou Pacha Mama, e com as estratégias extrativistas seguidas pelos sucessivos governos de Evo Morales. Apostaram, então, na cristalização do reconhecimento dos direitos da Natureza e no fortalecimento das políticas ambientais por meio de uma lei específica.

Um primeiro resultado foi a aprovação da Lei de Direitos da Mãe Terra (Lei nº 71, de 21 de dezembro de 2010), que em seu artigo 3º define a Mãe Terra como o "sistema vivente dinâmico conformado pela comunidade indivisível de todos os sistemas de vida e os seres vivos, inter-relacionados, interdependentes e complementares, que compartilham um destino comum".[34] Ela é reconhecida como um sujeito de direitos, mas isso é feito de um modo particular, estabelecendo que é um "sujeito coletivo de interesse público", e que tais direitos serão "exercidos" por todos os bolivianos e bolivianas (arts. 5º e 6º). Estes são decompostos em direitos como os da diversidade da vida, da água ou do ar, por meio de uma redação metafórica.

Tal lei não resolveu de maneira satisfatória as tensões ambientais, particularmente por causa do avanço de diferentes

---

[34] "La Madre Tierra es el sistema viviente dinámico conformado por la comunidad indivisible de todos los sistemas de vida y los seres vivos, interrelacionados, interdependientes y complementarios, que comparten un destino común. [...]", no original. [N.E.]

estratégias extrativistas com variados impactos ambientais. Redobraram-se, então, as reivindicações para que fosse criada uma nova lei, mais precisa e abrangente. O processo de negociação dessa lei foi complexo, com diversos desacordos entre o governo e algumas organizações cidadãs, resultando na saída de várias delas do Pacto de Unidade que dava apoio ao MAS.

Uma nova norma, a Lei-Marco da Mãe Terra e Desenvolvimento Integral para o Viver Bem (Lei nº 300, de outubro de 2012), foi finalmente aprovada, com uma estrutura muito mais complexa, com algumas seções que impõem orientações mais ou menos precisas para a política e a gestão ambiental, e outras seções muito mais gerais, às vezes quase metafóricas (tais particularidades são analisadas no capítulo 7). A nova lei tampouco foi efetiva em resolver os problemas subjacentes. Por um lado, manteve a peculiar atribuição dos direitos da Mãe Terra ao interesse público; por outro, tanto a política como a gestão ambiental voltaram a estar inseridas em uma variedade de desenvolvimento, que a lei denomina de "desenvolvimento integral".

De fato, o artigo-chave da lei indica os "Direitos da Mãe Terra como sujeito coletivo de interesse público como a interação harmônica e em equilíbrio entre os seres humanos e a natureza, no âmbito do reconhecimento de que as relações econômicas, sociais, ecológicas e espirituais das pessoas e da sociedade com a Mãe Terra estão limitadas pela capacidade de regeneração que os componentes, áreas e sistemas de vida da Mãe Terra possuem" (art. 9º).[35] Esse ponto é uma referência à Lei

---

35 "Derechos de la Madre Tierra, como sujeto colectivo de interés público como la interacción armónica y en equilibrio entre los seres humanos y la naturaleza, en el marco del reconocimiento de que las relaciones económicas, sociales, ecológicas y espirituales de las personas y

de Direitos da Mãe Terra. Novamente, a redação é metafórica e, por isso, ambígua.

Para além de algumas disposições importantes para a gestão ambiental, os demais componentes da lei fazem dela uma norma cujo foco é, sobretudo, a mudança climática. A criação de uma Autoridade Plurinacional da Mãe Terra poderia ter servido para promover, na prática, a paulatina implementação dos direitos da Natureza. Mas essa autoridade ficou restrita às mudanças climáticas (uma postura confirmada com sua regulamentação pelo Decreto Supremo nº 1.696, de 2013). Por causa dessas limitações, essa última lei tampouco resolveu o problema da Natureza como sujeito de direitos na Bolívia. Pelo contrário, deve ser interpretada como uma tentativa governamental de reorientar o Viver Bem, deixando para trás sua radicalidade e abrindo espaço para uma forma de "desenvolvimento integral", legitimada como aceitável, ainda que funcional para uma ética utilitarista.

De todo modo, a discussão sobre os direitos da Natureza e o biocentrismo vem se ampliando pouco a pouco, tanto da parte de organizações sociais como de alguns acadêmicos. No Equador, multiplicam-se as análises acadêmicas (Acosta, 2011; Ávila Santamaría, 2011b; Narváez & Narváez, 2012; Prieto Méndez, 2013), algumas ações têm sido tentadas (ver a avaliação de desafios e obstáculos para um caso específico em Suárez, 2013), e organismos estatais como a Corte Constitucional têm realizado ações de formação e apoio a juízes. Mas sua aplicação no país continua sendo mínima, e prevalecem as estratégias de desenvolvimento convencionais que destroem a Natureza.

> sociedad con la Madre Tierra están limitadas por la capacidad de regeneración que tienen los componentes, las zonas y sistemas de vida de la Madre Tierra en el marco de la Ley nº 071 de Derechos de la Madre Tierra", no original. [N.E.]

Em alguns processos judiciais, a ideia dos direitos da Natureza foi incorporada. Nesse terreno, no Brasil, foi evocada pelo Ministério Público Federal no estado do Pará contra a construção da grande represa de Belo Monte, no Rio Xingu. A ação, por violação dos direitos dos povos indígenas, das futuras gerações e da Natureza, teve início em 2011.[36] Nela, os direitos da Natureza foram introduzidos na discussão jurídica brasileira, ligando-os, por um lado, aos direitos dos povos indígenas, e, por outro, à necessidade de se avançar nas salvaguardas ambientais clássicas que já existem na legislação nacional.

A ideia também foi difundida em outros países, como no caso da Argentina, onde alimentou debates jurídicos (Zaffaroni, 2011), ou do projeto de lei de incluir esses direitos, que tramita no Senado. Também está difundida nas espiritualidades e religiosidades, como demonstrado pelo brasileiro Leonardo Boff (2012), ou nas contribuições da *Carta encíclica Laudato Si' do Santo Padre Francisco sobre o cuidado da casa comum*. Na Bolívia, o governo de Evo Morales aproveitou um encontro internacional em Cochabamba sobre mudanças climáticas para promover a ideia de uma declaração universal dos direitos da Mãe Terra. Também foi proposta uma declaração universal dos direitos da Natureza (Acosta, 2010) e criou-se um Tribunal Ético Mundial pelos Direitos da Natureza, formado por diferentes ativistas e acadêmicos, abordando vários casos.

No entanto, e surpreendentemente, os avanços mais

---

[36] F. Pontes Jr., U. Cazetta, B. Valente, D. Avelino, B. Gütschow & C. Terre do Amaral. Ação civil pública ambiental com pedido de liminar, Ministério Público Federal, Procuradoria da República no Estado do Pará, Belém, 17 ago. 2011. Disponível em: <http://www.prpa.mpf.mp.br/news/2011/BeloMonte_Remocao.pdf>. Acesso em: 4 set. 2019.

substanciais ocorreram na Colômbia. Em 2016, a Corte Constitucional reconheceu o Rio Atrato, sua bacia e seus afluentes como "entidade sujeito". Foi uma resposta à grave degradação ambiental dessa região, causada especialmente pela contaminação da mineração. Em seguida, em abril de 2018, a Corte Suprema de Justiça decidiu reconhecer a Amazônia como uma entidade "sujeito de direitos", e o Estado como a entidade encarregada de preservá-la, mantê-la e restaurá-la.[37]

Tais decisões assemelham-se a outras que se desenvolvem em outros continentes e que estão reconhecendo direitos próprios aos rios, por exemplo. Isso está sendo tentado com os rios Ganges e Yamuna, na Índia, e a medida espera uma decisão da Suprema Corte desse país. Na Nova Zelândia, essa ideia foi concretizada com o Rio Whanganui, em 2017, com uma decisão muito detalhada em relação à representação e à tutela desse curso d'água como sujeito jurídico, que se articula com a cosmovisão maori.[38]

Mas é importante advertir que o percurso seguido pelas cortes na Colômbia é diferente da perspectiva equatoriana. Na realidade, os casos colombianos mostram a ampliação da ideia dos direitos: assim como são concedidos, por exemplo, a uma empresa, nesses casos foram reconhecidos ao meio ambiente. A preocupação central está na violação de direitos humanos, e é uma extensão de tais direitos. Por outro lado, no Equador, a perspectiva foi, de certo modo, inversa: partiu-se do entendimento de que existem sujeitos não humanos,

---

[37] Caso de comunidades étnicas que habitam a bacia do rio Atrato e denunciam que os danos que sofrem são consequência das atividades mineradoras ilegais, Sentença T-622/16. Corte Constitucional, 2016; resolução STC 4360-2018, Corte Suprema de Justiça, 2018.

[38] Te Awa Tupua (Whanganui River Claims Settlement) Act, New Zealand Government, Wellington, 2017.

e, consequentemente, estes deveriam ter seus direitos reconhecidos. Tal distinção também serve para entender a ausência de referências aos olhares indígenas nessas decisões colombianas, e, inclusive, a desconsideração da experiência de seu vizinho Equador.

De todo modo, como adiantado em capítulos anteriores, os governos desses e de outros países persistem em estratégias de desenvolvimento convencionais, embora possam implementá-las de diversas maneiras (persistindo no neoliberalismo, voltando-se para o conservadorismo ou explorando um certo progressismo), o que os deixa imersos em uma ética antropocêntrica. Isso faz com que resistam a qualquer obrigação constitucional que condicione suas opções de aproveitamento intensivo dos recursos naturais. Portanto, tal como mostra a presente revisão, uma guinada em direção ao biocentrismo tem sido ensaiada a partir de diferentes aproximações em vários países, mas em todos eles enfrentam-se resistências variadas.

6. Natureza, ecossistema, Pacha Mama

No debate sobre os valores e os direitos, realizado nos capítulos anteriores, aparecem palavras como "meio ambiente", "Natureza" e "ecossistema", além de termos análogos. A estes, como vimos, somaram-se recentemente outros, como Pacha Mama ou Mãe Terra, provenientes de culturas indígenas.

Embora seja compreensível que tais conceitos possam estar total ou parcialmente cobertos por um rótulo genérico como "meio ambiente", certamente é necessário explicá-los com maior precisão. Por sua vez, as diferenças entre esses termos e as histórias particulares que os explicam refletem as mutáveis interpretações, sensibilidades e valorações em relação ao entorno ambiental.

Neste capítulo, revisaremos os conteúdos por trás dessas palavras. Iniciaremos por um breve resgate das diferentes ideias sobre a Natureza, o surgimento do conceito de ecossistema e suas implicações para uma ética ambiental, e a mais recente incorporação da categoria Pacha Mama. Uma vez mais é apropriado esclarecer que não se pretende explorar todos os detalhes, e sim os mais relevantes para a construção de políticas ambientais com base em um novo marco de direitos da Natureza.

6.1. Natureza

O termo *natureza* tem vários significados e distintos usos. Em alguns casos, é uma alusão a qualidades e propriedades essenciais, enquanto em outros sentidos refere-se aos meios ambientes, especialmente àqueles que não foram modificados pelo ser humano, ou o foram limitadamente. Esse segundo caso é escrito neste livro com maiúscula, para identificá-lo e ressaltá-lo.

A ideia de Natureza, de origem europeia, desembarcou nas Américas com os exploradores e conquistadores ibéricos. Outros entendimentos sobre o meio ambiente ficaram ofuscados, e tal termo foi o que se generalizou. Não somente isso, mas a construção da ideia de Natureza, embora tivesse uma origem renascentista, foi sem dúvida influenciada pela experiência dos primeiros colonizadores em terras americanas. Tudo isso confluiu na concepção da Natureza externa aos seres humanos, separada e distinta da sociedade. Começou a ser entendida como uma soma de componentes que poderiam ser separados uns dos outros, estudados e, graças a isso, dominados, controlados e manipulados, consolidando assim as proposições de René Descartes, Francis Bacon e outros tantos.

Nas primeiras etapas coloniais, a Natureza latino-americana era concebida como enormes espaços selvagens, potencialmente perigosos e pouco conhecidos. Porém, a cobiça por recursos como ouro e prata obrigou os colonizadores a conhecerem e dominarem esse meio ambiente. Com o passar do tempo, esse processo se estendeu pelas distintas regiões do continente, e a Natureza latino-americana passou a ser entendida, sobretudo, como uma cesta cheia de recursos valiosos para os humanos, de minérios a solos férteis (Gudynas, 2010a).

Foram levadas a cabo, então, ações para descrever,

catalogar e inventariar a Natureza, de modo a controlá-la e manipulá-la, e, assim, extrair o que tivesse interesse econômico. O meio ambiente natural não era mais visto como uma soma de paisagens, e começou a ser fragmentado em seus componentes, que eram rotulados e avaliados.

Por sua vez, a Natureza, que não estava sob o controle e a manipulação humana, era entendida como selvagem. As ações para submetê-la eram entendidas como "civilizadoras" desses espaços silvestres. Em muitos casos, os povos indígenas não somente eram depreciativamente concebidos como "selvagens", como também eram entendidos como componentes indiferenciados dessa Natureza. Dessa maneira, justificava-se tanto a apropriação da Natureza como a dominação sobre povos indígenas como uma luta da "civilização" contra a "barbárie".

Essa brevíssima revisão serve para mostrar que as perspectivas que separam a Natureza da sociedade, e que por sua vez impõem uma razão de controle, manipulação e utilidade, não são recentes; possuem, sim, uma longa história. O antropocentrismo não amadurece apenas na Europa, mas também em toda a experiência colonial e das jovens repúblicas nas Américas. O mito do Eldorado[39] impregnou-se em nossa cultura, gerando diferentes versões da imagem de um continente repleto de riquezas que necessariamente deveriam ser exploradas. Dessa forma, sucederam-se ciclos econômicos associados a recursos naturais, que eram extraídos e exportados. Os exemplos mais conhecidos são os ciclos

---

39 Lenda originada nos primeiros momentos da conquista e colonização europeia nas Américas que falava sobre a existência de uma localidade indígena abundante em ouro, e que atraiu a cobiça de aventureiros ao longo dos séculos. [N.E.]

da mineração de prata nos Andes, o guano e o salitre no Chile e no Peru, a explosão do café na Colômbia ou no Brasil, ou a borracha amazônica. Tais ciclos de desenvolvimento não podem ser entendidos sem se considerar que se sustentavam em bases ecológicas.

A ética por trás desses processos é profundamente antropocêntrica. A Natureza perde qualquer unidade organicista e deve ser necessariamente fragmentada em componentes, já que somente alguns são úteis para os objetivos humanos de vendê-los nos mercados mundiais.

6.2. Sistemas ecológicos

Os esforços de analisar, catalogar e compreender o meio ambiente amadureceram nas diferentes frentes das chamadas ciências naturais, tais como a botânica ou a zoologia. Mas, sobretudo, expressaram-se no que hoje conhecemos como ecologia. De fato, muitos dos elementos revisados nos capítulos anteriores, e inclusive posturas específicas em ética ambiental, como o ecocentrismo, têm relações estreitas com perspectivas particulares dentro da ecologia. Também é verdade, porém, que seus antecedentes diretos estão nessa pretensão de catalogação e manipulação própria de uma ética antropocêntrica.

O conceito de ecossistema ilustra essa questão. A compreensão do meio ambiente como um sistema foi proposta pelo botânico britânico A. G. Tansley em 1935. A associação foi muito bem-sucedida, mas não se deve esquecer que a ideia de sistema, originada na física, aponta precisamente para a interpretação do meio ambiente como conjuntos que agrupam elementos e mantêm relações entre si. É, portanto, uma forma contemporânea, mais sofisticada e precisa, daquela velha ideia de Descartes de entender a Natureza como as peças de uma máquina. Essa ecologia primitiva recorria a instrumentais funcionalistas, mas também eram parte de uma ética de manipulação e controle (esse aspecto é desenvolvido em detalhe por Golley, 1994).

Por outro lado, embora a ideia de ecossistema tenha se instalado no instrumental de análise, passou despercebido o fato de que Tansley (1935), nesse mesmo artigo, entendia que a ecologia deveria estudar tanto os meios ambientes que não estavam modificados pelo ser humano como aqueles que o foram. Ele acrescentou que os humanos eram parte desses ecossistemas, e de alguma maneira concebia a ecologia também como uma ecologia social. No entanto, esse segundo componente foi deixado de lado pela ecologia nascente, que se restringiu a um campo biológico, descrevendo a estrutura, o funcionamento e a evolução dos meios ambientes, excluindo os humanos. As aplicações práticas derivadas desse modo de entender a ecologia consistiam em intervir no mecanismo ecossistêmico e conformaram a disciplina clássica de gestão de vida silvestre ou de recursos naturais (*wildlife management* e *resource management*). Elas reforçavam ainda mais as noções instrumentais de manipulação e controle. Isso explica por que perspectivas que apareceram nas décadas de 1930 e 1940, como a ética da terra, de Aldo Leopold, foram marginais.

Outras concepções recentes, como a de biodiversidade, expressam, ainda que de outra maneira, aquele mesmo olhar sistêmico. De todo modo, possui a vantagem de ser uma categoria plural, já que essa diversidade pode ser entendida em vários níveis (ecossistemas, espécies ou populações).

6.3. Naturezas em disputa

As éticas antropocêntricas continuaram avançando no século XX, com um forte impacto nas concepções da Natureza. Em muitos casos, reforçaram-se as posturas que a fragmentavam, e, particularmente, desde a década de 1980, lançaram-se várias propostas para mercantilizá-la (comentadas brevemente no capítulo 1). Em muitos âmbitos, aceitou-se a categoria "capital natural", segundo a qual a Natureza era essencialmente outra forma de capital e deveria ser incorporada aos mercados. Consequentemente, seus elementos deveriam ter preço e alguma cobertura de direitos de propriedade. Diferentes correntes das ciências ambientais, incluindo algumas da ecologia, apoiaram essas mudanças, pois entendiam ser necessário discutir a conservação ou a gestão ambiental em termos econômicos. Não surpreende, então, a difusão das ideias de "bens" e "serviços" ambientais, termos que também têm origem na economia. Esse devir teve sérias consequências em diferentes debates. A ideia de Natureza começou a ficar ofuscada e minimizada por outras, como ecossistema, biodiversidade ou capital natural.

Tais reconversões ou reducionismos foram questionados por outros campos. Muitos alertas sobre degradação ambiental ou espécies em perigo começaram a recuperar ideias como a de Natureza, Mãe Terra, silvestre etc., sob a premissa compartilhada do foco em sua unidade, sua pluralidade de formas de vida com seu marco físico, ou áreas silvestres. A mercantilização havia chegado a tais extremos que se tornou necessário resgatar outras concepções da ideia de Natureza para combatê-la, e em muitas ocasiões seguiam uma perspectiva biocêntrica.

A ideia de Natureza tornou-se, então, um conceito em disputa. Por exemplo, no campo do ambientalismo, prevaleceram discussões que a relacionam a conceitos como áreas silvestres ou selvagens (no sentido anglo-saxão de *wilderness*). Paralelamente, outros atores promoveram ideias como a de Mãe Terra ou Pacha Mama, com forte contribuição de organizações indígenas. Por sua vez, pontes foram criadas entre essas e outras correntes, como aquelas evidenciadas no resgate de práticas indígenas que não somente implicavam melhores desempenhos para a conservação, como também o faziam a partir de uma perspectiva holística com o meio ambiente.

Embora seja possível apontar que a ideia de Natureza tem seus antecedentes no antropocentrismo, de todo modo é, nesse momento, um conceito muito apropriado para ser associado aos seus valores intrínsecos. Quando se lhe atribuem direitos, a Natureza deve ser redefinida para ser deslocada das perspectivas antropocêntricas em direção ao biocentrismo. Falamos de direitos da Natureza, não de direitos do capital natural. Cria-se, assim, uma relação particular, na qual o reconhecimento dos valores próprios e a atribuição de direitos modificam o sentido que se dá ao sujeito que os recebe.

É muito mais apropriado que os direitos sejam da Natureza, não dos ecossistemas, porque sob essa última categoria a carga de instrumentalização para o controle e a manipulação é maior. Isso não quer dizer que se rejeite a contribuição da ecologia, ou o valor de delimitar sistemas ecológicos. Na verdade, serve para precisar que é uma abordagem útil dentro das ciências ambientais como disciplina científica, mas não o é para reconhecer o meio ambiente como sujeito de direitos.

Da mesma maneira, entre as categorias alternativas provenientes de outras cosmovisões, a Pacha Mama também é muito apropriada para ser sujeito de direitos. Esse reconhecimento serve, além disso, para incorporar outros saberes e sentimentos diferentes dos ocidentais. Tais particularidades serão examinadas a seguir.

6.4. Pacha Mama

O termo "Pacha Mama" se difundiu nos últimos anos. É usado com frequência em um sentido muito geral para fazer referência a uma relação diferente com a Natureza, rompendo com as perspectivas antropocêntricas e apontando para um tipo de vínculo igualitário com o meio ambiente. Na nova Constituição do Equador, o sujeito de direitos é tanto a Pacha Mama como a Natureza, definidas em referência à geração da vida.

É um conceito originado nos Andes centrais, particularmente dos povos aimará, quéchua e kíchwa. Expressa um modo de entender e sentir o meio ambiente e o papel do ser humano no meio ambiente. Embora seja comum descrever a Pacha Mama como a Mãe Terra ou a Mãe Natureza, isso não é totalmente correto. Por isso, devemos apresentar várias precisões.

Comecemos por precisar que é um conceito diretamente vinculado à ideia de *pacha*, que na língua aimará significa o cosmos, a ordem do universo, e que, portanto, encerra complexidades importantes. Além disso, há diferenças na forma de interpretar os conteúdos e sentidos de Pacha Mama, expressando o que poderíamos qualificar como uma diversidade "antropológica". Nem sempre ela é usada no mesmo sentido, por exemplo, no Equador, no Peru e na Bolívia, e mesmo dentro desses países (ver, por exemplo, as precisões de Carapó, 1994; Estermann, 2006; e os ensaios em Van den Berg & Schiffers, 1992). Também é necessário indicar que o uso do vocábulo Pacha Mama serve para articular e expressar as posturas de outros povos andinos e amazônicos e, inclusive, das hibridizações culturais crioulas.

Estabelecidas essas particularidades, pode-se avançar na descrição do que poderia ser entendido como uma conceitualização em sentido amplo. A Pacha Mama faz referência ao meio ambiente no qual a pessoa está inserida. Aqui não se aplica a clássica dualidade europeia que separa a sociedade da Natureza, com duas dimensões claramente distintas e separadas. No mundo andino, essa distinção não existe, pois as pessoas são parte do meio ambiente, e sua ideia de meio ambiente não é somente biológica ou física, mas também social.

Simultaneamente, essa relação tampouco pode ser entendida como a interação de um indivíduo no interior da Pacha Mama. As interações humanas são sempre coletivas — de uma comunidade e não de indivíduos isolados. Não tem sentido imaginar uma pessoa isolada em contemplação do meio ambiente; essa interação sempre ocorre a partir de uma comunidade.

O conceito andino de comunidade também é diferente de sua interpretação ocidental. Enquanto no Ocidente esta é interpretada como uma categoria social, representada por grupos de pessoas que têm relações estreitas entre si, ou que se sentem arraigadas a um mesmo território, algumas posturas andinas são muito mais amplas. Na verdade, nelas estão as pessoas, mas também se incluem seres vivos não humanos, como certos animais ou plantas, alguns elementos não vivos, particularmente montes ou montanhas, e os espíritos dos defuntos. Além disso, essas comunidades são próprias de certo território, e este as define da mesma maneira que as pessoas podem conceder-lhe atributos específicos.

Considerando todas essas particularidades, as ideias originais de Pacha Mama permitem apresentá-la como um modo de se entender como parte de uma comunidade social e ecologicamente ampliada, que por sua vez está inserida em um contexto ambiental e territorial. A Pacha Mama, portanto, não é um simples sinônimo ou analogia da concepção ocidental de Natureza; é uma ideia mais ampla e complexa.

Muitas abordagens convencionais caem no simplismo de argumentar que a Pacha Mama é equivalente à Natureza ou até à ideia de uma biosfera autorregulada, como propõem a hipótese Gaia (Lovelock, 1982) ou as simplificações do jurista argentino R. Zaffaroni (2011). Como se descreveu acima, são posições equivocadas, pois essas ideias não são análogas nem transferíveis umas às outras, e mais ainda por tentarem forçar uma compreensão que sempre é localizada (Pacha Mama) dentro de outra que é planetária (Gaia).

Segundo as visões andinas originárias, não tem sentido dominar ou controlar o meio ambiente (Carapó, 1994; Estermann, 2006; Van den Berg & Schiffers, 1992). Convive-se com a Pacha Mama. Além disso, ela é fonte de vida: o cultivo e a colheita da terra permitem alimentar a comunidade. Isso explica que, para essas sensibilidades, quando se extraem recursos ou se colhem frutos da Pacha Mama, simultaneamente é preciso retribuir-lhe e corresponder-lhe. O que às vezes se tenta simplificar como uma relação simbiótica é, portanto, mais complexo, e está baseado em vínculos de reciprocidade, complementariedade e correspondência entre os humanos, a comunidade ampliada e a Pacha Mama. Esta não é uma Natureza intocada, e sim um meio ambiente que se cultiva e em que se trabalha, às vezes muito intensamente, e com o qual são criadas relações que obrigam a reciprocidade. É um vínculo no qual não há uma "adoração" no sentido tradicional do termo (não se "adora" a Mãe Terra), e sim uma "relação" de inserção (se é "parte" dela).

Isso não deve ser uma surpresa, pois nas alturas dos páramos andinos as severas condições do clima, do solo e das águas faz que o uso do que nós, da perspectiva do antropocentrismo ocidental, chamamos de recursos naturais tenha de ser cuidadoso e eficiente, na medida em que deve assegurar alimentos e bem-estar à família e à comunidade. Tais noções também são reforçadas por meio da comunicação. A Pacha Mama tem voz, envia mensagens e fala com as comunidades. Em alguns momentos, abriga e cuida, mas também pode enfurecer-se e castigar. O camponês andino dialoga com a Pacha Mama, não como um elemento externo a ela, mas dentro dela.

Por fim, os meios ambientes da Pacha Mama não são os que os ecologistas qualificariam como silvestres ou com baixos níveis de modificação; incluem terras de lavoura e pastoreio. Além disso, em alguns lugares valora-se especificamente uma Pacha Mama assim construída, compreendendo-a como o "mundo do milho" (*sara*), ao mesmo tempo que há um sentido de precaução com os espaços próprios do "mundo dos matagais" (*cora*), pois eles nos fornecem alimentos e podem gerar fome ou outras penúrias. Sob essa distinção, são os humanos em suas comunidades os que convertem aquela desordem em espaços do *sara* próprios da Pacha Mama.

6.5. Diversidades, redefinições e relacionalidades

O conceito de Pacha Mama é apresentado como um dos sujeitos de direito na nova Constituição do Equador, equiparando-se ao de Natureza, ambos definidos, em um sentido amplo, como o espaço "onde se reproduz e realiza a vida" (art. 71). De modo esquemático, acomodam-se duas perspectivas: por um lado, do ponto de vista da tradição cultural da modernidade (sem esquecer as disputas e ressalvas indicadas anteriormente), o sujeito é denominado Natureza; por outro lado, considerando-se as concepções de sociedade e meio ambiente próprias de povos indígenas, o sujeito é a Pacha Mama. A primeira opção tem sido a dominante, enquanto a segunda é plural e muitas vezes passa despercebida, tendo sido quase sempre subordinada. Portanto, a formulação equatoriana abre as portas a uma interpretação multicultural, e eis aqui uma mudança substancial.

Embora o conceito de Pacha Mama se distancie do tronco das culturas convencionais da modernidade, não podemos esquecer que inclusive dentro desta última existem posições críticas que questionam a dualidade sociedade/Natureza, e que defendem formas de identificação ampliadas. Entre elas está a ecologia profunda de Arne Naess — as aproximações desta com a da Pacha Mama são evidentes.

A ideia de Pacha Mama tampouco pode ser interpretada como uma reivindicação de regresso a um passado andino pré-colonial, ou como um isolamento dos debates contemporâneos. Na realidade, estamos presenciando a abertura de novos diálogos, através dos quais algumas das tradições críticas ocidentais podem aprender, modificar-se e crescer junto de alguns dos componentes dos saberes indígenas que vão além da modernidade. Mas essa aprendizagem também deve ocorrer em sentido inverso.

É que o apelo à Pacha Mama não resolve todos os problemas. Consideremos um caso comum: repetidamente se usa a expressão "Pacha Mama" como sinônimo de Mãe Terra. Se ela é "minha mãe", até onde posso modificá-la, alterá-la e me aproveitar dela? A resposta não é simples. Portanto, usar essa palavra não soluciona as tensões e contradições sobre o uso de recursos naturais.

Também pode ocorrer uma banalização da Pacha Mama. Esse perigo aparece onde a Mãe Terra é destruída sem uma verdadeira restituição ou retribuição, mas somente se recorre às cerimônias da *ch'alla*, em que as pessoas agradecem ou retribuem com alimentos ou bebidas. Dito de um modo esquemático, abusa-se de cerimônias em que se pede perdão, mas não se impede mudanças drásticas no meio ambiente. Exemplos recentes são o desrespeito aos direitos da Natureza na Bolívia quando projetos de mineração e de exploração de petróleo são aprovados, quando aparentemente basta pedir "perdão" à Pacha Mama para justificá-los. Claro que essa postura é insustentável, não assegura nenhuma proteção efetiva das espécies vivas e acaba sendo contraproducente até para os próprios povos indígenas, na medida em que o espírito da Pacha Mama se converte em um mero *slogan*.

São problemas compreensivelmente complexos, já que a expressão "Pacha Mama" está arraigada em territórios humanizados, e não em áreas silvestres ou intocadas. Isso é evidente na geografia andina, onde as relações entre os grupos humanos e o meio ambiente estão mediadas particularmente pela agricultura, e isso significa finas, embora intensas, intervenções na terra, sistemas de irrigação, construção de terraços, erradicação de matagais etc. A Pacha Mama está moldada por atividades humanas e agropecuárias. Reconhecido esse ponto, também é verdade que medidas efetivas de proteção precisam contar com áreas silvestres protegidas ou com medidas de preservação de espécies. É por esse tipo de necessidade que é insustentável pensar a Pacha Mama como um regresso ao passado, quando não existia o drama dos atuais impactos ambientais. Por sua vez, isso exige repensar a Pacha Mama a partir do presente e futuro imediatos, considerando, por exemplo, como recuperar o "mundo dos matagais" para permitir manter a biodiversidade andina.

Tampouco deve-se esquecer que as valorações expressas pelos povos amazônicos são diferentes das culturas andinas. Por estarem assentados em ecossistemas de selva tropical e em outros marcos culturais, a vivência amazônica é a de um meio ambiente que sofreu muito menos intervenções. Isso faz com que o conceito de Pacha Mama tal como é apresentado na Constituição equatoriana deva ser manejado com preocupação para também englobar as concepções amazônicas.

Isso levaria a se considerar diferentes Pacha Mamas, no plural, juntamente com outras concepções de meio ambiente, o que abre as portas para um multiculturalismo real, que reforça o reconhecimento dos valores intrínsecos. Mas também se corre o risco de cair em um relativismo cultural em que qualquer prática seja aceitável, inclusive algumas de alto impacto ambiental. Estaremos diante de concepções kíchwa, quéchua, aimará etc., e cada uma delas não somente define o meio ambiente de uma maneira específica, como também possui suas próprias particularidades sobre os usos corretos e aceitos. No passado, toda essa diversidade desaparecia sob a perspectiva das ideias ocidentais, enquanto na atualidade essa vertente multicultural dos direitos da Natureza permite sua expressão. Mas isso não implica que uma seja necessariamente melhor do que a outra, e sim que é imprescindível discutir e construir os acordos, para assim identificar os melhores atributos para assegurar a sobrevida dos demais seres vivos. Cada tradição cultural terá muito a contribuir, mas certamente mudanças no interior destas também serão necessárias.

O ponto em comum entre essas diferentes versões é que nelas não se reconhece a dualidade sociedade/Natureza no sentido expresso na tradição cultural ocidental. Por outro lado, as diferentes Pacha Mamas e outras noções análogas não são dualistas, e sim relacionais, no sentido de humanos que são parte de meios ambientes (entendidos de maneira diversa). Nesse ponto, fica em evidência que estamos lidando com as concepções básicas por meio das quais as pessoas concebem a si mesmas e os mundos que habitam — ou seja, suas cosmovisões ou ontologias.

6.6. Outras ontologias

Esse plano essencial relacionado a compreensões e sentires básicos pode ser abordado recorrendo-se ao conceito de *ontologia*. O termo evoca o sentido normalmente dado à ideia de cosmovisão, como os modos pelos quais as pessoas assumem, sentem, entendem e compreendem a si mesmas e o mundo. Para melhor ajustar a definição, é muito adequado recorrer a Blaser (2013), apresentando três planos. O primeiro está relacionado aos modos de compreender o mundo, as premissas assumidas sobre quais coisas existem ou podem existir, e quais poderiam ser suas condições de existência, relações de dependência etc. O segundo aspecto é que as práticas concretas também geram e reproduzem uma ontologia. Por exemplo, ações de conservação que lidam com elementos dos ecossistemas — tais como extirpar ou introduzir espécies — "criam" um meio ambiente que é entendido como ecossistema (no sentido de ser um sistema). Dessa maneira, as práticas têm consequências performativas em construir e reproduzir um tipo de cosmovisão. O terceiro aspecto ao qual Blaser faz alusão reside na importância dos "relatos" e "mitos", já que nestes se explicitam as premissas sobre as coisas e as relações de uma cosmovisão com seus próprios critérios de veracidade.

Por que é importante o conceito de ontologia nas políticas ambientais ou na conservação? Simplesmente porque estas são parte de certa ontologia. Na verdade, a ética antropocêntrica que hoje predomina é parte da ontologia da modernidade, essa cosmovisão que se desenvolveu desde o Renascimento até se tornar dominante em escala planetária. Tal ontologia, por exemplo, delimita as políticas ambientais possíveis, implica que haverá uma Natureza externa à sociedade ou que o progresso é um avanço linear. Esse tipo de posturas difundiu-se em escala planetária. A Pacha Mama, por sua vez, provém de outra ontologia.

É possível distinguir, então, entre uma ontologia prevalecente que é binária (expressa essencialmente nas categorias sociedade e Natureza ou seus análogos), dualista (em que essas duas categorias estão claramente separadas) e assimétrica (na medida em que o ser humano tem o mandato de controlar e aproveitar o meio ambiente), e outras ontologias nas quais os humanos aparecem misturados em um mesmo mundo com seres não humanos, e, portanto, com relacionalidades muito mais expandidas e equivalentes. Essa condição tem sido apontada várias vezes entre povos indígenas latino-americanos (Descola, 2000; Ulloa, 2004; Viveiros de Castro, 2004). Ultimamente, essas ontologias têm recebido diferentes denominações, tais como ontologias relacionais, redes enraizadas, redes relacionais etc. (Castree, 2003; Rocheleau & Roth, 2007; Blaser & De la Cadena, 2009; Escobar, 2010).

Essas últimas ontologias não são dualistas no sentido de que dissipam distinções clássicas da modernidade. Nelas, os humanos e diferentes não humanos estão intimamente associados em um mesmo âmbito, onde todos eles podem ter atributos análogos e serem agentes morais. Nas ontologias dualistas, prevalece a separação, enquanto nestas últimas o protagonismo está posto na relacionalidade múltipla, em que muitos integram uma mesma comunidade expandida que seria tanto social como ecológica, segundo os termos ocidentais. Há diferentes tipos de sujeitos e, portanto, demandantes de justiça, com os quais é necessária a reciprocidade e que, segundo o olhar ocidental, necessariamente devem ter direitos. Essas redes de relações podem ter diferentes configurações em função da incorporação de alguns ou de todos os seres vivos, dos elementos inanimados, do mundo dos mortos ou espíritos; por sua vez, mudam conforme a maneira como as capacidades cognitivas, afetivas e até físicas são objetivadas para cada uma delas (Descola, 2000).

A ética antropocêntrica prevalecente é parte da ontologia dualista conhecida como modernidade. As estratégias usuais de desenvolvimento, a política representativa convencional ou boa parte das engenharias ambientais estão enquadradas nessa ontologia. Esta tem, além disso, uma particularidade que poderia ser qualificada como expansiva: está em sua própria essência a necessidade de se impor sobre outras cosmovisões, e, por isso, anula ou impede a expressão de outras éticas para reforçar seus próprios marcos de valoração. Dito de outro modo, e em um plano mais amplo, a ontologia moderna tem uma predisposição de dominação e substituição sobre outras formas de entender o mundo. Portanto, as expressões convencionais em políticas e gestão ambientais estão imersas nesse marco, e não conseguem aceitar facilmente que possam existir outras ontologias. Isso não quer dizer que não reconheçam outros modos de entender o meio ambiente, como é o caso da Pacha Mama, mas esta é tratada como um saber tradicional ou folclórico, às vezes somada no capítulo social de uma avaliação de impacto ambiental ou em um estudo antropológico, mas não necessariamente incorporada como uma perspectiva de partida para as políticas ou gestão ambientais.

Isso deixa clara a importância da revisão crítica e a exploração de opções diferentes, tanto as que ocorrem dentro da própria modernidade quanto as que provêm de fora dela ou de suas fronteiras. Entre as primeiras se encontram, por exemplo, as posições de Aldo Leopold por uma ética da terra, ou o biocentrismo, pois, embora tenham nascido dentro da ontologia moderna, expressam críticas substanciais a ela. Reconhecem seus limites e tentam rompê-los. Entre as segundas encontram-se, digamos, algumas das concepções da Pacha Mama, sobre as quais se comentou neste capítulo, ou a própria ideia de direitos da Natureza. A partir dessas perspectivas, é possível contribuir com outras ontologias, que levariam a outros modos de construir opções alternativas em políticas e gestão ambientais.

Mencionou-se anteriormente críticas substantivas à ontologia da modernidade que envolviam aspectos ambientais como os de Leopold ou dos ecologistas profundos. A tais posturas pode-se somar outro antecedente de destaque, por sua origem latino-americana e por seus conteúdos. Refiro-me ao argentino Rodolfo Kusch, que defendeu a ideia de uma "geocultura do homem norte-americano". Sob esse conceito, descreve-se uma interdependência muito estreita entre um espaço geográfico ou hábitat e as culturas, o que faz que as expressões culturais sejam diversas, pois cada uma delas é resultado de seus específicos alicerces geoculturais. A "cultura supõe, então, um solo no qual obrigatoriamente se *habita*", diz Kusch (1976, grifo do autor). Partindo de suas experiências andinas, ele ofereceu uma crítica aguda ao modo moderno, europeizado, obcecado com a objetividade, e, embora seus questionamentos não fossem especificamente ambientais, estão na mesma perspectiva das atuais discussões. Por fim, não pode passar despercebido o fato de que todas essas ideias foram apresentadas ao longo das décadas de 1960 e 1970, antecipando-se a muitos outros autores.

Outros exemplos de ontologias que não são dualistas — e que enfatizam relacionalidades ampliadas entre os humanos, outros seres vivos e o restante do meio ambiente — encontram-se nas cosmovisões de vários povos indígenas, tais como Shuar, Uwa, Ticuna, Ianomâmi e muitos mais, cada um com suas particularidades. Sem dúvida, tais ontologias estão aí há séculos, mas agora vêm alcançando um impacto substantivo nos debates sobre políticas ambientais, servem de inspiração para apoiar outras éticas ambientais, e em certos casos aqueles que estão imersos nelas se converteram em atores políticos que conquistaram incidências concretas dentro de seus países. Mesmo aceitando que várias delas estão afetadas em diferentes graus pela modernidade, suas contribuições são indispensáveis para poder entender os limites e as restrições da ontologia moderna.

A conceitualização da Pacha Mama descrita mais acima expressa aspectos de outra ontologia, e também deixa clara a influência que essas posições podem alcançar nas políticas ambientais. Dito de outra forma, essas ontologias alternas não são imagens para admirar em um museu, mas podem se concretizar em novas políticas, e os casos dos direitos da Natureza e da Pacha Mama o demonstram claramente.

Portanto, é importante explorá-las mais detalhadamente. Nesse sentido, é apropriado destacar a contribuição do antropólogo Eduardo Viveiros de Castro (2004) sobre alguns povos indígenas. De forma esquemática, ele mostra ontologias em que, num mesmo "mundo", encontram-se pessoas-humanas e pessoas-animais, e eventualmente espíritos. Nessas ontologias, alguns animais veem a si mesmos como pessoas, mas concebem os humanos como animais. Portanto, é impactante reconhecer que a essência comum a todos eles é estarem dotados de humanidade, no sentido de serem pessoas. Observe-se que na ontologia da modernidade a característica compartilhada é a inversa: todos são animais, as onças, as antas e os humanos, mas somente estes últimos são radicalmente diferenciados por suas capacidades cognitivas ou sua agência ética. É a "humanidade" o que lhes elevaria acima da animalidade que compartilharia com outras espécies, e, por estar acima, é simples situar-se dentro dos antropocentrismos. Por outro lado, as ontologias encontradas por Viveiros de Castro são, de certo modo, inversas, pois a condição compartilhada entre todas as espécies é sua "humanidade" generalizada, em que são diferenciadas entre pessoas-antas, pessoas-onças e pessoas-*Homo sapiens*.

Avançando um pouco mais com Viveiros de Castro (2004) e em um diálogo com P. Descola (2012), muito conhecido por seus trabalhos na Amazônia equatoriana, distinguem-se diferentes perspectivas, das quais resgato duas para a presente discussão. Por um lado, o animismo, em que seres vegetais ou animais são entendidos e tratados como pessoas; as relações sociais possíveis se estendem a seres ou elementos não humanos. Respeita-se um animal como pessoa, as plantas são tratadas como crianças, e dessa forma não há dualidade com a Natureza porque esta se desvanece, em parte, ao ficar imersa em relações sociais ampliadas. São casos de biocentrismos estendidos, pois todos são sujeitos e agentes, e, portanto, portadores de direitos. Por outro lado, o naturismo, que expressa uma ampliação das relações naturais, alcançando o âmbito dos humanos; não há dualidade porque o social seriam fenômenos naturais, e, então, é a distinção da sociedade que se dissipa. A partir de tais compreensões, se chegaria ao biocentrismo através do ecocentrismo.

A finalidade de todos esses exemplos é deixar claro que existe uma rica variedade de ontologias alternas, e que nelas se encontrarão outras maneiras de conceitualizar o que correntemente interpretamos como Natureza, meio ambiente, animais, plantas ou montanhas. Por sua vez, os análogos ao que consideramos como políticas ambientais também serão diferentes nessas ontologias, e inclusive entre algumas ontologias relacionais focadas no animismo e outras baseadas no naturismo. Assim, desde o que se entende por "meio ambiente" até os sujeitos pessoas a serem consultados ou que deveriam participar sofrem mudanças.

Sob essas condições, diferentes seres vivos deveriam participar na política, como construção pública, dos assuntos que entendemos como ambientais. Um exemplo de exercício nesse sentido são as práticas rituais chamadas "conselho de todos os seres", originadas na década de 1980 a partir da ecologia profunda, que buscam abandonar a identidade humana e aprofundar uma identificação com outra forma de vida (Macy, 2005).

De todo modo, é preciso fazer algumas precisões. Todas as ontologias envolvem certo tipo de relacionalidade (no sentido de que há relações entre seus elementos). Mesmo naquelas que são dualistas se reconhece uma interação entre sociedade e Natureza. Mas, nestas, essa relacionalidade é binária, ao colocar a Natureza como externa à sociedade, tendo como consequência uma vinculação assimétrica, dado que o antropocentrismo leva à dominação desse ambiente externo. Nas outras, prevalece uma relacionalidade em que não se encontra uma separação radical entre pessoas, animais, plantas ou elementos inanimados; na verdade, estes compartilham um mesmo âmbito, sem um mandato de controle e dominação. Como os mesmos âmbitos onde ocorrem as interações são compartilhados, alguns se revestem de direitos, agências morais, propósitos políticos etc.

Também é preciso admitir que essa outra relacionalidade não precisa ser necessariamente melhor ou pior para, por exemplo, as "pessoas-animais" ou para um bosque. Para explicar isso, podemos recorrer ao exemplo de uma ontologia de um povo amazônico, que embora possa ser relacional, não dualista e animista, também pode resultar em uma situação em que as pessoas-humanas acabam deixando à beira da extinção as pessoas-macacos. Deve-se reconhecer que nem todas as ontologias relacionais por si mesmas, e de forma automática, acarretam sempre as melhores condições de sobrevida daquilo que reconhecemos como espécies e ecossistemas. Mesmo nessas outras ontologias é possível que haja impactos sobre o que nós, da perspectiva da ciência ocidental, definimos como biodiversidade, e isso criará a necessidade de construir imperativos para ações análogas à conservação.

Por fim, é necessário avançar nesse terreno com precaução, e não assumir que todos os atores indígenas estão imersos em ontologias alternas. São válidas as advertências sobre a construção de um "nativo ecológico", como estereótipo de harmonia com o meio ambiente, distante do mercado, e com uma sabedoria que lhe permite levar a cabo as melhores práticas em relação à Natureza. Mas, por outro lado, como já foi apontado antes, existe uma enorme diversidade, não somente nas concepções indígenas de Pacha Mama, ou em suas ontologias, como também no grau de penetração ou vinculação que eles mantêm com o mundo moderno, sua ética antropocêntrica e a mercantilização do meio ambiente (várias dessas tensões estão analisadas em Ulloa, 2004).

Reconhecendo essas e outras precauções, tais ontologias alternas são as que permitem entender o meio ambiente a partir de outros sentires e perspectivas, encontrar vínculos e formas de valoração insuspeitas, construir ideias alternas de Natureza, e assim sucessivamente. Por sua vez, também demandam reformular as necessidades e prioridades na gestão e políticas ambientais, mas não as anulam, e sim obrigam a debates e construções diferentes, e que necessariamente devem ser interculturais. Por fim, sua contribuição é imprescindível, pois aqueles que estão (estamos) enquadrados na ontologia da modernidade dificilmente reconhecem seus limites ou estão dispostos a explorar esses outros mundos. Dessa forma, sem essas contribuições, mudanças radicais como as propostas pelos direitos da Natureza se tornam muito difíceis. Sem dúvida, isso gera conflitos em um plano mais profundo

— "conflitos ontológicos", como aponta Blaser (2013) para se referir às "interrogantes sobre o que conta como conhecimento e que tipos de mundo dão base para diferentes práticas de conhecimento".

Mesmo que o ecologista, o gestor ambiental ou o político considerem que carece de todo sentido conceber que um puma ou uma árvore sejam pessoas, de todo modo continuarão existindo povos indígenas que vivem nesse tipo de mundos. Estes não podem ser excluídos de uma política ambiental; devem participar sem imposições nem limitações. Não somente isso: a própria construção da política deve ser modificada para permitir uma abertura intercultural.

Não se deve assumir que essas outras ontologias estão aí fora, e que, por isso, basta que um pesquisador, seja um ecologista ou um antropólogo, vá estudá-las e descrevê-las. Na verdade, tal como indica Blaser, "você deve começar por interrogar e revelar as condições de possibilidade de tal propósito", já que, "para um pesquisador que escreve desde as entranhas de uma instituição moderna, como é a academia, o primeiro passo é questionar e revelar as premissas ontológicas que estão implícitas em 'nossas' práticas de conhecimento", ou seja, "explicitar o mito moderno".

Pois o ecologista, o antropólogo ou qualquer outro profissional das ciências ambientais nasceu em uma cultura baseada em uma ontologia que entende a Natureza como algo que está lá fora, um conglomerado de elementos a administrar, meros objetos sem direitos. E se, além disso, ele seguiu uma formação profissional convencional, certamente uma perspectiva ética antropocêntrica foi ainda mais reforçada. Ainda que com as melhores intenções, ele buscará resolver os problemas ambientais, por exemplo, por meio de uma gestão que em sua própria aplicação impõe uma ontologia que reproduz o desenvolvimento como crescimento econômico, a conservação ou a Natureza sob as maneiras específicas e próprias da modernidade. Portanto, um remédio essencial para se despir dessa camisa de força é colocar em discussão os entendimentos próprios sobre o mundo e sobre a Natureza.

6.7. Escala e âmbitos dos direitos

A problemática de combinar as ideias da Pacha Mama com os direitos da Natureza pode ser ilustrada com o exemplo concreto dos debates sobre meio ambiente e mudanças climáticas sob o governo de Evo Morales na Bolívia. Na verdade, este evoca repetidamente a Pacha Mama ou a Mãe Terra, e inclusive em questões sobre mudanças climáticas as mistura com uma retórica anti-imperialista para denunciar os países industrializados por sua responsabilidade pela emissão de gases de efeito estufa.

Sem dúvida, Evo Morales tem muita razão em criticar o rumo das negociações sobre mudanças climáticas ou em questionar o capitalismo global. Mas o problema é que seu governo aplica uma ética da Pacha Mama somente para esses temas e em escala planetária, e não para o que acontece no próprio país. Dentro da Bolívia persistem sérias limitações à gestão ambiental, e o governo Evo Morales apoia decididamente a exploração de recursos naturais, como a mineração, petróleo e gás, com todos os graves impactos sociais e ambientais que conhecemos, e que violam os direitos da Natureza. Como se indicou anteriormente, mesmo sua Lei da Mãe Terra na verdade dá mais atenção às mudanças climáticas, e não tem servido para deter a degradação ambiental dentro da Bolívia.

O que o governo de Evo Morales tem feito é reorientar a evocação à Pacha Mama do âmbito local ao planetário. Propõe-se uma ética da Pacha Mama que deixaria de ser local e somente poderia ser aplicada na promoção de direitos em escala global, cujo enfoque está na biosfera. No entanto, como se viu anteriormente, a ideia de Pacha Mama é sempre local, na medida em que responde a comunidades expandidas arraigadas em territórios específicos. (O problema da universalização de uma ética ambiental será analisado no capítulo 13.) A medida do governo boliviano não aponta nesse sentido, mas sim no de alargar certa ideia de Pacha Mama como justificativa de denúncia política em escala planetária. A confusão entre as escalas planetária/local também aparece em outros analistas — como o argentino Zaffaroni (2011) equiparando a Pacha Mama com a ideia de Gaia, como sistema planetário autorregulado de vida, no sentido de Lovelock (1982).

Com essas equivalências, as exigências de proteção ambiental perdem sua especificidade, pois a questão ambiental seria planetária, e, dessa forma, demandas em relação ao que acontece, por exemplo, em localidades específicas dentro de Bolívia, Argentina ou Brasil seriam epifenômenos da Gaia global. É óbvio que isso não pode ser assim, mas de todo modo é oportuno deixar claro as consequências que pode trazer a enumeração de ideias cujos conteúdos e implicações não sejam ponderados nem contrastados rigorosamente.

Voltando ao caso boliviano, as confusões aumentaram ainda mais quando proeminentes figuras do governo adotaram posições mais extremas. David Choquehuanca, quando ministro das Relações Exteriores, afirmou: "Para nós, indígenas, o mais importante é a vida, o homem está em último lugar; para nós, o mais importante são os montes, nossos rios, nosso ar. Em primeiro lugar, estão as borboletas, as formigas, as estrelas, nossos montes; e, em último lugar, está o homem".[40] Uma análise apressada poderia levar a pensar que essa é uma posição biocêntrica,

---

[40] "Choquehuanca: la lucha de los pueblos indígenas va más allá del capitalismo y socialismo", em Conferencia Mundial de los Pueblos sobre el Cambio Climático y los Derechos de la Madre Tierra, 21 abr. 2010. Disponível em <https://cmpcc.wordpress.com/2010/04/21/choquehuanca-la-lucha-de-los--pueblos-indigenas-va-mas-alla-del-capitalismo-y-socialismo/>. Acesso em: 16 set. 2019.

em sintonia com os direitos da Natureza. Mas, na realidade, na medida em que a formiga é colocada acima das pessoas, cai-se, em sentido estrito, em uma *desigualdade* entre os seres vivos. Ou seja, uma postura na qual algumas espécies não humanas valeriam mais do que as pessoas. Isso não é próprio do biocentrismo, nem tem a ver com os direitos da Natureza, na medida em que estes atribuem direitos a todas as formas de vida, mas não dizem que algumas espécies estão acima das outras. Os problemas com a afirmação de Choquehuanca são fenomenais: qual seria a ética ambiental que sustenta que os seres não humanos valem mais do que nós? Também ficam muitas dúvidas sobre como tais hierarquias são construídas (qual é a escala em que um vale mais do que outro?).

Choquehuanca reforçou sua interpretação particular ao acrescentar que será "mais importante falar sobre os direitos da Mãe Terra do que falar sobre os direitos humanos".[41] Nem os defensores dos direitos dos animais (ou da chamada libertação animal) apoiariam tal postura. Se alguns seres vivos, como as formigas, estão acima do ser humano, chegaríamos a um preservacionismo radical da Natureza. Quase todo um país deveria ser declarado área protegida intangível, seria preciso suspender todas as concessões de mineração e florestais, fechar os poços de petróleo e abandonar as áreas agrícolas. Sabe-se bem que isso não acontece em nenhum país — na Bolívia certamente não.

Como fica claro, esse tipo de afirmação carece de sustentação, mas infelizmente foi aproveitada por muitos dos que se opõem aos direitos da Natureza para

---

[41] "25 postulados para entender el Vivir Bien", em *Rebelión*, 8 fev. 2010. Disponível em <http://www.rebelion.org/noticia.php?id=100068>. Acesso em: 16 set. 2019.

criticá-los. Foram palavras que prejudicaram a construção de uma agenda biocêntrica.

Assumamos que, na verdade, Choquehuanca estivesse se referindo a uma igualdade essencial entre todas as espécies, em que todas teriam o mesmo valor. Tempos atrás, alguns intelectuais e militantes radicais levaram essa ideia ao extremo, defendendo até mesmo os vírus e as bactérias; portanto, não se poderia combater, por exemplo, as doenças infecciosas. Mas essa posição nunca avançou, mantendo-se sempre minoritária. (Desconheço que tais posições individuais tenham cristalizado uma corrente de pensamento que sustentasse que uma formiga ou um vírus valem mais do que uma pessoa.)

Os defensores do biocentrismo, embora reconheçam os valores próprios da Natureza e de todas as formas de vida, não afirmam que uns valem mais do que os outros, mas reconhecem que as espécies não são iguais entre si e que uma pessoa não é o mesmo que uma formiga. Não estabelecem hierarquias de valor e desconfiam das escalas métricas (como se analisou no capítulo 2). O sentido que dão à ideia de igualdade é o de que todas as espécies são "iguais em seus direitos de viver e florescer e alcançar suas próprias formas de se desenvolver e se autorrealizar" (Devall & Sessions, 1985). Uma vez mais, não é desnecessário acrescentar que, como já se indicou, nessa perspectiva o ser humano pode utilizar a Natureza para satisfazer suas necessidades vitais e não pode impor que algumas espécies são "mais importantes" ou que os direitos da Natureza estão acima dos direitos humanos.

Essas tensões são particularmente complexas dentro da Bolívia, tal como foi apontado no capítulo 5. Em sua nova Constituição, os direitos da Natureza não são reconhecidos, enquanto se estabelece que o Estado tem um mandato de industrializar os recursos naturais (arts. 9 e 355). Sob tais condições, persistem os conflitos e oposições entre usos produtivos e necessidades de proteção ambiental, entre projetos extrativistas e a defesa da Pacha Mama. Esse exemplo deixa claro a importância de se contar com direitos da Natureza explicitamente reconhecidos em nível constitucional, como ocorreu no Equador.

Considerando todas essas precisões, deve-se destacar que a ideia de Pacha Mama é muito valiosa em razão dos conteúdos indicados anteriormente, mas, além disso, também por ser uma via muito efetiva para deixar em evidência as limitações do antropocentrismo ocidental. É uma sensibilidade que, em suas acepções originais andinas, ou como fonte de inspiração para gerar uma nova cultura, obriga a questionar o saber ocidental que está profundamente arraigado. Não se pretende que todos se convertam em indígenas andinos, o que é obviamente impossível, e sim que é necessário assumir seriamente a ideia de Pacha Mama, reconhecendo suas possibilidades e limites, e, a partir de suas particularidades, articulá-la com outras propostas substantivas de mudança.

6.8. As demandas atuais

A instalação de um debate sobre o valor das espécies vivas e seu meio ambiente obriga a considerar com muita atenção a maneira de entender o sujeito desses valores. Muitos entendimentos convencionais que usam os termos "Natureza" ou "ecossistema" estão associados às perspectivas antropocêntricas, fazendo que a promoção de valores intrínsecos no meio ambiente também exija que esse tipo de conceitos seja redefinido. As ideias de Pacha Mama, originadas em outras cosmovisões, servem para incorporar os valores próprios do não humano, mas também estão sujeitas a pressões e eventualmente exigirão novos ajustes.

As atuais pressões sobre o meio ambiente, o nível de intensidade da extração de recursos naturais e os problemas globais tornam indispensáveis esses novos entendimentos, seja da Natureza ou da Pacha Mama. É necessário aproveitar o melhor de cada um deles, orientando-os para que gerem mandatos morais e direitos a partir do reconhecimento dos valores intrínsecos aos demais seres vivos e ao meio ambiente. Recorrer, por exemplo, ao termo "Pacha Mama" assumindo que com isso automaticamente se chega aos direitos da Natureza é uma ingenuidade. Da mesma maneira, contentar-se em restringir a ideia de Natureza aos espaços silvestres é esquecer que quase todos os territórios latino-americanos têm algum grau de intervenção ou modificação humana.

Mas os dois conceitos, as duas aproximações, não são importantes apenas por conta do que cada uma delas oferece, mas também porque é indispensável garantir um encontro intercultural para qualquer tentativa de difundir e garantir os direitos do não humano em nosso continente. A nova conservação para o século XXI não é uma mera tarefa técnica; deve responder a uma ética que também é construída interculturalmente. A importância das concepções de Pacha Mama é aqui muito evidente, pois elas atacam problemas centrais das éticas antropocêntricas, como a dualidade entre a sociedade e o meio ambiente, ou o mito do crescimento perpétuo como expressão de progresso. Implicam abandonar a arrogância antropocêntrica, através da qual o ser humano decide o que tem valor, e qual é esse valor, para voltar a encontrar uma comunidade ampliada, compartilhada com outros seres vivos e o restante do meio ambiente.

7. Política e gestão ambiental

Uma vez especificados e discutidos alguns dos aspectos conceituais centrais sobre os direitos da Natureza, é oportuno repassar brevemente suas implicações para as políticas e a gestão ambientais. O biocentrismo força mudanças substantivas na formulação e execução de políticas ambientais que operam de modos muito diferentes das gestões convencionais baseadas no utilitarismo economicista.

O caso equatoriano oferece alguns ensinamentos nesse sentido, incluindo a relevância da restauração ambiental. Também são discutidas as limitações da reparação e da indenização ambientais e a importância de políticas ambientais comprometidas com a preservação da Natureza.

7.1. Implicações do biocentrismo para as políticas e a gestão ambientais

O giro biocêntrico tem consequências muito importantes na política e na gestão ambientais. Dele podem derivar muitas opções de ação e de novas formulações políticas. Mas é importante considerar que, assim como se abrem muitas possibilidades, algumas das clássicas noções de política e gestão ambientais não seriam mais possíveis.

Na verdade, a perspectiva biocêntrica impõe um limite às posições que reduzem a gestão do meio ambiente a uma forma de economia ambiental que se baseia quase exclusivamente na valoração econômica dos recursos naturais. Isso não significa que devam ser rejeitadas ou impedidas, e sim que devem se limitar à sua especificidade no campo econômico, e não se ampliar até a suposição de que o preço representa o valor de uma espécie ou um ecossistema. Caso as obrigações dos direitos da Natureza sejam seguidas, limita-se a fragmentar a Natureza em "bens" e "serviços" oferecidos no mercado e a sustentar a gestão ambiental como forma de "investimento", que somente é possível se for rentável.

Os estudos de economia ambiental e as análises de custo-benefício que incorporam variáveis ecológicas passam a ter uma aplicação precisa: são tipos de indicadores. Por sua vez, há outras formas de valoração do meio ambiente que devem ser reconhecidas e integradas no processamento das políticas e da gestão ambientais. O giro biocêntrico exige reconhecer a pluralidade das valorações sobre a Natureza e, portanto, apropria-se de posturas multiculturais que consideram, por exemplo, valores estéticos, espirituais etc.

Um contexto desse tipo abre muitas portas de inovação para a política e a gestão ambientais, e aparecem novos temas a ser considerados. Por exemplo, as posturas convencionais de proteção de locais silvestres se baseiam em aspectos como sua riqueza em espécies ou beleza cênica (como a selva amazônica), o benefício econômico potencial ou a proteção de espécies de aparência agradável e de destaque (como o condor andino ou o urso-de-óculos sul-americano). Porém, da perspectiva de uma posição biocêntrica, deve-se proteger todos os ecossistemas e todas as suas formas de vida, independentemente de sua utilidade econômica, seu prazer estético ou seu impacto publicitário. Portanto, como foi discutido no capítulo 2, é preciso seguir uma igualdade valorativa na qual as espécies consideradas repulsivas e desagradáveis, sem valor comercial ou culturalmente malvistas, também devem ser protegidas com o mesmo afinco. Da mesma forma, lugares pouco chamativos ou sem muita biodiversidade (como um deserto) também precisam ser protegidos. Isso permite propor sistemas de conservação da biodiversidade e de áreas protegidas muito mais enérgicos, que cubram superfícies muito maiores, com altos níveis de interconexão e que permitam a sobrevida da vida silvestre em uma escala de tempo medida em séculos.

Vários dos conceitos próprios de uma mercantilização da Natureza devem ser superados, como o do capital natural, para se passar a categorias funcionais a uma postura biocêntrica, como a de patrimônio natural. O primeiro está restrito ao valor econômico, enquanto o segundo é mais amplo e inclui os elementos que têm um valor econômico, assim como outros que respondem a outras valorações e que são recebidos como herança de nossos pais e devem ser mantidos para as gerações futuras (Gudynas, 2004).

A perspectiva biocêntrica também exige colocar sob outro contexto as clássicas avaliações de impacto ambiental. Os procedimentos tradicionais para esse tipo de avaliação se baseiam em assumir que o meio ambiente é um sistema em que predominam as relações lineares, não muito complexo, abordável e inteligível em sua estrutura e função. Os ecossistemas seriam algo como uma máquina, e o conhecimento de suas peças e interações permitiria prever o dano ambiental e tomar medidas para evitá-lo.

Pelo contrário, a abordagem mais recente indica que os ecossistemas são muito mais complexos do que se supõe, a diversidade de seus componentes biológicos é enorme, boa parte das espécies não é conhecida, as interações são limitadamente entendidas e existem vinculações de todo tipo além das lineares. Isso é particularmente verdade em locais de alta riqueza ecológica, como a floresta amazônica.

Portanto, o enfoque deveria ser inverso: é preciso reconhecer um alto nível de incerteza e priorizar a gestão de riscos, assim como outros mecanismos, para determinar os limites que dividem os impactos aceitáveis e administráveis dos inaceitáveis. Além disso, a identificação desses limites tem, sem dúvida, um componente científico convencional (por exemplo, expresso na concentração de um contaminante na água), mas que também é político (expresso, por exemplo, na determinação de quais são as variáveis relevantes para a sociedade e como avaliá-las, e nos limites de alteração ambiental que são socialmente aceitos). Essa abordagem deixa clara a relevância do "princípio da precaução" para a gestão ambiental.

Por fim, ao se conceber a Natureza como sujeito de direitos, obviamente se abrem as portas a mudanças profundas em questões de representação legal e tutela. Se plantas e animais, enquanto sujeitos, têm um direito que lhes é próprio, a pergunta seguinte é quem os representará. Muitas vezes, toda ideia de direitos da Natureza é atacada com reações depreciativas por meio das quais se pergunta se uma árvore ou um cervo se apresentará diante de um juiz para instaurar uma ação judicial. Esse tipo de crítica é infantil. É evidente que as formas de vida não humanas não poderão recorrer ao sistema judicial, e, portanto, será necessário arbitrar procedimentos novos de representação, tutela e amparo desses direitos, que sem dúvida estarão nas mãos dos humanos.

A questão tem uma longa história de análises e discussões, começando com o clássico caso descrito por C. Stone (1972) ao se apresentar diante de um juiz argumentando que representava legalmente as árvores ameaçadas de corte. Na presente análise, os aspectos jurisdicionais dessa questão não são abordados, mas a partir da ecologia política é preciso apontar que há muitos procedimentos possíveis para constituir a representação legal sobre aquilo em que se reconhecem valores intrínsecos. São muitos os exemplos, desde os casos exemplificados com o reconhecimento recebido por menores de idade, pessoas com deficiência, embriões humanos e até empresas ou corporações. Muitas vezes, uma empresa multinacional se converte em um ente muito mais abstrato e virtual do que a expressão concreta em espécies da fauna e da flora de um ecossistema, e, portanto, se aquela recebe as mais diversas coberturas legais, é indefensável rechaçá-las no caso da Natureza. Além disso, essa representação deve ser entendida como consequência ou resultado de entender e sentir a Natureza de outra maneira, de se entender parte dela. Antes de "falar em nome de", o esforço está em "saber escutar" o que surge a partir dela.

7.2. Marco das políticas e da gestão ambiental equatoriana

Uma vez que se estabelece que os direitos da Natureza geram novos marcos e orientações para as políticas ambientais, é muito útil examinar como esse mandato foi organizado com os demais componentes da Constituição do Equador, especialmente os direitos humanos que têm como foco a qualidade de vida e o meio ambiente e as opções de desenvolvimento.

A maior parte desses componentes está agrupada em um capítulo completo sobre biodiversidade e recursos naturais, em uma seção dedicada ao regime do Bem Viver ou *Sumak Kawsay*. Este, por sua vez, deve estar articulado com um regime de desenvolvimento que, entre outros fatores, deve assegurar "recuperar e conservar a natureza e manter um ambiente saudável e sustentável", garantindo o "acesso equitativo, permanente e de qualidade à água, ao ar e ao solo" e o acesso aos benefícios dos recursos naturais (art. 276).[42]

As políticas e a gestão ambiental estatal que surgem dessa Constituição buscam ser transversais, participativas, descentralizadas, desconcentradas, transparentes e devidamente motivadas. A biodiversidade encontra-se sob a soberania nacional e é propriedade do Estado. Proíbe-se a concessão de "direitos, incluídos os de propriedade intelectual", sobre produtos derivados da biodiversidade, e, quando forem explorados, devem ser atendidos os preceitos ambientais constitucionais e assegurada a participação do Estado em seus benefícios financeiros.

---

[42] "Recuperar y conservar la naturaleza y mantener un ambiente sano y sustentable que garantice a las personas y colectividades el acceso equitativo, permanente y de calidad al agua, aire y suelo, y a los beneficios de los recursos del subsuelo y del patrimonio natural", no original. [N.E.]

O Estado deve adotar "políticas e medidas" que "evitem os impactos ambientais negativos, quando existir certeza de dano" (art. 396).[43] Esse objetivo é ambicioso, pois faz alusão tanto às ações como às omissões, detalha que é necessário aplicá-lo mesmo em caso de ausência de evidência científica de dano (razão pela qual se faz alusão ao princípio da precaução), mas, também, indica que os impactos devem ser "evitados" — e não são utilizados, por exemplo, os termos "reduzir", "gerir" ou "minimizar". As pessoas e instituições, incluindo aquelas que exercem o controle ambiental, têm a "responsabilidade direta" de prevenir os impactos ambientais e de mitigá-los e repará-los (arts. 396 e 397).

A responsabilidade por danos ambientais é objetiva, imputável a pessoas e instituições, e não prescreve. Em consonância com os direitos de restauração, que são parte dos direitos da Natureza, indica-se que, além das sanções por tais impactos, são obrigatórias a indenização de pessoas e comunidades afetadas e a restauração integral dos ecossistemas.

Mas a Constituição contém, também, uma precisão essencial, segundo a qual a demonstração da inexistência de um dano potencial ou real recai sobre o gestor da atividade ou demandado (art. 397).[44] Isso indica que o ônus da prova é transferido aos responsáveis dos empreendimentos, como uma mineradora ou petrolífera. Também detalha que, em caso de dúvida, as disposições

---

[43] "El Estado adoptará las políticas y medidas oportunas que eviten los impactos ambientales negativos, cuando exista certidumbre de daño", no original. [N.E.]

[44] "[...] La carga de la prueba sobre la inexistencia de daño potencial o real recaerá sobre el gestor de la actividad o el demandado", no original. [N.E.]

legais "serão aplicadas no sentido mais favorável à proteção da natureza" (art. 395).[45]

Garante-se a participação da cidadania, que deve ser ativa, permanente e ampla, englobando tanto o planejamento e a execução como o controle das atividades que gerem impacto ambiental, e estabelecem-se mecanismos de consulta (com especial atenção às comunidades indígenas).

Toda a gestão ambiental deve ser avaliada, outorgando-se tal competência à Controladoria-Geral do Estado (que, formalmente, é semelhante à instituição de controle que existe, por exemplo, na Colômbia). Também se estabelece uma defensoria pública, como entidade descentralizada, que deve proteger, defender e tutelar os direitos dos equatorianos, e, entre eles, os direitos ambientais e da Natureza (organismos similares existem, entre outros, na Bolívia e no Peru).

As decisões ou autorizações estatais que possam afetar o meio ambiente devem ser consultadas e informadas "ampla e oportunamente". No caso de comunidades indígenas, é preciso existir obrigatoriamente uma consulta prévia, livre e informada sobre projetos de "prospecção, exploração e comercialização" de seus recursos não renováveis e que possam afetar seu meio ambiente.

Por sua vez, as normas ambientais devem contar com uma motivação explícita que as fundamente e ser pertinentes aos antecedentes de fato, conforme é estabelecido nos direitos de proteção. Essa é uma indicação muito relevante, pois atos administrativos, resoluções ou decisões que não sejam pertinentes nem estejam devidamente sustentados serão anulados. Na mesma linha, a tutela e a defesa do meio ambiente podem partir de qualquer pessoa física ou jurídica, coletividade ou grupo.

---

45 "En caso de duda sobre el alcance de las disposiciones legales en material ambiental, éstas se aplicarán en el sentido más favorable a la protección de la naturaleza", no original. [N.E.]

Diferentes campos da política e gestão ambiental são detalhados. Entre eles, encontra-se um sistema de áreas protegidas, com exigências sobre sua gestão, com diversas condições sobre ecossistemas frágeis e ameaçados e requerimentos para manter zonas intangíveis. São apontados requerimentos específicos para a conservação de solos e águas, combate ao desmatamento, proteção especial da Amazônia e ordenamento territorial e zoneamento ecológico. Também são estabelecidos mandatos em eficiência energética e fontes renováveis de baixo impacto, medidas em relação às mudanças climáticas e sobre a gestão de tóxicos e substâncias perigosas.

7.3. Compensação e reparação

Diante dos impactos ambientais, é comum que sejam apresentadas respostas baseadas em instrumentos de compensação, reparação ou remediação ambiental. No caso da Constituição equatoriana, apresenta-se a "reparação integral", em um sentido certamente amplo, que inclui conhecer a verdade dos fatos, a restituição, indenização, reabilitação e garantia de que o fato não se repetirá (art. 78).[46] Todos esses aspectos são perfeitamente aplicáveis à dimensão ambiental. Da mesma forma, em caso de dano ambiental, a "reparação integral" também é obrigatória, devendo-se restaurar os ecossistemas, realizar a reparação às pessoas afetadas, atribuir responsabilidades e oferecer detalhamentos para vários casos (art. 397).[47]

É apropriado analisar os alcances da ideia de reparação, já que vem se tornando muito comum em diferentes países. Por exemplo, é frequente nos países andinos que empreendimentos extrativistas sejam justificados com a evocação de compensações econômicas pelos danos ambientais ou impactos nas comunidades.

Em outros lugares, a indenização econômica por dano ambiental tem uma longa história. Nos Estados Unidos, por exemplo, foi constituído um fundo financeiro alimentado

---

[46] "[...] Se adoptarán mecanismos para una reparación integral que incluirá, sin dilaciones, el conocimiento de la verdad de los hechos y la restitución, indemnización, rehabilitación, garantía de no repetición y satisfacción del derecho violado. [...]", no original. [N.E.]

[47] "[...] Además de la sanción correspondiente, el Estado repetirá contra el operador de la actividad que produjera el daño las obligaciones que conlleve la reparación integral, en las condiciones y con los procedimientos que la ley establezca. [...]", no original. [N.E.]

com taxas que eram cobradas sobre empreendimentos de risco ambiental, usado para pagar a limpeza de locais contaminados e indenizar os afetados. Chamado de superfundo (*superfund*), foi criado pela Lei Geral de Resposta, Compensação e Responsabilidades Ambientais como solução para fortes protestos populares em regiões em que foram construídos bairros sobre locais altamente contaminados. Esse superfundo proporciona uma cobertura financeira complementada com o sistema de multas e penas ambientais (Rosenbaum, 2002).

Mecanismos de compensação e reparação desse tipo devem ser examinados sob a vigência dos direitos da Natureza. É evidente que compensação e indenização são necessárias, mas não bastam para cumprir os direitos da Natureza. O conceito habitual de compensação faz alusão a dois sujeitos que se reconhecem mutuamente, um como credor e o outro como devedor (ou situações similares, como uma pessoa ofendida e outra que é seu ofensor; aplicável a danos, injúrias etc.). A chave é que um "compensa" o outro, e isso normalmente é feito por meio de uma indenização econômica e da suspensão do efeito negativo. Portanto, esse instrumento é apropriado para enfrentar situações em que uma parte, seja uma empresa, seja um indivíduo, afeta negativamente a saúde ou o meio ambiente de outra parte. Mas é um procedimento entre pessoas; a compensação é recebida por um indivíduo, enquanto uma indenização em dinheiro para a Natureza é totalmente irrelevante (as cédulas não garantem a recuperação das florestas ou a recomposição das populações). Os instrumentos de compensação ou indenização são adequados no caso de impactos sobre os humanos, não sobre espécies da fauna e da flora ou sobre ecossistemas.

No caso específico da compensação, uma vez que ela é aceita e é estabelecida uma soma ou medida, supõe-se que o pagamento ou a ação solucione o problema, e que desapareçam as obrigações entre credor e devedor. Simplificando: digamos que uma empresa que contamina um rio chegue, tempos depois, a um acordo de compensação mediante o qual paga certa quantidade de dinheiro às comunidades locais, o que implicaria a resolução do impacto ambiental. No entanto, essa medida pode resolver a situação entre as pessoas, mas não é necessariamente uma solução para o dano aos ecossistemas.

Por sua vez, tanto a compensação como a indenização são resolvidas, na prática, com multas e pagamentos em dinheiro. Portanto, esse caminho acaba legitimando e aceitando um instrumento baseado na atribuição de um valor econômico ao meio ambiente, e essa monetarização é claramente antropocêntrica na medida em que está baseada na utilidade ou importância para o ser humano. Tal extremo também viola a perspectiva biocêntrica dos direitos da Natureza.

Isso não significa que a compensação e a indenização sejam instrumentos ruins, ou que devam ser rejeitados. O que precisa ficar claro é que essas medidas são úteis especialmente para solucionar conflitos e danos entre os seres humanos, mas insuficientes para garantir a integridade e a conservação da Natureza. Portanto, uma gestão ambiental que incorpora o biocentrismo não pode ficar restrita à compensação e à indenização econômicas, mas precisa ser complementada com outros instrumentos e outros destinatários (como medidas de restauração ambiental). A reparação — e, particularmente, a reparação integral — pode ser aplicada sobre as pessoas, enquanto a Natureza requer a restauração.

7.4. Restauração e reparação ambiental

A questão da restauração ambiental também merece uma análise particular, principalmente por conta da novidade do caso equatoriano, em que ela é incluída como um direito da Natureza. Na Bolívia, por sua vez, a Lei da Mãe Terra prevê uma "garantia de restauração" que torna obrigatória uma integral e efetiva restauração ou reabilitação (art. 4).[48] O conceito de restauração tem um uso bastante preciso em ciências ambientais, associado à ecologia da restauração. De acordo com a Sociedade pela Restauração Ecológica, é entendido como o processo de auxiliar na recuperação de sistemas ecológicos que foram degradados, danificados ou destruídos (Van Andel & Grootjans, 2006).

Também se faz distinção entre a reabilitação ecológica como redução da deterioração, levando o ecossistema a uma situação de menor degradação, e a restauração em sentido estrito, que implica o retorno ao estado inicial silvestre ou natural. A reabilitação, por sua vez, inclui a chamada "remediação" ambiental, um instrumento aplicado em vários países que consiste na limpeza e recuperação de locais contaminados ou na atenuação dos efeitos de acidentes ambientais.

48 "[...] Garantía de Restauración de la Madre Tierra. El Estado Plurinacional de Bolivia y cualquier persona individual, colectiva o comunitaria que ocasione daños de forma accidental o premeditada a los componentes, zonas y sistemas de vida de la Madre Tierra, está obligada a realizar una integral y efectiva restauración o rehabilitación de la funcionalidad de los mismos, de manera que se aproximen a las condiciones preexistentes al daño, independientemente de otras responsabilidades que puedan determinarse. [...]", no original. [N.E.]

A restauração ecológica, portanto, tem um componente científico, ancorado na ecologia e na biologia da conservação, e outro componente baseado no gerenciamento ou engenharia ambiental.

A restauração ambiental não tem nada a ver com a chamada reparação. Em sentido estrito, a "reparação" refere-se especialmente a medidas de compensação ou indenização recebidas por pessoas ou comunidades. Os exemplos típicos são pagamentos em dinheiro por terem sido afetadas por um impacto ambiental. Nesse caso, o sujeito da ação são as pessoas, enquanto a restauração ambiental tem como foco a Natureza.

Certamente, é muito importante alcançar a reparação ambiental daqueles que sofreram em sua qualidade ambiental e que possam receber compensações por tal dano. Mas, como já foi dito anteriormente, o pagamento em dinheiro que as pessoas recebem não implica necessariamente que a Natureza será restaurada à situação prévia ao impacto ambiental. A reparação financeira é parte da postura antropocêntrica clássica, enquanto a restauração ambiental permite avançar em direção ao biocentrismo.

Portanto, é preciso definir nitidamente dois campos de ação: a reparação corresponde ao âmbito dos direitos e garantias das pessoas, enquanto a restauração deveria ter como foco os ecossistemas. Os dois mecanismos não são opostos, mas complementares. Tampouco se deve cair na confusão de acreditar que basta estabelecer um procedimento de reparação para considerar que um mandato dos direitos de restauração da Natureza seja cumprido.

Os direitos de restauração têm consequências de enorme complexidade para a política e a gestão ambiental. Por exemplo, se no caso equatoriano se buscasse cumprir esse mandato constitucional de forma rigorosa, seria possível exigir que se iniciassem ações para reabilitar e restaurar todos os ecossistemas degradados pela ação humana em todo o país. Isso inclui tanto as atividades clássicas de remediação ambiental em locais em que são vertidos dejetos ou efluentes e a recuperação de áreas de mineradoras abandonadas, como o reflorestamento dos locais destruídos pelo avanço da fronteira agropecuária, e assim sucessivamente. Os problemas políticos e éticos são muito complexos, pois se requer uma forte engenharia e manipulação ambiental, identificação das condições que deveriam ser cumpridas para qualificar um ecossistema como silvestre e a determinação dos locais nos quais esse tipo de esforço seria levado adiante.

A distinção entre um meio ambiente silvestre ou selvagem em relação a um meio ambiente antropizado é um dos problemas mais importantes e complexos na ética e política ambiental atual (Elliot, 1997). O que poderia ser identificado como meios ambientes "silvestres" nas regiões andinas ou amazônicas também são resultado de uma longa e complexa interação com a presença humana. Portanto, separar uns dos outros implica se perguntar (e encontrar respostas) sobre os níveis permitidos de intervenção humana no meio ambiente e os limites do otimismo científico-técnico de poder reconstruir a Natureza.

7.5. Outra política, outras orientações

As seções anteriores mostram que a construção de políticas ambientais restritas a considerações utilitaristas, como a valoração econômica, ou uma gestão baseada na reparação e na compensação têm importantes limitações, e que a degradação ambiental não vem sendo impedida com efetividade. Apesar disso, segue-se recorrendo aos mesmos dispositivos, que são as posições mais comuns.

Pessoas ou comunidades que defendem outros marcos éticos, ou que estão enraizadas em outras ontologias, muitas vezes não encontram opção a não ser recorrer a esse tipo de ética e política, por não identificarem outras possibilidades nem sequer outras linguagens. Exemplos disso são os acordos que organizações indígenas têm realizado com base em instrumentos de mercado convencionais (como a venda de serviços ambientais para captar carbono) ou na aceitação do extrativismo, mas com a reivindicação de recebimento de maiores porcentagens de *royalties*. Em muitos desses casos, diferentes atores indígenas sabem perfeitamente que estão cedendo a um modo de pensar mercantilizado que viola muitas de suas ideias sobre a comunidade e a Natureza, mas, por outro lado, sofrem com a pobreza e a necessidade de serviços básicos, e não encontram alternativas viáveis. Portanto, as políticas próprias do antropocentrismo não somente são reducionistas em seu enfoque utilitarista e controlador, como também impedem ativamente a prática de alternativas.

Diante dessas situações, reaparece a necessidade de construir outro tipo de política que não somente seja compatível com uma ética ambiental biocêntrica, como também a estimule. É uma necessidade que já apareceu em outros capítulos e se repetirá em seções posteriores deste livro. Os aspectos que foram considerados até agora deixam claro que a política deve se pluralizar.

Mas é indispensável definir o que se quer dizer com pluralizar. Em certo sentido, significa superar a condição atual de uma política em que o utilitarismo parece ser a única escala sobre a qual são feitas comparações ou se debatem opções. Pluralizar significa, então, romper com o monismo mercantil e aceitar outras dimensões de valoração. Caso isso não aconteça, continuaremos em situações em que, por exemplo, as demandas de conservação são rejeitadas em razão das necessidades econômicas, ou somente são atendidas se estiverem traduzidas em escalas monetizadas.

Portanto, uma política ambiental plural não deve apenas tolerar outras perspectivas de valoração; precisa também buscá-las. São políticas em que o peso dos especialistas em economia seja similar ao dos que defendem a beleza de uma paisagem natural e ao do xamã que transmite o que dizem as onças. Vale notar que isso não pressupõe anular as aproximações utilitaristas nem sequer se basear exclusivamente em critérios ecológicos. Exige, na verdade, incluir esses olhares junto a muitos outros.

A reivindicação pela pluralização também aponta para um sentido mais profundo. A própria ideia de "política" está histórica e culturalmente associada à civilização, à vida nas cidades, à modernidade europeia e a todas as suas ideias e práticas relacionadas. Nessa *polis*, os seres vivos não humanos não são cidadãos, não podem exercer representação própria e sempre estão subordinados. Mas essa política, como já anunciado anteriormente, exclui ativamente as pessoas que põem em prática "outra política", própria de ontologias ampliadas, nas quais, por exemplo, as antas e as onças também são atores políticos. Essa "outra política" está presente em alguns grupos indígenas que fazem reivindicações ambientais, expressando, digamos, a raiva de uma montanha ou o medo de um animal. A política moderna é incompatível com políticas baseadas em outras ontologias.

Marisol de la Cadena (2009) aponta que esse problema é evidente quando reivindicações indígenas usam frases como: "Os rios, os peixes e a selva pedem nossa ajuda, mas o governo não sabe como escutar". As instituições políticas modernas, acrescenta a autora, "escutariam [em certas ocasiões] quando os índios falam em termos modernos, e os índios — sendo não modernos — sabem também como fazer isso". E, quando isso acontece, eles colocam alguns de seus pensamentos e sentimentos em termos modernos, e, com isso, perdem-se muitas outras vivências, necessidades e demandas. As políticas ambientais tradicionais são, em geral, incapazes de aceitar essas contribuições, e, nas poucas vezes em que isso acontece, com boas ou más intenções, o que fazem é folclorizá-las, tornando-as politicamente inertes. Um exemplo muito claro são as avaliações de impacto ambiental em que a contribuição de grupos indígenas ou camponeses, em vez de ter um papel central, aparece como um estudo de antropólogos dentro da seção dedicada a questões sociais, que, por sua vez, já está situada em uma hierarquia secundária.

Por sua vez, de forma muito esquemática, seria possível dizer que os marcos normativos contemporâneos em nossos países, como constituições, leis e decretos, estão escritos a partir da perspectiva da ontologia moderna. Esperam-se das normas certa precisão, objetividade e neutralidade, e, por isso, não é nada fácil expressar perspectivas como os direitos da Natureza. Essa tensão — e, inclusive, essa incomunicação — é muito evidente nas duas leis sobre a Mãe Terra aprovadas na Bolívia, em 2010 e 2012, nas quais há vários artigos que recorrem a imagens e metáforas. Por exemplo, na Lei nº 300, de 2012, a Mãe Terra é apresentada como um sistema vivente que inclui todos os seres vivos, e, ao mesmo tempo, é dito que ela é sagrada, que "alimenta e é o lar" de todos os seres vivos. O sentido é muito claro, mas, sem dúvida, esse tipo de redação choca-se imediatamente com a lógica dos marcos normativos da modernidade, e sua aplicação será mais do que difícil. Na Constituição equatoriana, por outro lado, a articulação entre esses dois mundos é abordada de melhor maneira, articulando os direitos da Natureza com definições mais breves e precisas.

Diante disso, é necessária uma pluralização que chegue a esse plano mais profundo, incorporando outras formas de fazer e praticar política, aceitando a representação legal e política dos que podem ser qualificados como "não representáveis" por si mesmos, os seres vivos não humanos. Isso é muito difícil porque as regras de representação política são todas próprias do antropocentrismo da ontologia moderna, e, por isso, não há espaço para "pessoas-antas" ou "pessoas-onças". Os instrumentos disponíveis atuais que podem ser aplicados concretamente implicam distintos tipos de representação intermediada por humanos. São os casos das figuras de tutor, guardião, comitê, xamãs etc. que defendem o que eles entendem ou sentem que são os direitos da Natureza e espaços de debate que estimulam identificações ampliadas com o meio ambiente, como o conselho de todos os seres (Macy, 2005). Um avanço nesse sentido ocorreu na Nova Zelândia, quando em 2017 foram reconhecidos os direitos do Rio Whanganui (ver capítulo 5). A lei inclui uma descrição muito detalhada e precisa das representações e tutorias do rio para cada uma das agências estatais.

Serão necessários vários ensaios sobre como adaptar os novos entendimentos e sensibilidades da Natureza e do Bem Viver dentro de esquemas normativos que lhe são alheios, e inclusive resistem a eles. Mas é indispensável essa articulação, pois a política, a gestão, as coberturas dos direitos e muitos outros temas-chave continuam tendo como base uma normativa que é própria da modernidade. Não parece razoável negar esse fato nem criar normas metafóricas paralelamente; deve-se, sim, ir transformando os atuais marcos constitucionais e legais para incorporar esses novos direitos e sensibilidades.

Também é necessária uma gestão ambiental mais enérgica, que, no entanto, seja resultado de políticas muito mais participativas e deliberativas. É uma política que aceita as contribuições da ciência contemporânea, mas também as de outros saberes e sentimentos, em um mesmo plano, sem pressupor que uns são melhores que outros. É uma política que não defende uma superioridade tecnocientífica e, portanto, recorre repetidamente ao princípio da precaução, que, em caso de dúvida, seguirá as opções que garantam a sobrevida dos seres vivos.

É uma política em que se aceita que o ministro da Economia "escute" os mercados, mas que também exige que o ministro do Meio Ambiente "escute" o que dizem os seres da floresta. A primeira opção dificilmente gera assombro, já que se tornou um lugar-comum esperar que um ministro da Economia saiba compreender o que o mercado lhe diz. Portanto, é perfeitamente legítimo se perguntar: quem o ministro do Meio Ambiente deve escutar? Muitos dirão que ele deve atender às comunidades locais que sofrem com os impactos ambientais. Isso é verdade, mas a resposta é insuficiente, pois um ministro do Meio Ambiente tem uma tarefa que não se repete em outros ministérios: precisa garantir a proteção da Natureza. Portanto, também deve escutar e compreender as mensagens da Natureza. Atualmente, na América do Sul, vários ministros do Meio Ambiente não sabem escutar a Natureza; em vez disso, escutam os mercados. Justificam suas decisões com razões econômicas, como os benefícios financeiros gerados pelas exportações e pelos investimentos. A ética biocêntrica exige que a gestão e a política voltem a ter como foco a proteção da Natureza. Isso torna necessária uma profunda reforma na política, de modo a se escutar a Natureza.

8. Justiças ambiental e ecológica

O reconhecimento da Natureza como sujeito de direitos e as mudanças possíveis na política e gestão ambientais a partir de uma perspectiva biocêntrica estão intimamente associados às questões da justiça.

Esse é um conceito complexo que faz alusão a distintos campos e em diferentes sentidos. Com frequência, é evocado quando se denuncia o não cumprimento de normas legais de proteção ambiental. Nesse sentido, aponta-se para a justiça encarnada no Poder Judiciário, como sistema que garante o cumprimento de direitos e deveres. Também aparece em outro sentido, quando se alerta sobre a injustiça de se permitir, por exemplo, o desaparecimento de uma área silvestre, para além do fato de que isso não esteja impedido por uma norma legal. Esses e outros sentidos sobrepõem a ideia de justiça ao campo da moral, no qual se defende, inclusive, a virtude de ser justo. Essa abordagem, por sua vez, permite chegar ao campo da ética.

Tais questões são analisadas neste capítulo, começando pelas posições clássicas em justiça ambiental. Em seguida, avança-se até a reformulação da justiça para poder atender aos direitos da Natureza, e são discutidas possíveis fundamentações para essa mudança radical (Gudynas, 2010c).

8.1. Justiça ambiental

As evocações a uma *justiça ambiental* aparecem em casos muito diversos, como ações judiciais devido a águas contaminadas que afetam um bairro de uma cidade ou reivindicações de proteção de uma espécie endêmica. Presenciamos também situações em que as pessoas reagem ao considerar que existem problemas ambientais que expressam uma injustiça em razão da violação de seus direitos, como acontece frequentemente em relação ao extrativismo minerador e petrolífero. Por fim, estão os que esperam que a justiça seja ampliada para considerar os novos direitos da Natureza.

Uma primeira abordagem sobre essa problemática pode se restringir à justiça ambiental que tenha como foco as normas (constituição, leis, decretos etc.) e as práticas judiciais (Leff, 2001). São muito ativas nesse campo diferentes organizações ambientalistas que trabalham o direito ambiental. Uma segunda abordagem, mais ampla e mais adequada para este livro, analisa as vinculações entre os olhares éticos e a justiça. Os valores reconhecidos no meio ambiente geram, por sua vez, considerações morais e direitos, e a partir daí se chega ao campo da justiça.

Esse biocentrismo torna obrigatória a redefinição da justiça, pois a posição predominante entende a justiça como um assunto entre humanos; é, portanto, parte da perspectiva antropocêntrica. Esta pode seguir pelo menos três caminhos nas questões ambientais. Eventualmente, conta-se com a justiça corretiva ou punitiva, que impõe castigos para delitos ambientais (por exemplo, penalizar quem lança substâncias tóxicas perigosas em fontes de água potável). Outras medidas são próprias de uma justiça compensadora, a partir da qual se garante uma compensação por um dano ambiental (por exemplo, pagar os danificados pela contaminação), embora também se aplique àqueles de quem se exige uma ação ambiental (compensar os donos de uma fazenda para que a mantenham sem cultivos, como medida de conservação). Por fim, a justiça distributiva visa a uma distribuição justa dos benefícios e prejuízos ambientais, atribuindo direitos e deveres.

A estreita relação entre justiça, meio ambiente e direitos foi abordada de maneira bastante inédita nos Estados Unidos algumas décadas atrás, no âmbito do chamado movimento de justiça ambiental. Tal movimento surgiu como reação ao racismo ambiental e denunciou a conexão entre pobreza, marginalização e segregação racial, de um lado, e uma má qualidade ambiental, de outro. Suas práticas apareceram em locais em que as comunidades mais pobres ou minorias raciais estão assentadas em áreas contaminadas ou trabalham em locais de baixa qualidade ambiental ou arriscados, com impactos em sua saúde. Por essas razões é que se referiam a um "racismo ambiental". Em sentido estrito, esse movimento expressa uma sobreposição entre questões clássicas da justiça social e seus aspectos ambientais (ver, por exemplo, as recentes contribuições de Schlosberg, 1999; Shrader-Frechette, 2002; ou os ensaios em Sandler & Pezzullo, 2007). As formas de enfrentar essa questão têm tido como foco, sobretudo, a justiça distributiva.

Nos Estados Unidos, a Agência de Proteção Ambiental é a responsável por executar a estratégia em justiça ambiental. Em sua formulação original, defendia-se que todas as pessoas deveriam viver em comunidades sustentáveis e limpas, e nenhum segmento da população, independentemente de raça, cor, nacionalidade ou renda, deveria sofrer com condições ambientais ou de saúde adversas de forma desproporcional. Mas, além disso, a estratégia acrescentava que as pessoas deveriam ter "todas as oportunidades para a participação pública na concepção das decisões", e que as comunidades informadas e ativamente envolvidas eram parte "necessária e integral" das medidas de proteção do meio ambiente (EPA, 1996). Estratégias como essa visam garantir os direitos cidadãos no campo ambiental, mas também permitir o acesso à informação, participação, assistência legal e reparação em caso de dano ou impacto.

Na América Latina, esse tema alcançou maior visibilidade nos últimos anos, especialmente no Brasil. Tal movimento incluiu acadêmicos e organizações sociais, muitas delas ambientalistas; foi organizada uma Rede Brasileira de Justiça Ambiental e vários estudos de caso têm sido publicados (Acselrad *et al.*, 2003). A rede brasileira define a justiça ambiental como o "tratamento justo e o envolvimento pleno de todos os grupos sociais, independentemente de sua origem ou renda, nas decisões sobre acesso, ocupação e uso dos recursos naturais em seus territórios". Entre vários pontos, reivindica o direito das populações a uma proteção ambiental equitativa contra a discriminação socioterritorial e a desigualdade ambiental, exige garantias sobre a saúde, o combate à contaminação e à degradação ambiental, e, a partir desses princípios, propõe uma alteração radical dos padrões de produção e consumo, embora seja um ponto não elaborado detalhadamente. Sua militância tem como foco aqueles que foram afetados de forma desproporcional e sofrem com riscos e impactos ambientais em populações empobrecidas, social ou racialmente marginalizadas.

Tais reivindicações de justiça ambiental têm aspectos positivos, como o fortalecimento do tema ambiental, a vinculação das condições sociais com seus contextos ecológicos, o reforço do reconhecimento cidadão, do arcabouço de direitos e do sistema judicial, e a viabilização de algumas formas de regulação social sobre o Estado e o mercado e da possibilidade de se combater situações concretas urgentes.

Contudo, também enfrenta limitações. Algumas delas são práticas, como a debilidade dos sistemas judiciais em quase todos os países, em que os processos são lentos e custosos; outras estão em sua concepção e estrutura, na medida em que contam com escassa amplitude em relação a outras culturas ou concepções alternativas à cidadania. No contexto deste livro, é preciso advertir que esse tipo de justiça ambiental se desenvolve dentro das concepções clássicas de cidadania e direitos, e, portanto, em quase todos os casos, se mantém dentro de uma ética convencional antropocêntrica. Não existe uma discussão substantiva sobre os valores intrínsecos nas principais reflexões no Brasil, por exemplo, como se pode deduzir das contribuições de Acselrad *et al.* (2003, 2008). As ênfases estão em problemas como as assimetrias de poder que resultam em injustiças ambientais entre os grupos mais pobres ou minorias raciais, mantendo-se, particularmente, dentro do campo dos direitos políticos, sociais e econômicos. Mas não são explorados, por exemplo, os valores intrínsecos ou os direitos da Natureza.

Também é comum que se chegue à justiça ambiental a partir dos conflitos ambientais. Uma visão muito difundida na América Latina, promovida por Joan Martínez Alier (2010), entende que tais protestos expressam conflitos ambientais de tipo distributivo. No seu modo de ver, a ênfase está nos conflitos sobre os recursos ou serviços ambientais, comercializados ou não, e em seus padrões sociais, espaciais e temporais. Como tais conflitos expressariam distribuições desiguais, passariam a se situar dentro do campo da justiça ambiental. O problema é que essa abordagem teórica não oferece espaços substantivos para uma ética do valor próprio, e, para além das evocações às lutas ambientais dos pobres, a porosidade em direção a uma pluralidade cultural é limitada.[49] Em outras palavras, assim como é possível usar correções ecológicas de preços, essa postura expressaria uma justiça distributiva ecologicamente corrigida, mas que de toda forma é antropocêntrica.

---

[49] Alertas similares a esses, por exemplo, estão em Riechmann (2005), e um marco conceitual distinto sobre os conflitos, em Gudynas (2014).

8.2. Uma justiça entre humanos

Dessa maneira, seja da parte dos que rejeitam a justiça ambiental ou dos muitos de seus promotores, quase sempre se aceita a premissa de que a justiça se restringe à comunidade de seres humanos. Eles são os agentes morais que podem articular suas preferências e ideais, aspirar à reciprocidade e à cooperação no âmbito de um sistema imparcial e, a partir daí, construir a justiça.

Em todo esse debate, não se pode ignorar uma referência a quem seguramente é o teórico mais influente sobre as discussões contemporâneas a respeito da justiça: o filósofo estadunidense John Rawls (1979). Sua perspectiva, seguida por muitos na atualidade, entende que a justiça é própria dos humanos como cidadãos dentro de um Estado-nação, que lidam com inequidades distributivas que afetam as pessoas. Ele defende a neutralidade dos valores, em que os procedimentos e a ênfase estão em como lidar com uma má distribuição dos bens (ou prejuízos). Os direitos são somente humanos e os bens, delimitados a partir de uma perspectiva antropocêntrica, e podem incluir componentes ambientais.

Quem defende as posturas rawlsianas não são insensíveis e entendem que é possível ter compaixão em relação a plantas e animais ou atender à Natureza quando os danos afetam as pessoas ou seus pertences, mas que tais problemas não são expressões de injustiças. As pessoas podem chegar ao acordo de que é moralmente incorreto levar uma espécie à extinção, mas seu extermínio não seria um caso de "injustiça" para essa espécie. Note-se que essa postura liberal (no sentido filosófico) pode gerar uma gestão ambiental de tipo administrativa e de base antropocêntrica, com uma justiça que se expressa em reações de defesa dos recursos naturais, na medida em que sejam propriedades de pessoas ou afetem a saúde ou a qualidade de vida dos indivíduos.

A justiça gerada a partir dessa perspectiva pode defender a qualidade de vida dos humanos ou do meio ambiente em função das pessoas — distante, portanto, do reconhecimento dos direitos da Natureza. O justo ou injusto em matéria ambiental se resolveria em relação aos direitos dos seres humanos ou às implicações para as pessoas. É uma justiça que se corresponde com uma Natureza objeto, e, portanto, sua perspectiva é antropocêntrica. Sua expressão convencional é a inclusão do meio ambiente nos direitos humanos de terceira geração.

Mas essa perspectiva contém também um problema prático: a crescente difusão e aceitação de ideias de justiça reduzidas a marcos econômicos. De fato, em vários países, a ideia de ajudas governamentais para as famílias mais pobres (como o Programa Bolsa Família, no Brasil) era, sem dúvida, importante como medida de emergência. Mas houve abuso desse dispositivo, que aparentemente se converteu em sinônimo de justiça social — e, nos lugares em que tal ajuda era concedida, não deveria haver reivindicações ambientais. Dessa maneira, a justiça também se mercantiliza, assumindo que quase tudo pode ser compensável economicamente. Mas a destruição da Natureza não pode ser justificada com medidas de compensação econômica, que não geram soluções reais para os ecossistemas danificados ou para as espécies ameaçadas. Uma justiça distributiva econômica entre humanos não é uma solução real para os problemas ambientais. De maneira análoga, tampouco oferece verdadeiras soluções em um contexto multicultural em que outras culturas definem sua comunidade de agentes morais e políticos de modo mais amplo, integrando o não humano.

Por essas razões, é necessário outro tipo de justiça: uma que rompa com o antropocentrismo, que se complemente com a justiça ambiental, para reforçá-la e, ao mesmo tempo, ir além dela, incorporando os valores intrínsecos e os direitos da Natureza.

8.3. Uma justiça para a Natureza: justiça ecológica

Atualmente, como sabemos, na América Latina, mesmo o marco de direitos a um meio ambiente saudável tem uma cobertura insuficiente e precária. Mesmo onde consegue avançar há uma tendência a cair em um emaranhado de compensações econômicas para os danos ambientais, cujas limitações foram indicadas no capítulo anterior, pois as pessoas são compensadas, mas a Natureza não necessariamente é restaurada.

O reconhecimento de valores próprios na Natureza leva obrigatoriamente à promoção de outra perspectiva, aqui denominada de *justiça ecológica*. É parte de reconhecer a Natureza a partir de seus valores próprios. É uma consequência inevitável e necessária do reconhecimento da sequência que começa com os valores intrínsecos e segue com os direitos da Natureza. Enquanto isso, o rótulo de *justiça ambiental* deve ser mantido para aquela que se baseia nos direitos a um meio ambiente saudável ou à qualidade de vida, assentada nas concepções clássicas dos direitos humanos.

A transição para uma justiça ecológica é necessária porque a destruição de plantas e animais não é somente um assunto de compaixão, mas também de justiça; o desaparecimento de ecossistemas não traz à luz somente problemas econômicos, mas também engloba questões de justiça — e assim sucessivamente com boa parte da questão ambiental.

Essa distinção entre duas justiças, uma ambiental e outra ecológica, é recente. Nesse percurso, é preciso destacar as contribuições de Low e Gleeson (1998), Baxter (2005) e Schlosberg (2009). Por exemplo, Low e Gleeson (1998) afirmam que a justiça ambiental deve ter como foco a distribuição do espaço ambiental entre as pessoas, e a justiça ecológica deveria abordar as relações entre seres humanos e o resto do mundo natural. Os autores defendem dois pontos de partida básicos: i) todos os seres vivos têm direito a desfrutar de seu desenvolvimento como tais, a completar suas próprias vidas; ii) todas as formas de vida são interdependentes e, por sua vez, dependem do suporte físico. A penetração dessas ideias nos debates latino-americanos é limitada, pois prevalece a perspectiva da justiça ambiental. Como se viu anteriormente, a justiça ecológica não é um tema central nas discussões dentro de muitas redes cidadãs, pelo menos por enquanto.

A ideia de justiça ecológica não se opõe à de justiça ambiental, mas se complementa, incluindo-a para ir além dela. Na medida em que é um campo em construção, suas fontes de fundamentação são diversas. As argumentações são variadas, e, em alguns casos, tímidas; em outros, contudo, são mais radicais, expressando tentativas diversas, nem sempre interconectadas, às vezes até contraditórias, de ir além dos olhares próprios da tradição cultural da modernidade sobre a justiça e o meio ambiente.

8.4. As múltiplas fundamentações da justiça ecológica

Um primeiro grupo de argumentos favoráveis a uma justiça que possa ir além do campo dos impactos nos seres humanos pode ter origem, inclusive, nas ideias rawlsianas. Dentro desse conjunto, é necessário começar por aqueles que mantêm sua ênfase no ser humano, mas expandem seu horizonte temporal por meio de um compromisso com as gerações futuras. Argumentam que isso é necessário na medida em que o desperdício e a destruição ambiental atuais estão limitando as opções de nossos descendentes de poder atingir uma qualidade de vida adequada ou desfrutar da diversidade biológica. Esse componente já é reconhecido na Constituição equatoriana: no artigo 395, entre os "princípios ambientais", postula-se um desenvolvimento ambientalmente sustentável que "assegure a satisfação das necessidades das gerações presentes e futuras".[50]

Em seguida, outras abordagens avançam mais, atravessando as ideias clássicas de comunidade da justiça. De fato, uma das críticas mais comuns à ideia de uma justiça ecológica insiste em que as determinações sobre a justiça ou a injustiça somente podem ser expressas por agentes conscientes que articulam suas preferências em uma escala de valores ou em marcos morais. Esse tipo de questionamento é rawlsiano, segundo o qual não pode existir uma justiça ecológica na medida em que não é possível uma inteligibilidade desse tipo de parte de seres vivos não humanos, e a Natureza não é um

---

50 "[...] El Estado garantizará un modelo sustentable de desarrollo, ambientalmente equilibrado y respetuoso de la diversidad cultural, que conserve la biodiversidad y la capacidad de regeneración natural de los ecosistemas, y asegure la satisfacción de las necesidades de las generaciones presentes y futuras. [...]", no original. [N.E.]

agente moral. As plantas ou os animais não podem expressar suas ideias ou sentimentos de valor, nem debater publicamente suas preferências morais.

Mas essa exclusão pode ser rebatida mesmo sob o olhar rawlsiano. Na verdade, essa postura aceita incluir no campo da justiça os indivíduos que, por suas circunstâncias de vida ou incapacidades, não são agentes morais conscientes (como fetos ou aqueles acometidos por limitações mentais). Abordagens desse tipo são defendidas, por exemplo, por Bell (2006). O ponto-chave é que, assim como são feitas essas ampliações, o mesmo poderia ocorrer em relação a outros seres vivos.

Em alguns casos, esse caminho considera que a separação entre seres humanos e espécies superiores de mamíferos e aves é difusa à luz do conhecimento atual sobre seus atributos cognitivos e efetivos. As pretendidas particularidades que tornam única a espécie humana são, na realidade, questões de grau. A partir de algumas ideias de Amartya Sen, Martha Nussbaum (2006) indica que os problemas de assimetrias na justiça envolvem os animais, que possuem *status* moral e devem ser incluídos nas questões sobre a justiça. Isso já implica uma transição que está além das perspectivas rawlsianas clássicas. Inclusive, existem redefinições dos conceitos de consciência de si mesmo, ou de agência moral, nas quais se argumenta que estão presentes em outros seres vivos.

Da mesma forma, outros defendem particularmente o bem-estar animal, ou até seus direitos, como evitar o sofrimento e garantir-lhes adequadas condições de vida. Um bom exemplo são as contribuições de Peter Singer (1975) e, mais recentemente, em castelhano, Riechmann (2005). Para este autor, como já se adiantava no capítulo 2, os direitos dos animais podem ser interpretados como um subconjunto dos direitos da Natureza; ou então são considerados como fins em si mesmos e, portanto, se lhes confere *status* moral.

Alguns partem da ecologia feminista, especialmente os promotores de uma ética do cuidado (Held, 2006; Noddings, 2003). Na América Latina, há muitas semelhanças com as posições de Leonardo Boff (2002), embora não existam vinculações explícitas entre eles. Para além das diferenças, tais contribuições giram em torno da sensibilidade e da empatia como motor da justiça, complementando-se com visões estéticas e afetivas. Dessa maneira, rechaça-se o utilitarismo convencional, e não se exige uma reciprocidade como fator-chave nas relações contratuais. É preciso destacar também a contribuição do ecofeminismo pelos direitos dos animais e pela justiça ambiental, que aceita valores próprios nos seres não humanos (Seager, 2003).

De forma independente, os regimes alternativos à justiça propostos por Boltanski (2000), alicerçados em um vínculo afetivo muito forte com o que nos rodeia, em que não se espera nada em troca nem se ambiciona uma reciprocidade, oferecem argumentos adicionais para uma justiça ecológica. Tais posições encontram semelhanças com os alertas da antropologia ecológica sobre o papel da dádiva, como interação não mercantil que inclui aspectos ambientais e para os quais há muitos exemplos no espaço andino.

Outras trilhas ampliam as ideias de justiça distributiva em outras dimensões, como o faz lucidamente Nancy Fraser (2008). Sua abordagem reconhece que a justiça se desenvolve em várias dimensões, tipificando uma redistributiva, outra focada no reconhecimento e uma terceira que visa à representação. Na visão de Fraser, cada uma dessas dimensões corresponde a diferentes tipos de injustiça, cada uma com sua especificidade, não sendo possível reduzi-las a um único aspecto. A proposta de Fraser não trabalha a questão ambiental, mas, como adianta Schlosberg (2009), contém muitas potencialidades. Por exemplo, permite abordar comodamente outras expressões culturais, incluindo a incorporação das demandas sobre os direitos da Natureza feitas por grupos ecológicos, organizações indígenas ou comunidades camponesas, além de oferecer vias concretas para somar uma dimensão ecológica a esse conglomerado (como será discutido mais adiante).

Embora não ligada diretamente às posições anteriores, outros autores também exploram uma justiça multidimensional. Nesse sentido, Walzer (1993) argumenta que existiriam "esferas da justiça" nas quais os critérios para uma delas não necessariamente podem ser transferidos ou extrapolados para outras. Essa posição tem algumas limitações do ponto de vista ambiental, especialmente quando precisa lidar com os valores intrínsecos (Baxter, 2005), mas traz lições importantes ao advertir que, por exemplo, as abordagens rawlsianas de uma distribuição equitativa podem funcionar em alguns planos sociais ou econômicos, mas não necessariamente no campo ambiental, pois isso exige o atendimento de outras condições, como a sobrevida de espécies e a proteção de ecossistemas.

Outros autores entendem que, embora os não humanos não sejam agentes morais, eles são receptores ou destinatários dos juízos de valor e da moral dos humanos e, portanto, são sujeitos da justiça (Baxter, 2005). Seguindo essa ideia, a comunidade da justiça não pode se restringir unicamente àqueles que expressam valores ou moral, mas também deve incorporar seus destinatários. Nesse caso, o critério de pertencimento reside na qualidade de serem receptores das ações, das avaliações e até dos interesses dos seres humanos. O problema desse caminho é que pode sair da perspectiva biocêntrica para regressar a um antropocentrismo fundado em uma redefinição da justiça distributiva rawlsiana. É o que acontece com Baxter (2005), que entende que cada ser vivo deve receber uma porção justa dos recursos ambientais, seja em nível individual, seja populacional, e que o ser humano é mais um dentro desse conjunto. Dessa maneira, uma espécie tem o direito de utilizar uma "cota" de recursos, e isso seria alcançado por meio de uma justiça distributiva em grande escala, tanto humana como não humana, mas não é necessariamente protegida por seus valores intrínsecos.

Por fim, outra fonte de argumentação reside nos imperativos derivados do reconhecimento dos valores intrínsecos. Aqui se incluem as diferentes expressões do biocentrismo, começando por Aldo Leopold e seguindo com ecologistas profundos (apresentados no capítulo 2). Tais proposições reconhecem valores intrínsecos nas espécies ou ecossistemas, e em vários casos defendem uma identificação e empatia com a Natureza como forma de ser dentro dela. Por exemplo, a ecologia profunda de Naess defende uma "realização" pessoal, mas que vá além do "si mesmo" individual, baseada em uma identificação com o meio ambiente não humano (revisada detalhadamente por Bugallo, 2011). Recordemos também as posturas de comunidades ampliadas próprias da Pacha Mama (discutidas no capítulo 6), que expressam perspectivas dos povos indígenas com base em redes relacionais que integram, em igual hierarquia, diferentes seres vivos ou outros componentes do meio ambiente (Pacari, 2009).

As relacionalidades ampliadas, por sua vez, modificam os conceitos tradicionais de direitos cidadãos. Ao incorporar a Natureza como sujeito de direitos, é preciso ajustar a noção de cidadania — o que causa impacto na aplicação da justiça, pois é necessário defender tanto os direitos cidadãos como os direitos da Natureza (tais pontos são analisados detalhadamente no capítulo 9).

8.5. Críticas a uma justiça ecológica

Nas seções precedentes, assim como em outros capítulos, foram apresentados alguns questionamentos à ideia de uma justiça ecológica em particular, ou à da Natureza como sujeito de direitos em geral. É necessário complementar a análise com outros esclarecimentos. Por exemplo, alguns argumentam que a justiça ecológica invalidaria a imparcialidade esperada da justiça, na medida em que um grupo está impondo sua moral sobre o restante da sociedade. A resposta a tais advertências lembra que no âmbito da justiça ecológica não se impõem alguns valores, mas se amplia seu conjunto; tampouco são predeterminadas as medidas que devem ser tomadas ou quais são as ações proibidas ou passíveis de sanção, e sim abre-se uma discussão pública para lidar com essa questão. Não se condicionam decisões nem resultados, embora certamente o debate será diferente ao se mudar os conteúdos e sujeitos, precisamente uma das vantagens da justiça ecológica.

Evocar uma violação da imparcialidade para rechaçar a justiça ecológica tampouco é muito realista na América Latina. O problema atual é que, em muitos casos, o Estado peca por parcialidade em favor de práticas de alto impacto ambiental promovidas pela iniciativa privada ou pelos próprios governos. Existem repetidas denúncias e uma longa lista de casos em que o Estado abandona qualquer imparcialidade ao se tornar promotor de empreendimentos ambientalmente negativos, ou nega ou minimiza tais efeitos, seja por uma aplicação defeituosa da lei ambiental ou frágil fiscalização e distintas formas de subsídios e apoios econômicos, explícitos ou ocultos, a esse tipo de empreendimento (tanto em governos conservadores como progressistas).

Por outro lado, o caso equatoriano volta a ser particularmente relevante, pois, como indicado anteriormente, a *polis* aceitou um novo contrato social que reconhece os direitos da Natureza. A maioria cidadã aprovou o texto constitucional que inclui outra visão sobre o meio ambiente. Como já dissemos, isso não implica não reconhecer ou rechaçar quem não acredita que a Natureza seja sujeito de direitos, mas obriga a considerar tais direitos junto a outros nos debates e na administração da justiça. Além disso, como os direitos da Natureza atuam paralelamente e potencializam as visões clássicas da justiça ambiental e dos direitos humanos a um meio ambiente saudável, pode-se chegar a compromissos com a conservação e o desenvolvimento a partir de pontos de partida éticos, religiosos e morais muito diferentes, que em alguns casos podem ser biocêntricos e em outros, antropocêntricos. Portanto, com essa ampliação das discussões sobre os direitos, o que acontece na realidade é uma democratização mais radical das políticas ambientais.

8.6. A necessidade de uma justiça para a Natureza

O reconhecimento de valores próprios na Natureza gera um encadeamento de consequências em várias dimensões. Obriga imediatamente a se considerar a Natureza como sujeito de direitos, e isso faz, em seguida, que seja necessário repensar a justiça para que se acomode à nova situação, como explorado no presente capítulo.

Uma situação análoga ocorre em sentido inverso. Em muitos casos, postulam-se duras controvérsias no campo da justiça, com os apelos para se garantir a justiça social em troca do sacrifício da Natureza, por exemplo. Essa questão tem sido cada vez mais frequente nos países latino-americanos, em que se justifica o extrativismo de alto impacto como uma suposta necessidade de garantir o financiamento de planos contra a pobreza, especialmente o pagamento de bolsas e ajudas monetárias mensais. Portanto, aqueles que denunciam esses impactos ambientais negativos ou reivindicam a proteção da biodiversidade às vezes são acusados de negligenciar a justiça social.

Tal situação só é possível em um contexto de muitas confusões, algumas doses de arrogância antropocêntrica e escassas visões de futuro. Falando sobre a especificidade de muitos casos, a arrecadação obtida em atividades de alto impacto ambiental, como as extrativistas, poucas vezes chega diretamente às mãos dos mais pobres; a maior parte fica com as empresas envolvidas ou é usada pelo Estado para outros fins (e o principal é a manutenção da própria burocracia estatal). Portanto, justificar o dano ambiental a partir de difusas evocações à justiça social serve tão somente para ocultar uma discussão séria sobre as estratégias de desenvolvimento, sobre como os excedentes econômicos devem ser distribuídos e sobre a insistência em conceber a justiça simplesmente como ajudas monetárias mensais aos mais pobres. Tudo isso esconde o fato de que tais impactos ambientais quase sempre castigam os mais pobres ou os grupos marginalizados e subordinados, e que na realidade hipotecam as alternativas ao desenvolvimento futuro.

Na realidade, a justiça plena somente é possível caso seja alcançada nos campos social e ambiental. A justiça ecológica não é contrária a uma justiça entre os humanos; é, na verdade, um ingrediente necessário para ela.

9. Cidadanias, direitos e meio ambiente

A perspectiva ética que defende valores próprios da Natureza também alcança os entendimentos correntes sobre os direitos das pessoas, e a partir daí atinge o conceito de cidadania. Há diversas tentativas de combinar essa categoria com a dimensão ambiental, mas a maior parte delas segue aprisionada na perspectiva antropocêntrica. Por outro lado, uma postura biocêntrica que concebe a Natureza como um sujeito também obriga a repensar o papel das pessoas como sujeitos cidadãos.

Alguns consideram que o conceito de cidadania enfrenta várias limitações, mas sem dúvida é uma ferramenta muito potente — especialmente para minorias, como comunidades camponesas e indígenas — para reivindicar a salvaguarda de direitos. Por isso, vale a pena reformular a ideia de cidadania para poder incorporar de melhor maneira as dimensões ambientais e considerar distintas formas de entender e sentir a Natureza. No presente capítulo, essas questões são discutidas e analisadas (em parte, com base em Gudynas, 2009b).

9.1. O conceito clássico de cidadania

O conceito atualmente mais difundido de cidadania está diretamente relacionado com os direitos nas esferas civil, política e social. É uma perspectiva inspirada nas contribuições clássicas de Thomas Humphrey Marshall (1950, 1965), que vem se difundindo em escala global desde meados do século passado. É possível reconhecer pelo menos três componentes-chave: uma ênfase na atribuição de direitos, um papel relevante para o Estado-nação como provedor desses direitos e um necessário pertencimento a uma comunidade de pessoas, normalmente entendida como o conjunto amplo de todos que vivem dentro de cada Estado-nação.

Muitos autores persistem em uma aproximação clássica desse tipo. Por exemplo, o manual de referência em sociologia de Anthony Giddens (1989) define o cidadão como "membro de uma comunidade política que tem direitos e deveres em razão de sua condição"; e um conhecido dicionário latino-americano em ciências sociais e política indica que os cidadãos são as pessoas que possuem direitos políticos, fundamentalmente o de eleger e ser eleitas para as funções governamentais, assim como os deveres correspondentes (Di Tella, 1989).

Nesse âmbito foram lançadas iniciativas que vinculam expressamente cidadania e meio ambiente mediante termos como "cidadania ambiental", "cidadania verde", "cidadania ecológica", "ecocidadãos" ou "civismo verde". Isso tem como resultado um campo heterogêneo, em razão das diferentes definições e associações com outras práticas (como as relações entre cidadania ambiental e educação ambiental ou gestão ambiental) e muitas e variadas práticas sociais.

Por isso, em alguns casos se usa o conceito de cidadania ambiental no âmbito governamental para apresentar e legitimar diferentes ações, que vão desde planos de limpeza urbana até programas de educação ambiental; desde o fortalecimento jurídico dos direitos relacionados com o meio ambiente até a implementação de uma defesa cidadã do meio ambiente.

Em nível continental, o Parlamento Latino-Americano (Parlatino) defende que é preciso

> promover o exercício de uma cidadania ambiental latino-americana e caribenha, dotando seus cidadãos dos instrumentos essenciais para participar na tomada de decisões políticas relacionadas com o meio ambiente, ter acesso livre e oportunamente à informação de interesse para o meio ambiente e a saúde, e submeter às instâncias administrativas, judiciais e de resolução de conflitos suas petições e necessidades de justiça com o objetivo de consolidar o desenvolvimento sustentável. (Declaração de Montevidéu, 31 de outubro de 2007)

Outro flanco de abordagem para a cidadania ambiental reside nas demandas ou reações relacionadas à gestão ambiental em questões como o acesso à informação ou o monitoramento ambiental de empreendimentos de alto risco, como mineração, hidrocarbonetos e monoculturas. Na visão de muitas organizações da sociedade civil, seus direitos são violados quando não é possível conhecer esses estudos ou quando as agências estatais não controlam o desempenho ambiental de tais empreendimentos.

Esse é um dos fatores que têm papéis importantes na eclosão de conflitos sociais relacionados a temas ambientais, como acontece em relação à megamineração na Colômbia, Bolívia e Peru, por exemplo, ou à monocultura de soja na Argentina, Paraguai e Uruguai. Em alguns casos, os afetados avançam ainda mais e argumentam que sua própria condição de cidadãos desapareceu. A ausência do Estado no atendimento das demandas da sociedade civil e a criminalização de seus líderes também são interpretadas como uma limitação ou ausência do exercício cidadão (casos para distintos países são apresentados em Chérrez *et al.*, 2011; Toro Pérez *et al.*, 2012; Garay Salamanca, 2013).

Por fim, no novo ativismo de comunidades indígenas e camponesas, expressa-se uma multiculturalidade que contém outros conceitos alternativos à visão clássica de cidadania. Muitas organizações indígenas argumentam que são anulados como cidadãos de pleno direito, e é por essa razão que suas comunidades sofrem impactos ambientais.

9.2. A herança neoliberal e as cidadanias incompletas

As resistências à abordagem com profundidade dos direitos cidadãos em geral e, em particular, à construção de uma cidadania ambiental devem-se a várias razões. Uma delas são as reformas de mercado que ocorreram na América Latina desde meados da década de 1970. A perspectiva neoliberal aceita um conjunto mínimo de direitos individuais — com base na expressão negativa — e, portanto, não reconhece a existência de direitos sociais, menos ainda dos relacionados ao meio ambiente. Da mesma maneira, qualquer forma de intervenção social é rejeitada, na medida em que não existiria o conhecimento adequado e suficiente para uma justificativa. Entende-se que as pessoas atuam essencialmente como agentes individuais, comportando-se como "consumidores", não como cidadãos. Por isso, o âmbito de interação privilegiado é o mercado, no qual se compram e vendem bens e serviços que supostamente lhes garantiria a qualidade de vida. A presença estatal é aceita unicamente para garantir um conjunto de direitos mínimos, como a segurança e a saúde e o funcionamento do mercado.

É importante analisar essa perspectiva porque expressa uma predisposição utilitarista extrema — uma barreira também para os temas ambientais. Sob essa perspectiva, em sentido estrito, não cabe nem faz sentido postular uma cidadania ambiental nem uma postura biocêntrica. Aceita-se somente uma cidadania mínima que defenda interesses individuais, sem um imperativo pelo bem comum. Recordemos que a postura neoliberal não rechaça os aspectos ambientais em sua totalidade, mas os minimiza em sua expressão prática ao colocá-los no âmbito do interesse individual e no mercado (por exemplo, no âmbito do "ambientalismo de livre mercado" descrito no capítulo 1). O ponto de interesse neste capítulo é que as abordagens ambientais antropocêntricas centradas no mercado caminham de mãos dadas com uma redução do papel das pessoas a consumidores ou agentes econômicos que reagem em defesa de seus interesses ou propriedades. Por exemplo, defende-se um ecossistema não por causa da proteção de suas espécies, mas na medida em que pertença a alguma pessoa ou gere algum lucro. Por essa razão, o conceito de *consumidor* é o que melhor as qualifica. O mecanismo de decisão baseia-se essencialmente em valorações econômicas e em análises de custo-benefício analisados em capítulos anteriores.

A ênfase no papel do consumidor tampouco é ingênua, uma vez que implica a limitação de seu papel de cidadão. Recordemos que Sagoff (1988) analisou esse ponto da perspectiva da ecologia política e advertiu que o consumidor busca o benefício pessoal, move-se no espaço do mercado, e sua qualidade de vida está centrada no consumo. É possível postular consumidores responsáveis ou um consumo verde, e até defender direitos do consumidor, mas isso não garante que os atributos da cidadania sejam postos em prática em sintonia com o bem comum (no sentido do que é bom e correto para os coletivos) e eventualmente com o bem-estar da Natureza. Certamente, chegar a um consumidor responsável seria um passo adiante, mas essa mudança por si só não é suficiente.

As consequências políticas resultantes do comportamento das pessoas como consumidoras são muito diferentes das esperadas em seu papel de cidadãs. De fato, as ações do consumidor causam impacto especialmente no final das cadeias produtivas, normalmente por uma seleção discricionária de bens e serviços de acordo com seu impacto ambiental (por exemplo, adquirir certas marcas de roupas ou alimentos). Isso somente é possível se as informações fornecidas pelas empresas sobre seus processos e métodos de produção são verdadeiras e legítimas; mas o mais comum é o uso abusivo e publicitário das referências ecológicas, verdes ou naturais. Além disso, muitos dos problemas ambientais mais graves da América Latina, como a exploração petrolífera ou o desmatamento, não podem ser abordados adequadamente com foco no consumo nacional, uma vez que dependem dos mercados globais. O consumidor renuncia a um horizonte de construção política coletiva. Por fim, a partir do papel do consumidor, não se pode construir uma justiça ambiental biocêntrica, e somente será possível recorrer aos mecanismos clássicos de compensação e indenização.

Embora as reformas de mercado tenham sido freadas em vários países durante os governos progressistas, também é importante reconhecer que, de todo modo, deixaram marcas profundas, tanto em instituições como em dinâmicas políticas. Essa herança é a que determina as possibilidades de se gerar uma cidadania ambiental, e especialmente de introduzir mudanças no sentido de sincronizar o reconhecimento dos direitos da Natureza. Por outro lado, sobre essa herança ressurgem os novos governos conservadores (como na Argentina, com Mauricio Macri) e de extrema direita (como Jair Bolsonaro, no Brasil).

Há outros fatores que também impedem a criação de um tecido cidadão vigoroso. Muitas reformas políticas mantiveram os aspectos formais das democracias liberais, especialmente por meio da corrida eleitoral, mas foram enfraquecidos o papel do Estado e o dos parlamentos e, também, a figura do político e do servidor público. Do mesmo modo, a cobertura jurídica enfrenta muitos problemas em vários países, e as pessoas não conseguem receber um tratamento justo e igualitário que as ampare. Chegou-se às chamadas cidadanias de "baixa intensidade", "subordinadas" ou "incompletas" (O'Donnell, 1997). Portanto, se em muitos países mal se poderia falar em uma cidadania em termos clássicos, na questão ambiental a situação é ainda mais grave.

Essa cidadania reduzida afeta principalmente alguns grupos marginais ou empobrecidos dentro das cidades (por exemplo, em casos de contaminação urbana em assentamentos periféricos), além de comunidades indígenas, camponesas ou pequenos agricultores em zonas rurais e naturais. Esse aspecto explica as reações de demanda de justiça ambiental, como as que foram descritas no capítulo anterior.

Essas limitações também se dão espacialmente, pois a cobertura de direitos é incompleta ou está ausente em algumas regiões geográficas dentro de cada país. É uma "desterritorialização" na qual há lugares onde o Estado-nação não tem presença ou é apenas parcial, e cujos direitos cidadãos não são exercidos nem garantidos (Gudynas, 2005). Mas, em outras regiões, às vezes próximas, o próprio governo garante os direitos de empresas privadas ou investidores com empreendimentos comerciais extrativos. Em um dos casos, não há direitos cidadãos; no outro, os direitos do capital são protegidos.

9.3. Cidadania ambiental e governos progressistas

Os governos progressistas promoveram algumas mudanças que devem ser consideradas. Recordemos que as esperanças iniciais apontavam para o desmonte completo dessas "cidadanias de baixa intensidade", e, a partir daí, seria possível o fortalecimento de uma cidadania ambiental. Mas os fatos não foram assim tão simples, como já se comentou no capítulo 3, com a descrição do "progressismo marrom". Embora o papel cidadão tenha se fortalecido em alguns aspectos (notavelmente, na representação política), em outros há vários problemas, e entre eles se encontra a questão ambiental. Nesse terreno, o progressismo também é heterodoxo, pois fortalece algumas organizações cidadãs enquanto persegue e estigmatiza outras.

Por exemplo, durante o governo de Cristina Kirchner, na Argentina, confirmou-se que os serviços de inteligência monitoravam e espionavam líderes ambientalistas, indígenas e cidadãos; na Bolívia, o governo de Evo Morales buscou influenciar as organizações cidadãs (especialmente as confederações indígenas), submetendo ou dividindo aquelas que eram opositoras; no Equador, com Rafael Correa, manipulou-se um processo de consulta cidadã sobre a exploração petrolífera na Amazônia; e, no Brasil, não se conseguiu deter os assassinatos de líderes populares e comunitários.

Como os governos progressistas mantêm estilos de desenvolvimento que continuam baseados na apropriação intensa de recursos naturais, de alto impacto e sob uma perspectiva econômica clássica, ressurgem todo tipo de resistências e conflitos cidadãos. Em muitos aspectos, essa conflitividade se assemelha à observada nos governos conservadores, e a reação ocorre de maneira similar, lançando-se mão de controle, intimidação e repressão policial e militar.

9.4. Conflitos sociais e cidadania

A proliferação de conflitos sociais que expressam conteúdos ambientais se disseminou em todo o continente, e tais conflitos se vinculam diretamente com o campo dos direitos. Ocorrem, principalmente, em grupos locais que não apenas denunciam o desrespeito a seus direitos (relacionados, normalmente, com a qualidade de vida, saúde e qualidade ambiental), como também questionam o papel do Estado em razão de sua incapacidade de garantir o exercício de tais direitos.

O antropocentrismo dominante, ao enfatizar a perspectiva da utilidade, busca atividades de alta rentabilidade econômica, deixando pelo caminho considerações sociais e ambientais. Como muitas dessas atividades têm como consequências intensos e extensos impactos ambientais, não é incomum que o acesso à informação seja obstruído, que as comunidades locais não sejam consultadas ou que os processos de avaliação de impacto ambiental sejam distorcidos. Em diferentes casos, esses empreendimentos são impostos com a violação de diversos direitos, inclusive com o exercício da violência, que vai desde a intimidação de líderes locais até o extremo do assassinato.

É evidente que, nesse tipo de situações, a degradação ambiental anda de mãos dadas com uma redução da cidadania. Isso, por sua vez, explica as resistências diante do empoderamento de uma verdadeira cidadania ambiental, a partir da garantia de sua efetiva participação ou da salvaguarda de seus direitos, por exemplo, uma vez que isso levaria à suspensão de muitos empreendimentos de alto impacto. Também serve para se compreender que uma das saídas talvez seja apresentar a ideia de "cidadania ambiental" para questões menos controversas, como a limpeza urbana ou a reciclagem, pois, dessa forma, evita-se a discussão sobre a essência das estratégias de desenvolvimento.

9.5. Direitos da Natureza e metacidadanias ecológicas

O reconhecimento dos direitos da Natureza introduz uma mudança substancial que exige repensar como a cidadania é entendida. Uma vez que o reconhecimento dos valores próprios da Natureza implica também mudanças na própria concepção das pessoas, é possível postular que as ideias clássicas de cidadania serão afetadas. Da mesma forma, essa reflexão também deve ser sensível em suas dimensões culturais, pois diferentes grupos culturais concebem a cidadania de maneira distinta. Por exemplo, da perspectiva das concepções andinas de Pacha Mama discutidas anteriormente, está claro que as ideias análogas às ocidentais de "cidadão" passam por pessoas que são inseparáveis de suas comunidades, tanto sociais como ambientais.

Tais explorações do conceito de cidadania, através das quais a cidadania em si é redefinida ou ampliada para atender perspectivas ambientais, têm sido identificadas com o nome genérico de *metacidadanias ecológicas* (Gudynas, 2009b). Com o termo, deseja-se destacar que essas propostas se situam para além das perspectivas convencionais de cidadania. Por outro lado, o conceito de *cidadania ambiental* é aplicado para a visão clássica de cidadania, na qual o componente ambiental corresponde aos direitos de terceira geração. As metacidadanias ecológicas transcendem tal postura, aprofundando as questões ambientais em outras dimensões, o que obriga a repensar a própria definição de cidadão.

As metacidadanias ecológicas implicam que a concretização da cidadania somente seja possível em um específico contexto ecológico. Dito de outra maneira, só se pode ser cidadão na medida em que persistam uma paisagem, um território ou uma habitação própria. Alguns exemplos de reflexões em metacidadanias ecológicas são as de "cidadania sustentável" (Barry, 2006), "cidadania ambiental global" (Jelin, 2000) e "cidadania ecológica" (Dobson, 2003), entre outros.

A cidadania ambiental é baseada principalmente nos direitos humanos de terceira geração, como os que dão centralidade à qualidade do meio ambiente como forma de garantir a saúde da população. Já as metacidadanias são plurais e se expressam em diferentes dimensões culturais, éticas e também ambientais, aceitando, inclusive, os direitos da Natureza. Tal pluralidade determina que não é possível estabelecer um padrão único que possa ser imposto para todas as comunidades humanas e todos os ecossistemas. Portanto, é multicultural, razão pela qual deve ser entendida para cada grupo social e cada ecossistema. Dito de outra forma, as pessoas realizam diferentes interações socioambientais que resultam em metacidadanias específicas para cada caso e cada território. Por exemplo, haverá determinadas metacidadanias nas montanhas andinas, outras na Amazônia, e assim sucessivamente.

A ideia de metacidadanias tem, dessa forma, a vantagem de permitir diferentes saídas ao dualismo do antropocentrismo, para incorporar algumas perspectivas em que a comunidade social é, ao mesmo tempo, parte da comunidade ecológica. As metacidadanias ecológicas estão assentadas territorialmente. Por exemplo, correspondem a essa situação os sentidos de pertencimento a um *ayllu*, o conceito aimará para comunidade ampliada, tanto em dimensões sociais como ambientais. Além disso, não escapa o fato de que é no *ayllu* que se interage com a Pacha Mama. Esse exemplo mostra que, ao se aceitar as perspectivas multiculturais, reconhece-se que alguns povos indígenas determinam conceitos análogos aos de cidadania, mas que somente são possíveis sob contextos territoriais ou ecológicos específicos.

Mas, para além desses casos, outros atores sociais também delimitam territorialidades com vocação ambiental. Um caso notável é observado na região fronteiriça compartilhada entre os departamentos de Madre de Dios (Peru) e Pando (Bolívia) e o estado do Acre (Brasil). Nessa tríplice-fronteira, foi criada uma potente rede cidadã conhecida como MAP (em referência às iniciais de cada unidade política), que não se define a partir de cidadanias nacionais; na verdade, seus integrantes se apresentam como "MAPenses" em uma escala regional, cuja coluna vertebral é a preocupação com o meio ambiente e o território (Gudynas, 2007).

9.6. Cidadanias na selva: florestania

Para oferecer um exemplo mais concreto de uma metacidadania ecológica, é oportuno resgatar dois casos amazônicos estreitamente relacionados.

Os chamados seringueiros são habitantes de algumas regiões amazônicas do Brasil. Eles aproveitam, a partir de métodos tradicionais, a seiva da árvore conhecida como seringueira, matéria-prima da borracha natural. Não são indígenas, embora desde sua chegada à Amazônia tenham criado uma comunidade que não somente é política, como também cobre outros aspectos culturais, convergindo em uma identidade compartilhada. Mas essa identidade não pode ser explicada sem ser relacionada aos ecossistemas de selva amazônica com presença da seringueira. Em outras palavras: constrói-se uma comunidade de seringueiros no seringal, que é política e moral, e que interage estreitamente com certo tipo de ecossistema, não com outros.

A figura mais conhecida desse movimento foi o líder seringueiro Chico Mendes. No final da década de 1980, Mendes e seus seguidores defendiam tanto os ecossistemas amazônicos quanto suas comunidades locais e formas de vida tradicionais. Sua militância como líder sindical e social também refletiu um exercício cidadão (Porto Gonçalves, 2001). Eles realizavam o que se pode chamar de aproveitamento sustentável dos produtos amazônicos, com um baixo nível de intervenção e uma extração cuidadosa. Sua luta política incluía reivindicações por sua condição como cidadãos diante dos grandes fazendeiros e do desmatamento, e, portanto, defendia não só um modo de vida, mas também um ecossistema.

Com o passar do tempo, essa postura, juntamente com a contribuição de outros atores, levou à construção da ideia de "florestania", termo que combina as palavras "floresta" e "cidadania". Sua origem está diretamente vinculada à militância e às concepções dos seringueiros, somadas às contribuições de ativistas ambientais, jornalistas e políticos do estado do Acre. A chegada do Partido dos Trabalhadores (PT) ao governo acreano, no final da década de 1990, resultou na legitimação do termo (que foi utilizado, inclusive, como *slogan* para a gestão estadual).

Para além dos usos partidários, o conceito de florestania faz alusão a uma cidadania da selva. É uma referência a um contexto ecológico preciso, os ecossistemas de selva tropical amazônica. Nessa região, há diferentes grupos humanos, como indígenas e seringueiros, que aproveitam tais ecossistemas sem destruí-los, enquanto suas próprias práticas se adaptam a eles. Portanto, existe uma íntima associação entre esse contexto ecológico e as práticas sociais: um não é possível sem o outro. A obtenção da borracha da árvore da seringueira só é possível se existe uma selva amazônica; os seringueiros só podem existir nos seringais. Portanto, a ideia de florestania também é parte de uma resistência à drástica modificação desses ecossistemas em razão de processos como a agricultura moderna ou a criação extensiva de gado. Essas mudanças têm como consequência o desaparecimento dos meios ambientes originais e das comunidades locais indígenas e seringueiras. A existência desses "cidadãos da selva" exige a permanência da floresta amazônica. Devastar a selva é também destruir a própria essência da cidadania ecológica dos "florestanos".

Tal proposta permite revalorizar o espaço ecológico da selva, por sua importância ambiental e social, e os sujeitos políticos, suas identidades e sua cultura — próprias e adaptadas a esses meios ambientes. Além disso, a clássica divisão da modernidade entre sociedade e Natureza se torna muito nebulosa, já que uma precisa da outra, e uma contém a outra.

Esses casos servem também para ilustrar que não há uma oposição entre cidadania e florestania; os direitos cidadãos clássicos e a cidadania ambiental são indispensáveis, e assim pode-se fazer uma transição rumo a uma metacidadania ecológica. De alguma maneira, a ideia de florestania seria uma superação da cidadania em um plano ecológico. Tal passo é mais do que um simples acréscimo de direitos, pois concebe a própria definição da comunidade política como inseparável do reconhecimento de um meio ambiente.

A florestania mostra que é possível postular conceitos análogos para outros meios ambientes e para os grupos sociais que se adaptaram a — e coevolucionaram com — seus contextos ecológicos. Assim como a florestania para a selva amazônica, seria possível criar outras metacidadanias para os demais grandes tipos de ecossistemas e suas comunidades humanas, como as que se encontram em pradarias e savanas, desertos ou montanhas, e assim sucessivamente. Isso permitiria incorporar uma perspectiva biorregional, reconhecendo que cada tipo de meio ambiente gera tradições culturais particulares, desencadeia vivências afetivas e estéticas diferenciadas e possui exigências de gestão ambiental específicas. De fato, as tradições históricas e os empreendimentos produtivos dominantes nos Andes e na Amazônia, por exemplo, não são idênticos. Seguindo esse caminho, a dimensão do planejamento territorial se insere em um novo contexto — no caso, biorregional.

9.7. Articulando as cidadanias

Tanto a cidadania ambiental, baseada nos direitos de terceira geração, como as metacidadanias ecológicas são importantes. Uma e outra podem se complementar. Por outro lado, em relação ao consumidor, isso é muito mais limitado, na medida em que nela são excluídos os atributos próprios das ideias de cidadania, como sua vinculação com os direitos ou o bem comum. O papel do consumidor responde a uma visão do desenvolvimento que se baseia na maximização da utilidade e do benefício; o da cidadania permite incorporar valorações ecológicas; enquanto as metacidadanias podem se articular com uma perspectiva biocêntrica.

As metacidadanias também são vias de expressão de outras concepções de mundo e da Natureza, no sentido das ontologias relacionais apresentadas no capítulo 6. Recordemos que existem outras ontologias que não impõem divisões entre o humano e o não humano ou entre cultura e Natureza. Ou seja, os elementos humanos e não humanos coexistem em um mesmo mundo. Por outro lado, o antropocentrismo ocidental impôs a ideia de uma Natureza externa a ser controlada e manipulada, mas também em seu interior foi gerada a ideia contemporânea de cidadania.

Alguns grupos indígenas rejeitam o conceito de cidadania precisamente por causa dessa origem ocidental, ou porque consideram que suas aplicações práticas sob a forma de direitos civis e políticos é ineficaz ou inexistente. Há também casos em que grupos que habitam o meio rural ou meios ambientes de selva tropical advertem que a palavra "cidadania" é sempre negativa, pois contém uma referência à vida na cidade. Sob essa perspectiva, qualquer tentativa de defender uma cidadania ambiental é interpretada como uma alteração ou destruição de seus meios ambientes originais, a fim de convertê-los em espaços urbanos ou colocá-los sob o controle de agentes externos estatais ou empresariais.

Consumidor, cidadania e metacidadania ecológica

Comparação esquemática entre os papéis dos seres humanos como consumidores, cidadãos e cidadãos ecológicos

CONSUMIDOR	CIDADÃO	METACIDADANIA ECOLÓGICA
Ênfase no mercado	Ênfase política	Ênfase política, ambiental e territorial
Benefício próprio	Bem coletivo	Bem coletivo social e ambiental
Preferências e vantagens individuais	Preferências e valorações múltiplas, pessoais e coletivas	Preferências e valorações múltiplas, pessoais, coletivas e ecológicas
Posse, apropriação, propriedade	Uso, respeito, solidariedade e reciprocidade entre seres humanos	Uso, respeito, solidariedade, reciprocidade e renúncia entre seres humanos e com a Natureza
Interage no mercado, desinteresse na política	Expressa-se politicamente	Protagonismo e ativismo político e ambiental
Aproveitamento racional da Natureza	Proteção da Natureza	Empatia com a Natureza; biocentrismo

Essa posição pode ser compreensível, mas enfrenta muitas dificuldades. Com os aspectos positivos e negativos que isso implica, o marco atual de direitos que prevalece em todos os países corresponde a essa perspectiva ocidental. Da mesma forma, a maioria das organizações indígenas leva adiante suas reivindicações dentro desse marco, seja diante de governos nacionais, seja em instâncias internacionais, como a Corte Interamericana de Direitos Humanos e o sistema das Nações Unidas.

Portanto, torna-se necessário fortalecer uma cidadania ambiental e aproveitá-la como plataforma para avançar em direção a essas outras concepções. É indispensável ter claro, no entanto, que o fortalecimento da cidadania ambiental não pode anular as metacidadanias; pelo contrário, deve proporcionar oportunidades para que se expressem e possam ser ensaiadas e aplicadas onde seja possível. Em outras palavras, não se pode falar em uma oposição entre cidadania ambiental e metacidadanias ecológicas; na verdade, a primeira deve criar condições para as segundas.

Nesse caso, a Constituição do Equador também fornece algumas lições, pois articula os direitos clássicos de terceira geração relacionados ao meio ambiente com a novidade dos direitos próprios da Natureza, a hierarquização da Pacha Mama e a defesa do Bem Viver.

Alguns poderiam argumentar, a partir de uma perspectiva conservadora, que essas sobreposições ou hibridizações são algo ruim em si mesmo e levam à inoperância. Estão equivocados; pelo contrário, tais situações já são comuns na América Latina. Em muitos casos, as organizações indígenas ou camponesas articulam suas cosmovisões com as de ONGs de base urbana, acadêmicos universitários ou políticos convencionais. Cada um deles pode interagir e coordenar demandas que partem de suas bem diferentes ontologias. Essa abertura é que torna possível aceitar e defender os direitos da Natureza.

10. Ensaios, avanços e retrocessos

A perspectiva biocêntrica e a defesa dos direitos da Natureza não podem ficar restritas a uma discussão conceitual; devem, sim, expressar-se em ações concretas. É uma postura que não se restringe à defesa de algumas espécies ou regiões, mas também tem efeitos nas políticas públicas, estratégias de desenvolvimento e até concepções sobre a qualidade de vida. Como se indicou várias vezes ao longo desta obra, isso não será simples.

Neste capítulo, são analisados dois casos de destaque que deixam claro tanto os avanços como os retrocessos. Um deles é a proposta de moratória da extração do petróleo no Parque Nacional Yasuní, na Amazônia equatoriana, e suas vinculações com os direitos da Natureza. Serão abordados a base conceitual da proposta, seu auge e seu declínio. O outro caso é o da instalação dos debates sobre alternativas aos extrativismos mineradores e petrolíferos, cujo foco é o caso do Peru, devido ao papel destacado da sociedade civil. Os dois exemplos oferecem muitas lições que podem ser consideradas no Brasil.

10.1. Direitos da Natureza e petróleo na Amazônia

A exploração de hidrocarbonetos nas florestas tropicais amazônicas constitui um dos fatores de pressão ambiental mais preocupantes na América Latina. Por um lado, existe uma ampla evidência histórica dos impactos sociais e ambientais da exploração petrolífera na Amazônia. Por outro lado, as condições econômicas, tanto nacionais como internacionais, estimulam o extrativismo, sob os quais se redobram os esforços para conceder e explorar blocos petrolíferos na região.

No caso equatoriano, a perspectiva biocêntrica e o mandato dos direitos da Natureza ofereciam condições inigualáveis para explorar alternativas que reduzissem substancialmente o consumo de recursos naturais e protegessem regiões de alta biodiversidade, como a Amazônia. O passo mais importante nesse sentido foi a chamada Iniciativa Yasuní-ITT, que postulava uma moratória indefinida da exploração do petróleo nos blocos Ishpingo, Tiputini e Tambococha (abreviados na sigla ITT), localizados parcialmente dentro do Parque Nacional Yasuní, na Amazônia, reconhecido pela Unesco em 1989 como reserva da biosfera.

Essa ideia vinha sendo discutida pela sociedade civil desde o fim da década de 1990 (ver, por exemplo, a recopilação de Martínez, 2000) e amadureceu ao propor, por um lado, a proibição de explorar o petróleo dessa região, e, por outro, ao associar a medida a uma alternativa pós-petroleira. A região do Yasuní é também um ícone amazônico devido à sua altíssima biodiversidade e por abrigar distintos povos indígenas livres, em isolamento voluntário ou não contatados (Bass *et al.*, 2010).

Em 2007, durante o primeiro mandato de Rafael Correa, foi o então ministro de Energia e Minas, Alberto Acosta, que, como governo, apresentou formalmente a ideia. É importante entender as implicações da proposta por seu caráter inovador e radical; trasladada ao contexto ambiental e econômico de um país como o Brasil, era como se o Ministério de Minas e Energia do governo Lula propusesse acabar com a exploração do pré-sal ou com o avanço da soja em áreas ecológicas-chave do Cerrado.

A iniciativa equatoriana entendia inicialmente que os impactos sociais e ambientais da exploração petrolífera eram maiores do que os possíveis benefícios econômicos, e que essa ideia era um modo de salvaguardar os direitos da Natureza e dos povos não contatados.

O primeiro aspecto é muito compreensível no caso equatoriano, pois o país tem padecido com a herança da atividade petrolífera na Amazônia, com seus impactos negativos de contaminação, perda de áreas naturais e danos a comunidades locais em casos específicos como Sarayaku[51] e a mega-ação judicial contra a Chevron-Texaco.[52]

---

[51] Esse caso está relacionado à concessão de um bloco petrolífero em 1996, que afetou mais da metade do território do povo kíchwa de Sarayaku, na Amazônia, sem garantias de informação, consulta ou pedido de consentimento. Essas comunidades locais resistiram à exploração petrolífera e levaram o caso à Corte Interamericana de Direitos Humanos, cuja sentença foi contrária ao governo equatoriano.

[52] Esse caso aborda os graves impactos na saúde e no meio ambiente de uma ampla região amazônica ocasionados pelas operações da Texaco (agora, Chevron) entre 1972 e 1992, sobretudo nas localidades de Lago Agrio e Shushufindi. A empresa foi processada judicialmente pela população local, primeiro nos Estados Unidos, depois no Equador. Uma sentença de 2011 condenou a Chevron a pagar dezoito bilhões de dólares em indenizações — apenas para remediar os estragos ambientais; a empresa entrou com recursos contra essa decisão, e a disputa continua.

Em relação ao segundo aspecto, a nova Constituição fundamentava a ideia de preservar os valores próprios dessa região amazônica, independentemente dos possíveis benefícios econômicos da extração de petróleo. Isso significava adotar na prática os direitos da Natureza. Mas, independentemente disso, os direitos a um meio ambiente saudável apontavam na mesma direção (por exemplo, a obrigação de o Estado preservar e recuperar os ciclos naturais no artigo 57, ou o mandato de precautelar a biodiversidade na Amazônia, no artigo 259).[53] Da mesma forma, na medida em que o Yasuní é uma área protegida, aplicam-se as obrigações para esse tipo de lugar, como assegurar a conservação da biodiversidade, a manutenção das funções ecológicas e sua intangibilidade (art. 397).[54]

Rapidamente, a ideia original recebeu muitas adesões e foi aceita pelo presidente Rafael Correa. Porém, em pouco tempo, foi reformulada, e a presidência apresentou uma condição: a moratória petrolífera nessa região amazônica seria mantida caso fosse garantida uma compensação econômica internacional ao Equador. Isso se constituiu no que se chamou de "plano A". A compensação deveria equivaler, pelo menos, à metade do lucro que seria obtido com a exploração de petróleo dos campos ITT. Em valores de mercado da época, tal plano exigia arrecadar pelo menos 3,6 bilhões de dólares, segundo o governo equatoriano.

---

53 "Con la finalidad de precautelar la biodiversidad del ecosistema amazónico, el Estado central y los gobiernos autónomos descentralizados adoptarán políticas de desarrollo sustentable que, adicionalmente, compensen las inequidades de su desarrollo y consoliden la soberanía", no original. [N.E.]

54 "[...] Asegurar la intangibilidad de las áreas naturales protegidas, de tal forma que se garantice la conservación de la biodiversidad y el mantenimiento de las funciones ecológicas de los ecosistemas. El manejo y administración de las áreas naturales protegidas estará a cargo del Estado. [...]", no original. [N.E.]

Introduziu-se, dessa maneira, uma condicionalidade sobre os direitos da Natureza diretamente dependente de uma compensação econômica. O chamado "plano B" entraria em funcionamento se tais recursos não fossem arrecadados, e consistia na liberação da exploração de petróleo na região.

10.1.1. Conservação ecológica e compensação econômica

A reformulação da moratória petrolífera no Yasuní-ITT realizada pelo governo Rafael Correa põe em evidência a persistência das fortes tensões entre conservação e aspirações econômicas. Até mesmo o "plano A" acabou encerrado dentro de uma posição utilitarista clássica: a meta era obter certo dinheiro na medida em que a área era avaliada por um valor econômico diretamente derivado do lucro com o petróleo. O objetivo substancial era arrecadar esses recursos financeiros; caso isso não fosse possível, a exploração de petróleo seria habilitada. O discurso governamental insistiu no argumento de que proteger a área (incluindo os direitos da Natureza) seria um "sacrifício", e então uma compensação — econômica — se faria necessária. Dessa forma, ressurge a questão da compensação e reparação (discutida em parte nos capítulos anteriores) acima dos objetivos de conservação e dos direitos da Natureza.

Quando se diz que será preciso "compensar" por não explorar o petróleo, o primeiro problema é determinar quais seriam os sujeitos dessa compensação e qual é o dano envolvido. Embora seja óbvio dizê-lo, o principal agredido no caso do Yasuní é o ecossistema, mas este não pode se apresentar como prejudicado e reivindicar uma compensação, seja em seu conjunto, seja por algumas espécies que nele habitam. Os únicos que poderiam fazê-lo são os grupos indígenas da região, pelos impactos a si próprios. Uma vez que isso esteja estabelecido, é necessário dizer que o paradoxal da situação é que o Estado equatoriano reivindicou a compensação para si. Em outras palavras, ele exige ser compensado por deixar de prejudicar a si mesmo, na medida em que o Yasuní é parte de seu patrimônio nacional.

Em sentido estrito, o montante da compensação exigida não tem origem nos impactos ambientais, mas é calculado com base no dinheiro que seria perdido por deixar de explorar o petróleo extraído dessa região. Não foi realizado um cálculo de qual seria o custo econômico dos impactos ambientais e sociais, da remediação ambiental ou da instalação de uma nova área protegida equivalente à superfície afetada pelas empresas petrolíferas. Portanto, o "plano A" do governo abandonou uma dimensão com foco em valores dos ecossistemas e sua biodiversidade, e na realidade pôs ênfase em uma contabilidade comercial derivada de um lucro potencialmente perdido. Isso torna questionável o uso da ideia de uma "compensação" por razões ambientais, pois as reivindicações centram-se na perda de um suposto lucro.

Recordemos que o conceito de *compensação*, em seu uso estrito, implica dois atores que se reconhecem mutuamente obrigados; por exemplo, um foi ofendido ou prejudicado, e o outro é o ofensor. Aqui aparece mais um problema: o "ofensor" seria o Estado ao permitir a exploração de petróleo dentro do Yasuní, enquanto o "ofendido" é novamente o Estado, pois os danos ocorrem em seu próprio patrimônio ecológico. Isso gera outra dificuldade em torno do conceito de compensação.

Continuando a análise, vamos supor que um acordo sobre uma compensação em dinheiro a ser recebida em troca da não exploração da área do Yasuní fosse alcançado, tal como propunha o "plano A". Surge imediatamente outra dificuldade, pois o conceito de compensação implica que, uma vez que esta é paga, as relações que obrigam as partes desaparecem e desvanecem. O Estado receberia esse dinheiro de terceiros — e, assim, o problema ficaria resolvido. Contudo, essa transação, por si só, não tem nenhuma consequência para a fauna e a flora do ITT. Pode-se entrar em um acordo sobre uma compensação de algumas centenas de milhões de dólares a serem depositadas em um banco, e isso não terá necessariamente consequências diretas para a situação ambiental específica da região do Yasuní.

Em diferentes ocasiões, tentou-se justificar o mecanismo com o argumento de que os recursos arrecadados seriam aplicados em planos ambientais. Independentemente do fato de saber se é possível colocar isso em prática, uma questão-chave é que uma compensação econômica, por si só, não garante a melhoria do meio ambiente, nem que isso possibilite o atendimento dos direitos da Natureza, nem sequer que esses dois conceitos sejam análogos. Em sentido estrito, essa compensação econômica poderia representar apenas uma "indenização" à sociedade por perdas do patrimônio nacional. Porém, uma vez mais, ressurge o problema de que com isso não se está "indenizando" a Natureza. No máximo, essa arrecadação de fundos poderia ser considerada um meio para financiar, por exemplo, melhorias na proteção ambiental de outras regiões amazônicas.

Os fundos de compensação embutem o perigo de se converterem em mecanismos por meio dos quais os impactos ambientais são justificados; "você me paga e eu lhe dou permissão para realizar uma exploração mineradora ou petrolífera". Corre-se o risco de que o Estado aceite empreendimentos de alto risco ambiental sempre e quando se chegue a um acordo de pagamento de certa "compensação" monetária. Parte do dinheiro dessas compensações pode até ser usada localmente, gerando certas formas de cooptação, por meio das quais grupos locais aceitam determinadas perdas de biodiversidade caso consigam um ingresso financeiro adicional.

As pressões resultantes de uma possível compensação econômica são enormes no caso da exploração de petróleo, pois se estima que tal recurso se tornará cada vez mais caro. Não é absurdo supor que no futuro próximo poderá haver empresas ou Estados dispostos a pagar compensações econômicas aos seres humanos para que estes permitam a destruição do patrimônio natural em ecossistemas como o amazônico.

Por fim — e talvez esta seja uma das razões mais importantes —, o Equador não pode reivindicar compensação por algo que seu próprio marco normativo o obriga a fazer. Os direitos da Natureza, os direitos a um meio ambiente saudável e outros dispositivos constitucionais comentados anteriormente nesta mesma subseção são de tal importância que indicam uma clara obrigação para o Estado: a área deve ser conservada.

Todas essas razões deixam claro que não é possível validar a ideia de uma "compensação econômica" como uma estratégia adequada para garantir os direitos da Natureza. Isso não quer dizer que não sejam compreendidas as circunstâncias que tornam necessário contar com financiamentos adequados para uma iniciativa desse tipo, e que isso deveria ser apoiado pelos países industrializados. Mas o que precisa ficar claro é que essas metas financeiras não são um objetivo de conservação em si, e que sua finalidade é compreensível apenas como apoio ou contribuição às medidas ambientais.

10.1.2. O fim da iniciativa

A iniciativa de moratória petrolífera no Yasuní-ITT se diversificou. Por um lado, diferentes organizações, embora tenham apoiado decididamente seu aspecto essencial — a proibição da extração de petróleo —, divergiam sobre os aspectos conceituais que consideravam cruciais. Por outro lado, as atitudes do governo equatoriano começaram a mudar com o passar do tempo; suas mensagens não eram sempre precisas, e a institucionalidade necessária para receber o financiamento internacional que se reivindicava enfrentou muitos problemas. Os detalhes desse processo escapam às possibilidades de espaço e da finalidade do presente capítulo (ver a recopilação de Martínez & Acosta, 2010), mas é necessário destacar alguns elementos.

O governo Rafael Correa passou a colocar em primeiro plano a reivindicação de uma compensação econômica, fazendo a fundamentação ambiental desconectar-se paulatinamente dos direitos da Natureza para focar nas mudanças climáticas globais. Fundamentava-se o novo objetivo com o argumento de que, ao se impedir a extração de petróleo, sua combustão em algum lugar seria evitada, e, assim, as emissões de gases do efeito estufa seriam reduzidas. Chegava-se, dessa forma, a um novo argumento: o Equador deveria ser compensado porque, com a moratória no Yasuní-ITT, seriam evitadas emissões que alimentam a mudança ambiental planetária. Essa modificação não foi menor, uma vez que se sobrepôs à obrigação de respeitar os direitos da Natureza; até mesmo a atenção concedida à biodiversidade da área ficou relegada, enquanto a justificativa passou a se basear nas mudanças climáticas. Da mesma forma, benefícios ambientais globais passaram para o primeiro plano, em detrimento daqueles que são próprios da Amazônia equatoriana. Essa guinada de parte do governo tornou a iniciativa ainda mais confusa para muitos outros governos e agências internacionais (Honty, 2011). Além disso, é uma mudança que apresenta algumas analogias com o ponto de vista do governo boliviano, que buscava inserir o discurso da Pacha Mama em nível planetário para evitar tomar medidas dentro do próprio país.

Todas essas mudanças, os problemas na institucionalidade da iniciativa e inclusive algumas declarações presidenciais em tom de zombaria sobre a cooperação internacional resultaram no fato de que, ao longo de seis anos, foram arrecadados apenas 376 milhões de dólares, segundo dados do próprio governo — cifra muito abaixo das metas.

Em agosto de 2013, o presidente Rafael Correa cancelou a iniciativa Yasuní-ITT e passou ao "plano B", liberando a exploração de petróleo na região. É importante analisar os argumentos presidenciais dessa medida.

No discurso presidencial que anunciou tal medida,[55] em primeiro lugar culpou-se a falta de apoio da comunidade internacional, qualificada como hipócrita. Em parte, é verdade que muitos países industrializados deveriam ter colaborado com mais fundos, já que durante muitíssimo tempo eles cresceram economicamente a partir das baratas matérias-primas latino-americanas. Tampouco é possível minimizar o fato de que, ao condicionar a moratória petrolífera a uma compensação econômica, caiu-se na contradição instransponível já indicada anteriormente. O mandato constitucional do Equador tornava obrigatória a preservação desse parque nacional, tanto para proteger os direitos de indígenas como os da Natureza. Fica muito difícil pedir

---

[55] Presidencia de la República de Ecuador. "Cadena Nacional sobre Iniciativa Yasuní ITT". Disponível em: <http://www.youtube.com/watch?v=IFc1topfPqM>. Acesso em: 16 set. 2019

a outros governos uma compensação econômica por cumprir um dever constitucional próprio. Uma adequada analogia seria a de um país que pede a outros compensações por seus gastos com o atendimento de saúde de suas próprias crianças.

Outro argumento presidencial foi baseado, na apresentação do "plano B", sob o prisma do otimismo tecnológico, afirmando que então havia se tornado possível uma exploração de petróleo na Amazônia com impactos mínimos. Os direitos da Natureza não seriam violados porque o recurso seria extraído por meio de procedimentos que assegurariam impactos reduzidos e administráveis. Embora tal atitude seja muito comum em vários governos, a informação disponível demonstra que é infundada. As primeiras ações, como as trilhas de acesso e de oleodutos, já geram impactos como a fragmentação de ecossistemas, e toda a informação científica disponível corrobora a gravidade dos efeitos. Tais argumentos traziam a lembrança de que anos antes a Texaco fazia as mesmas promessas, mas no final das contas causou uma enorme contaminação.

O combate à pobreza também foi outra justificativa utilizada para cancelar a moratória petrolífera. É uma posição que suscita muitas adesões, e o uso dos recursos naturais em benefício do país, em vez de encher os cofres de empresas transnacionais, deve ser celebrado. Porém, todos sabemos que essa afirmação não resolve o problema de como garantir que isso aconteça. Não à toa, a mesma argumentação é mais ou menos usada pelas empresas (quando prometem, por exemplo, que a mineração resolverá a pobreza local e gerará empregos), repetida por governos ideologicamente muito diferentes (como os conservadores na Colômbia ou os do socialismo do século XXI na Venezuela) e está no núcleo conceitual do desenvolvimento convencional (com base na crença de que todo aumento de exportações fará o PIB crescer, reduzindo-se, assim, a pobreza). Há muitos passos intermediários entre extrair recursos naturais e reduzir a pobreza, e é precisamente nessas etapas que é gerada uma grande quantidade de problemas, que passam pela eficiência no gasto público, os usos espúrios de tais recursos para outros fins, a burocratização, a corrupção etc. A experiência internacional indica que não existe uma relação direta entre grandes ingressos provenientes da exportação de matérias-primas e a redução da pobreza. Por sua vez, a própria extração de recursos naturais gera impactos que, como quase nunca são contabilizados economicamente, passam despercebidos para uma racionalidade economicista convencional.

O impacto mais grave da decisão de Correa de liberar a exploração de petróleo no Yasuní-ITT foi possivelmente sobre o marco constitucional dos direitos da Natureza. Em seu discurso, ele repetiu argumentos similares aos usados na década de 1970 para opor desenvolvimento e conservação ambiental. O presidente disse que o "maior atentado aos direitos humanos é a miséria, e o maior erro é subordinar esses direitos humanos a supostos direitos da natureza: não importa que haja fome, falta de serviços públicos [...] o importante é o conservacionismo a qualquer custo!". É preciso deixar claro que ninguém no ambientalismo defende a miséria. Na verdade, denuncia-se que por trás das manchetes sobre a promoção do crescimento econômico estão consequências como maiores desigualdades sociais e também a destruição do meio ambiente natural. Independentemente desse esclarecimento, é muito grave que o presidente tenha afirmado que os direitos da Natureza são apenas "suposição". Foi um golpe duríssimo aos emergentes direitos da Natureza no Equador, que voltou a mostrar a clássica predominância da perspectiva utilitarista.

Como resultado disso tudo, atualmente diferentes poços de petróleo estão sendo operados nessa região. Mesmo assim, todos os eventos em torno da proteção do Yasuní constituem possivelmente um dos processos mais ricos das potencialidades dos direitos da Natureza; ao mesmo tempo, porém, deixam claras as enormes resistências ainda enfrentadas por uma mudança de postura em direção ao biocentrismo.

10.2. Alternativas aos extrativismos

O conceito dos direitos da Natureza também tem sido importante nas resistências e alternativas aos extrativismos mineradores e petrolíferos. Foi no Peru que essa associação confluiu em um potente processo conhecido como alternativas pós-extrativistas. São experiências ainda mais interessantes, pois a normativa peruana não reconhece esses direitos.

As alternativas pós-extrativistas surgiram a partir da sociedade civil no contexto de resistências e lutas contra grandes projetos mineradores ou petrolíferos. Nos debates iniciais, era comum que governos e empresas insistissem que não havia alternativas a tais empreendimentos e desafiassem os grupos cidadãos com a pergunta: qual é sua alternativa? No Peru, havia muitos debates sobre os impactos locais, mas pouco a pouco as estratégias de desenvolvimento nacional que sustentavam, por exemplo, os planos em mineração ou hidrocarbonetos passaram a ser consideradas, e, dando outro passo, as próprias essências das ideias de desenvolvimento eram discutidas. Nessas análises ficava claro que as posturas convencionais do desenvolvimento valorizam a Natureza essencialmente no âmbito da economia, e estratégias, instituições e discursos que operam nesse sentido são estabelecidos.

As críticas aos projetos extrativistas específicos, às estratégias de desenvolvimento nacional ou à própria ideia de desenvolvimento tornavam obrigatória a apresentação de alternativas. Do mesmo modo, tais opções de mudança deveriam ser as mais claras possíveis. Não poderiam ser unicamente opções de mudanças instrumentais, como a modificação da tributação sobre a mineração e a extração de petróleo, ou então a transferência das explorações das empresas transnacionais para companhias estatais.

Tampouco bastava reivindicar novas áreas protegidas, que padecem de sérios problemas de implementação. Na verdade, eram necessárias mudanças que garantissem uma redução substancial da pressão sobre os recursos naturais. Desse modo, tais reflexões mostravam que não bastava explorar entre as diferentes variedades de "desenvolvimentos alternativos"; eram exigidas mudanças mais profundas, definidas como "alternativas ao desenvolvimento", no sentido de buscar uma alternativa aos elementos básicos e essenciais sobre os quais estão alicerçadas todas as concepções de desenvolvimento.

As iniciativas peruanas foram bem-sucedidas, com campanhas e ações simultâneas em várias frentes, e nas quais uma rede nacional — Rede Peruana por uma Globalização com Equidade (RedGE) — desempenhou um papel muito importante. Entre as ações, houve campanhas na imprensa, formação de um grupo de especialistas, seminários e oficinas, e diversas publicações. Conforme o trabalho progredia e se somavam novas organizações e redes, foi possível estabelecer um acordo sobre um conjunto compartilhado de demandas, incidindo-se na campanha eleitoral do final de 2010 e começo de 2011, vencida por Ollanta Humala. Uma descrição mais detalhada desse processo se encontra em Alayza e Gudynas (2012).

Como parte das alternativas ao desenvolvimento, foram postuladas transições pós-extrativistas, que tinham como foco o conceito de Bem Viver e que, portanto, incluíam o reconhecimento dos valores próprios da Natureza. Nessas transições, segue-se uma lógica inversa à atual, pois se estabelecem, primeiramente, os limites de apropriação de recursos naturais (ou de biocapacidade) e as exigências de conservação de biodiversidade, como a imposição de medidas de conservação ambiental em pelo menos 50% da superfície de cada região ecológica. Tais propostas exploram opções de sustentabilidade organizadas em biorregiões, com medidas de conservação e gestões territoriais em escala de ecorregiões compartilhadas entre países, e a partir das quais complementações produtivas são propostas. Um resumo das propostas pós-extrativistas encontra-se em Gudynas (2011b).

As condições para se desenhar tais transições estão resumidas nas fórmulas "zero extinções" (focada nas medidas de conservação enérgicas próprias dos direitos da Natureza) e "zero pobreza" (que aborda um uso de recursos naturais cujo foco é erradicar a pobreza e evitar o consumo opulento). As medidas discutidas no caso peruano incluem o cancelamento dos empreendimentos extrativistas de impactos altos e que não podem ser reconvertidos ambientalmente, e moratórias da exploração mineradora ou petrolífera em áreas ecologicamente frágeis ou de grande biodiversidade (o que resulta em medidas similares à iniciativa equatoriana no Yasuní-ITT). As duas condições — erradicar a pobreza e evitar novas extinções de espécies — têm um mesmo nível de hierarquia, pois o reconhecimento dos direitos da Natureza ocorre paralelamente ao dos direitos dos seres humanos. São condições como essas que aproximam a proposta de transições das perspectivas biocêntricas. Além disso, sair do desenvolvimento convencional obriga romper com as ideias de progresso e crescimento perpétuo e com a insistência na ética da manipulação e do controle.

As ideias do pós-extrativismo foram difundidas a partir da experiência peruana para os países vizinhos. Sua particularidade de se apresentar com uma "transição" possível, e com crescentes detalhes, fez as mineradoras e petrolíferas a identificarem como uma das mais sérias ameaças a seus negócios. Exemplificam, além disso, as formas a partir das quais a ideia dos direitos da Natureza pode se articular com políticas públicas específicas, como a reforma tributária, o uso de instrumentos econômicos e modos de integração com os países vizinhos. Ao mesmo tempo, tudo isso mostra que não se exige ter uma Natureza intocada, e sim organizar sua apropriação de modo que, por um lado, se erradique a pobreza e, por outro, garanta-se a preservação de todas as formas de vida.

10.3. Políticas públicas a partir do biocentrismo

Os dois casos que acabam de ser examinados colocam os direitos da Natureza dentro do amplo campo das políticas públicas. Na iniciativa Yasuní-ITT, abordava-se um lugar em especial, onde o instrumento da moratória tinha enormes potencialidades de se concretizar por contar com o apoio de um governo e de uma Constituição que reconhecem os direitos da Natureza. Na experiência peruana, a iniciativa sempre esteve na sociedade civil, a partir da qual se reivindicou outro tipo de políticas públicas para poder sair do extrativismo — e em tais exercícios foram inseridos os direitos da Natureza.

A lição deixada por esses casos, e por outros debates em torno da conservação, é que não bastam medidas instrumentais específicas, como um parque nacional ou o controle de efluentes em uma fábrica. Os temas ambientais devem ser entendidos como políticas públicas. Isso os torna similares, por exemplo, às políticas em saúde ou educação. É importante oferecer algumas precisões sobre essa particularidade.

O sentido de políticas públicas não está restrito às ações e medidas estatais, uma vez que o restante da sociedade também contribui com elas, e inclusive é um fator decisivo em sua criação e implementação. As políticas públicas são mais do que políticas estatais. Certamente, o papel estatal é crucial, pois aquelas sempre dependem dos marcos normativos, das regulações etc., e em vários casos estão substancialmente nas mãos dos governos.

As políticas públicas possuem sentidos e legitimidades próprios, que independem se são financiáveis ou rentáveis. Deve-se contar, por exemplo, com políticas públicas e ações no campo da saúde ou da educação que não podem estar condicionadas à obrigação de ser rentáveis. O mesmo deve acontecer com as políticas públicas ambientais; por exemplo, um programa de conservação de biodiversidade deve ser avaliado com base no seu sucesso em preservar espécies-chave, e não na sua capacidade de arrecadar muito ou pouco dinheiro.

Essas condições encontram vários entraves em uma herança neoliberal que se infiltrou nas políticas ambientais e que espera que muitas ações sejam rentáveis por si sós. Isso explica os inúmeros projetos de áreas protegidas que buscam retornos financeiros, como por meio do ecoturismo, da venda de artesanatos e da comercialização de bens e serviços ambientais. A mercantilização da Natureza, insistindo nas ideias de capital natural ou bens e serviços ecossistêmicos, faz piorar toda a situação. Mas a finalidade das áreas protegidas não é gerar benefícios econômicos, e sim garantir a preservação da biodiversidade. Podem existir casos de locais muito bem-sucedidos, com seus percursos ecoturísticos, mas, precisamente por causa disso, sua viabilidade ecológica está comprometida. Justamente um dos problemas da iniciativa Yasuní-ITT era a insistência governamental em conseguir pelo menos uma compensação econômica, enquanto os ensaios peruanos buscam alternativas ao desenvolvimento que lhes permitam não cair nessa armadilha.

Os temas ambientais, na condição de políticas públicas, englobam o conjunto de normas, decisões, gestão e administração de temas-chave que representam as prioridades e os acordos alcançados pelas comunidades políticas dentro do país. O marco básico dessas políticas públicas é o mandato constitucional e, por isso, esperam-se medidas muito mais enérgicas de preservação da Natureza no caso equatoriano.

As políticas públicas buscam equilíbrios entre mandatos e direitos equivalentes. Ninguém postula, por exemplo, deixar para trás a educação para garantir a saúde, ou abandonar a luta contra a pobreza para criar mais parques nacionais. Mas o mesmo acontece em sentido inverso, e os direitos da Natureza não podem ser adiados uma e outra vez. Isso não significa negar dificuldades de ação e financiamento, ou prioridades baseadas em urgências, e sim que se deseja destacar que tais direitos são equivalentes, e que não é possível propor uma discussão política que parta da premissa de suspensão de alguns direitos para garantir outros. Essa foi a distorção colocada sobre a mesa, por exemplo, pelo governo de Rafael Correa no Equador, para argumentar que os direitos da Natureza são "supostos", e que, portanto, ficam em suspenso em razão da necessidade de se conseguir dinheiro para erradicar a pobreza. Esse tipo de dificuldade, que se repete em quase todos os países, explica a importância das reflexões peruanas para buscar novas políticas públicas que não somente não partem dessa oposição, como também buscam organizar medidas concretas para evitá-la.

As políticas públicas exigem regular o mercado, um ponto sobre o qual há um crescente consenso, mas também o Estado. É uma regulação social desses dois campos. A regulação do mercado exige a compreensão de que há mais de um tipo de mercado, como as relações cooperativas ou solidárias nas grandes cidades, ou os mercados camponeses baseados na permuta e na reciprocidade. Portanto, as medidas necessárias serão muito variadas e diferentes para cada caso. Por exemplo, é imprescindível impor severos controles sobre os mercados financeiros globais que investem em projetos de alto impacto ambiental, enquanto os mercados camponeses se beneficiariam de apoios que fortalecessem práticas agroecológicas. Os mercados são plurais, e a interação com eles também deverá ser representada por um leque amplo.

Mas também é necessário considerar a regulação social sobre o Estado. Em vários países, chega-se agora a posições extremas, como as que argumentam que o Estado é a cura para todos os males do mercado, e aparentemente qualquer atividade extrativista que seja executada por uma empresa estatal não teria efeitos sociais nem ambientais. Isso é uma simplificação, pois muitos governos alimentam estratégias de desenvolvimento insustentáveis, usando as esperanças postas no Estado para impedir ou se esquivar de responsabilidades e consultas, da simples informação ao público ou de uma adequada gestão ambiental. Portanto, o Estado também deve estar sujeito a essa regulação social.

Boa parte dos avanços e retrocessos em incorporar os direitos da Natureza no campo das políticas ambientais, em particular, e da política, em geral, deve-se ao fato de que a perspectiva antropocêntrica tem raízes muito profundas em nossas culturas. Essa dificuldade, apontada várias vezes neste texto, explica o fato de que o biocentrismo não somente impõe repensar as políticas públicas como também gera tensões e contradições em todas as demais esferas da política (como discutido no capítulo 7). É por isso que ocorrerão vitórias e fracassos. Implementar e assentar essas mudanças levará um tempo, pois todas elas implicam transformações culturais substanciais.

11. Desenvolvimento, sustentabilidade e biocentrismo

Os valores próprios na Natureza, e o consequente reconhecimento de seus direitos, atingem as ideias, a institucionalidade e as práticas do desenvolvimento. Ao propor, por exemplo, uma moratória da exploração de hidrocarbonetos na Amazônia para proteger os direitos de sua biodiversidade, estão sendo reivindicadas modificações substanciais sobre as atuais estratégias de desenvolvimento. O mesmo acontece quando as metas de preservação da biodiversidade impõem condições a monoculturas como a da soja.

Por isso, as considerações sobre os direitos da Natureza implicam também debater sobre o desenvolvimento. Uma abordagem muito comum, mas indispensável, é retomar as discussões sobre desenvolvimento sustentável para examinar quais de suas variantes podem ser utilizadas a partir de uma posição biocêntrica. Por sua vez, as discussões nos países andinos oferecem uma novidade, pois situam os direitos da Natureza como um dos componentes em alternativas que estão para além da ideia de desenvolvimento em qualquer de suas expressões; essas opções estão englobadas sob o rótulo do Bem Viver. Tais questões são analisadas neste capítulo.

11.1. Desenvolvimento sustentável

O giro biocêntrico e o reconhecimento dos direitos da Natureza impõem condições substantivas sobre os atuais estilos de desenvolvimento e desnuda suas contradições. As diferentes variedades de desenvolvimento convencional visam ao crescimento econômico, mediado por uma apropriação intensiva da Natureza, enquanto a conservação fica relegada, sobretudo, a medidas de remediação e compensação ambiental.

Muitas tentativas de combinar metas de conservação com as sociais, econômicas e produtivas ficaram englobadas sob as ideias do desenvolvimento sustentável. É comum entender por esse termo as tentativas de equilibrar, por exemplo, a conservação com as metas econômicas ou sociais. Mas, em sentido estrito, a origem do termo está na dimensão ambiental, quando biólogos de populações e gestores de recursos naturais introduziram, na década de 1970, a ideia de colheitas ou capturas sustentáveis. A primeira versão internacionalmente acordada sobre desenvolvimento sustentável foi lançada em 1980, conjuntamente com a primeira estratégia mundial de conservação, e, desde então, diversificou-se em várias posturas (a história e os sentidos da sustentabilidade são analisados em Gudynas, 2004).

O enfoque da sustentabilidade originalmente visou redefinir o desenvolvimento dentro de um marco ecológico (em vários casos, com foco em alguma variante da capacidade de carga ou de sustentação de ecossistemas ou populações). Com o passar do tempo, porém, o conceito de sustentabilidade se diversificou, e se converteu em um campo plural no qual podem ser reconhecidas várias correntes, as quais se expressam em um leque que vai desde as que são funcionais às perspectivas antropocêntricas até as que adentram terrenos biocêntricos (que serão analisadas adiante).

É oportuno voltar ao estudo do caso equatoriano para examinar como esse conceito foi incorporado pela nova Constituição, uma vez que ele aparece em várias seções; na Constituição da Bolívia, por outro lado, as referências são genéricas. Indica-se, por exemplo, que o Estado equatoriano deve garantir um modelo sustentável de desenvolvimento, ambientalmente equilibrado, que proteja a biodiversidade e garanta a regeneração natural dos ecossistemas (art. 395), e que o direito ao meio ambiente saudável e ecologicamente equilibrado deve servir à sustentabilidade (art. 14).

A busca por esses equilíbrios aparece na indicação de um "acesso equitativo, permanente e de qualidade à água, ao ar e ao solo, e aos benefícios dos recursos do subsolo e do patrimônio natural" (art. 276). Também se defende o respeito à diversidade cultural e à satisfação das necessidades das gerações presentes e futuras (art. 395), componentes clássicos nas definições de sustentabilidade.

Sobre o aproveitamento dos recursos naturais, esclarece-se que devem ser usados de "modo racional e sustentável" (art. 83). Também se estabelece que se deve assegurar a "conservação e utilização sustentável da biodiversidade" dentro dos territórios de nações e povos indígenas (art. 57);[56] no caso da Amazônia, indica-se que é preciso adotar políticas de desenvolvimento sustentável que, além de proteger a biodiversidade, compensem as "inequidades de seu desenvolvimento e consolidem sua soberania" (art. 259). Há, inclusive, referências a uma "cidade sustentável" (art. 31).

---

56 "[...] Conservar y promover sus prácticas de manejo de la biodiversidad y de su entorno natural. El Estado establecerá y ejecutará programas, con la participación de la comunidad, para asegurar la conservación y utilización sustentable de la biodiversidad. [...]", no original. [N.E.]

O texto constitucional equatoriano é muito original ao situar o reconhecimento de que os seres humanos devem aproveitar os recursos e riquezas do meio ambiente em um novo contexto, em que tal apropriação deve servir e "garantir" o Bem Viver ou *Sumak Kawsay*. Isso exige o compromisso de aproveitar os recursos naturais para atender às necessidades vitais. Tal posição é compatível com muitas posturas clássicas do desenvolvimento sustentável e com as da ecologia profunda. Nela, não se pretende uma Natureza intocada, mas se exige que esse aproveitamento esteja especificamente orientado a resolver necessidades-chave, combater o consumo de luxo e a acumulação de capital gerada pela exploração dos recursos naturais. Os processos produtivos que podem ser desenvolvidos a partir de uma ótica biocêntrica são austeros e priorizam uma boa vida, tornando necessário avançar rumo a uma economia pós-material.

A orientação ao Bem Viver tem enorme importância, pois essa ideia contém, por um lado, uma crítica radical ao desenvolvimento convencional e, por outro, a abertura a alternativas sobre a qualidade de vida e a proteção da Natureza, muitas delas biocêntricas. Por exemplo, o art. 75, que indica que "pessoas, comunidades, povos e nacionalidades terão direito de se beneficiar do meio ambiente e das riquezas naturais que lhes permitam o Bem Viver", é perfeitamente compatível com tais perspectivas.

11.2. As correntes da sustentabilidade

Como indicado anteriormente, com o passar do tempo, o desenvolvimento sustentável se converteu em um conceito plural. Sob esse termo se encontram distintas correntes, que embora proponham uma mudança em relação ao desenvolvimentismo convencional, avançam em direção a alternativas com distintas profundidades e apresentam diferentes perspectivas éticas. Essas correntes podem ser ordenadas em função dos distanciamentos e das críticas às estratégias de desenvolvimento convencionais.

Um primeiro conjunto, a *sustentabilidade fraca*, inclui posições de tipo reformistas que propõem soluções técnicas para os problemas ambientais. Por exemplo, filtros para chaminés ou plantas de tratamento de efluentes nas fábricas. Confrontados com os limites da Natureza, seja em relação à disponibilidade de recursos naturais ou à capacidade do meio ambiente de amortecer os impactos ecológicos, aqueles que apoiam essa visão defendem a possibilidade de administrá-los e fazem uso intenso da valoração econômica para poder introduzir as questões ambientais nas análises econômicas clássicas.

Um segundo conjunto, a *sustentabilidade forte*, reconhece a importância das soluções técnicas e da valoração econômica, mas adverte que outros componentes são necessários para alcançar a sustentabilidade. Nessa corrente, embora se aceite a ideia de capital natural, há a consciência de que é imprescindível assegurar que pelo menos uma parte seja preservada. Esse reconhecimento se deve ao fato de que é impossível assegurar uma substituição perfeita entre o capital natural e outras formas de capital de origem humana.

Por fim, a *sustentabilidade superforte* aposta em mudanças ainda maiores. Essa posição defende uma valoração plural da Natureza, e, portanto, o capital natural representa somente um tipo de valoração. As valorações, na realidade, são múltiplas. Seguindo essa precisão, utiliza-se o conceito de patrimônio natural, por ser compatível com uma valoração em múltiplas dimensões. Mas, além disso, defende uma perspectiva biocêntrica que reconhece os valores intrínsecos da Natureza (enquanto as outras duas posturas coexistem com a perspectiva antropocêntrica). Dessa maneira, as soluções técnicas são importantes, mas não suficientes para lidar com essas valorações múltiplas; portanto, é imprescindível contar com cenários políticos. Enquanto a sustentabilidade fraca poderia ser resolvida tecnocraticamente, a sustentabilidade superforte é sempre uma discussão política. Por fim, essa corrente é consistente com a busca de alternativas ao desenvolvimento.

É importante levar em conta que tais perspectivas não são opostas entre si, e sim que uma contém a outra. Dessa maneira, a sustentabilidade superforte não rechaça a noção de capital natural, mas afirma que é insuficiente. Sua posição, baseada no patrimônio natural, inclui as valorações econômicas que explicam o capital natural, mas o colocam junto com outros tipos de valoração. Dessa forma, o processo de tomada de decisão é necessariamente político em vez de tecnocrático.

Por repetidas vezes, afirmou-se que a opção da sustentabilidade superforte era muito radical ou impraticável. Desafiando esse pessimismo, a Constituição equatoriana mostra uma tentativa de avançar em direção à postura superforte, que não se repete nos países vizinhos. Recordemos que nessa Constituição o regime de desenvolvimento é apresentado como o "conjunto organizado, sustentável e dinâmico dos sistemas econômicos, políticos, socioculturais e ambientais que garantem a realização do Bem Viver, do *Sumak Kawsay*" (art. 275). Portanto, sua própria definição já é multidimensional,

Desenvolvimento e meio ambiente: resumo das principais tendências em desenvolvimento sustentável

A sustentabilidade não é incorporada		Ideologia do progresso, metas de crescimento econômico, artificialização do meio ambiente, rejeição de limites ecológicos. Corresponde às posturas prevalecentes nas distintas variedades de desenvolvimento contemporâneo.
Incorpora a sustentabilidade	Sustentabilidade fraca	Os temas ambientais são aceitos. Reformismo que busca articular o progresso a uma gestão ambiental. Os limites ecológicos são aceitos, mas são considerados modificáveis. Ênfase na valoração econômica; capital natural. Enfoque técnico.
	Sustentabilidade forte	Maiores críticas ao ideal do progresso. Economização da Natureza, mas com exigências de preservar o capital natural crítico. Enfoque técnico-político.
	Sustentabilidade superforte	Crítica substantiva à ideologia do progresso; busca de novos estilos de desenvolvimento; pós-materialismo. Conceito de patrimônio natural. Ética biocêntrica. Enfoque político.

Fonte: Gudynas (2004).

incorporando os aspectos ambientais; além disso, os orienta em direção ao Bem Viver. Esse componente ambiental é hierarquizado como um dos seus objetivos: recuperar e conservar a Natureza, assegurar um meio ambiente saudável e prover acesso justo e de qualidade aos recursos naturais (art. 276). O reconhecimento dos direitos da Natureza e da Pacha Mama e do direito à sua restauração expressam uma perspectiva biocêntrica somente encontrada nas vertentes superfortes. Por sua vez, a plurinacionalidade, também reconhecida constitucionalmente, reforça essa orientação em direção à sustentabilidade superforte. Isso não significa desconhecer as enormes dificuldades e barreiras que serão enfrentadas para se aplicar tal perspectiva, como ficou evidenciado ao se analisar a iniciativa Yasuní-ITT.

Em relação à dimensão econômica, outro dos aspectos mais controversos em torno da sustentabilidade, a Constituição equatoriana indica que se deve promover a "incorporação de valor agregado com máxima eficiência", mas em seguida aponta que isso deve ser feito "dentro dos limites biofísicos da natureza e do respeito à vida e às culturas" (art. 284). Essa formulação é quase idêntica à defendida nos últimos anos pelas sustentabilidades forte e superforte. Os conteúdos sobre a soberania econômica estão alinhados a essa perspectiva.

Da mesma forma, os diversos artigos que abordam o meio ambiente como um patrimônio, ou aqueles que sustentam uma visão multicultural, também se correspondem com a postura superforte que defende uma valoração múltipla do meio ambiente. Por fim, isso deixa claro que manter-se unicamente dentro de uma gestão ou gerenciamento ambiental essencialmente tecnocrático seria insuficiente e inadequado. A sustentabilidade superforte é essencialmente política, e esse aspecto está em consonância com vários mandatos constitucionais, que vão desde as indicações sobre o planejamento e concepção de estratégias de desenvolvimento até todos os componentes de participação cidadã.

Portanto, pode-se concluir que a Constituição equatoriana tem como objetivo — e permite — o avanço em direção a uma estratégia de desenvolvimento alternativo do tipo superforte, perfeitamente compatível com o reconhecimento dos direitos da Natureza. Outra coisa é se o Estado ou o governo de turno realmente aproveita essas possibilidades, cumprindo efetivamente o mandato dos direitos da Natureza e promovendo uma sustentabilidade superforte. Deve-se reconhecer que o governo de Rafael Correa não aceitou essa orientação nem aproveitou essas opções constitucionais; pelo contrário, lançou mão de outros conteúdos e opções para enfraquecer uma sustentabilidade superforte.

11.3. O questionamento ao desenvolvimento

A sustentabilidade superforte é uma das críticas radicais às bases ideológicas e culturais que defendem as variedades do desenvolvimento clássico, entendido como progresso material, dependente do crescimento econômico e baseado na apropriação de recursos naturais, além de inserido na perspectiva antropocêntrica. Mas também as aplicações práticas dessas posturas são questionadas, como a fé no mercado como o melhor âmbito para se gerar bem-estar social, o crescimento econômico como motor do progresso, a privatização de serviços públicos, a proliferação de uma gestão de tipo empresarial, a liberalização comercial e os tratados de livre-comércio, a simpatia em relação à especulação financeira e muitos outros aspectos.

A queda do reducionismo neoliberal, a crise econômico--financeira de 2007-2008 e o discurso dos governos progressistas fizeram renascer os debates sobre os conteúdos e sentidos do desenvolvimento. As contribuições vindas do ambientalismo reforçam a necessidade de repensar o desenvolvimentismo atual. As críticas mais agudas deixaram claro que a própria palavra "desenvolvimento" não é ingênua, e carrega um significado particular sobre o papel que nossos países devem desempenhar, a forma sob a qual se entende a qualidade de vida e o papel da Natureza. Quando se questiona a Natureza como objeto, queira-se ou não, também se questiona o desenvolvimento contemporâneo, pois sempre se parte de entender o meio ambiente como objetos ou mediações. Os sonhos do desenvolvimento como bem-estar generalizado se chocam contra a evidência de seu alto custo social e ambiental, a desigualdade, o consumismo e suas múltiplas violências. Todas essas variedades de desenvolvimento são insustentáveis do ponto de vista ecológico.

Apesar de tudo, o desenvolvimento é um termo gelatinoso e vago que faz alusão a uma enorme variedade de questões, e que nos países do Sul tem estado por trás da esperança de poder sair da pobreza. O pesquisador mexicano Gustavo Esteva (2009) afirma que, "hoje, [o desenvolvimento] é o emblema de um mito em agonia". É verdade que o desenvolvimento é diversificado e possui várias correntes, umas melhores e outras piores, umas que possibilitam algumas melhoras e outras que sempre as impedem. Mas, da perspectiva dessa nova crítica, o foco está colocado nesse núcleo básico de ideias, posturas e sensibilidades verificadas em todas as correntes. As questões ambientais e sociais se repetem tanto nos desenvolvimentos capitalistas como nos socialistas. Isso não é estranho para a América Latina, pois os programas de desenvolvimento de governos conservadores são similares aos do "progressismo marrom" em sua adesão ao crescimento econômico e à exploração da Natureza. Isso evidencia as profundas raízes culturais dessas posturas. Portanto, as perspectivas biocêntricas não apenas devem enfrentar disputas no terreno ambiental, como também implicam sempre uma crítica a essas concepções clássicas do desenvolvimento.

A mudança radical na direção de uma ética biocêntrica permite começar a explorar reformulações do desenvolvimento em sua própria essência no plano das ideias e no das aplicações práticas — quem serão os sujeitos desse esforço e quais são as urgências e condicionalidades próprias da América Latina. Tais tentativas não serão necessariamente velhas ou modernas, totalmente indígenas ou europeias; nem sequer se poderia dizer que serão de esquerda ou de direita, conforme as velhas perspectivas políticas convencionais. Na verdade, devem ir além dessas categorias de modo a gerar um novo olhar sobre a sociedade, suas interações produtivas e o papel do meio ambiente.

Sob essas condições, não é surpresa que sejam geradas fortes discussões sobre as consequências do reconhecimento dos direitos da Natureza sobre as estratégias de desenvolvimento. As tentativas de impor uma moratória petrolífera para defender a biodiversidade amazônica deixam isso claro, pois, caso se concretizasse, imediatamente se passaria a uma condição pós-petroleira. Do mesmo modo, assegurar os direitos da Natureza tornaria inviável a continuada ampliação da soja transgênica no Cerrado e outras regiões do Brasil, tornando obrigatória a adoção de outra estratégia agropecuária.

As diferentes variedades de desenvolvimento são impostas por meio da utilização de distintos argumentos, como a necessidade de obter dinheiro com as exportações, a arrecadação fiscal para manter o Estado e até o financiamento de programas assistenciais aos mais pobres, como o Bolsa Família. Tais argumentos servem como desculpa para evitar considerar que essas estratégias estão destruindo o patrimônio ecológico latino-americano — o que tornaria inviável esse tipo de desenvolvimento em um futuro próximo — e ao mesmo tempo ocultam os impactos sociais e ambientais presentes. Os direitos da Natureza, ao reivindicarem a diversificação de valorações e ao ampliarem a justiça, obrigam a repensar esse tipo de desenvolvimento em todas as suas dimensões e consequências.

11.4. Alternativas ao desenvolvimento e Bem Viver

Nessa nova crítica, estabelece-se uma distinção essencial entre duas posições. Por um lado, encontramos os diferentes "desenvolvimentos alternativos", no sentido das diferenças entre, por exemplo, o papel do Estado em governos conservadores ou progressistas. Por outro lado, exploram-se "alternativas ao desenvolvimento" com as quais se deseja ir além das ideias compartilhadas entre essas diferentes correntes políticas. Essa diferenciação é crucial, e nesse sentido tem sido importante o trabalho de Arturo Escobar (2012). O desenvolvimento sustentável superforte e muitas das propostas cidadãs sobre o Bem Viver são exemplos de "alternativas ao desenvolvimento" na medida em que postulam mudanças radicais sobre como se entende bem-estar, relações com o meio ambiente, história etc.

A passagem de uma posição para a outra, dos desenvolvimentos alternativos a uma alternativa ao desenvolvimento, deve-se em boa medida a uma mudança na perspectiva ética. O reconhecimento dos valores intrínsecos gera uma cascata de necessárias modificações que as ideias clássicas de desenvolvimento já não podem conter, e a mudança radical se torna inevitável.

Daí a importância das ideias contidas no âmbito do Bem Viver, que são discutidas em vários países e que chegaram às Constituições da Bolívia e do Equador. Esse é um conceito plural, em construção, intercultural, que, por um lado, expressa uma crítica às bases conceituais das ideias de desenvolvimento e, por outro, aposta em alternativas que não estão centradas no antropocentrismo (uma recopilação de posturas de intelectuais e ativistas indígenas se encontra em Hidalgo Capitán *et al.*, 2014; uma visão para o Equador, em Acosta, 2012; e um resumo sobre diferentes posições, em Gudynas, 2011a). Sob a perspectiva do Bem Viver, as posições centradas na manipulação, no controle e na utilidade são abandonadas, os valores intrínsecos na Natureza são reconhecidos, a história deixa de ser entendida como um processo geral linear e as posturas de comunidades ampliadas são resgatadas. Tudo isso faz o Bem Viver expressar uma alternativa ao desenvolvimento (Gudynas, 2012).

Por exemplo, na nova Constituição do Equador, o Bem Viver não é possível sem um meio ambiente que seja saudável, ecologicamente equilibrado e que garanta a sustentabilidade; tais ideias estão mutuamente determinadas. Consequentemente, os direitos ao meio ambiente saudável aparecem em uma das primeiras seções dos direitos do Bem Viver (art. 14). O Bem Viver exige ainda que "pessoas, comunidades, povos e nacionalidades efetivamente gozem de seus direitos e atuem no marco da interculturalidade, do respeito a suas diversidades e da convivência harmônica com a natureza" (art. 275).[57] Também são indicados entre os objetivos do Bem Viver "recuperar e conservar a natureza, e manter um meio ambiente saudável e sustentável", e garantir um acesso de qualidade à água, ao ar, ao solo, e aos benefícios dos recursos naturais (art. 276). A partir dessas condições, geram-se obrigações para o Estado e para as pessoas e as coletividades (arts. 275, 277 e 278), incluindo um marco participativo e descentralizado (art. 279).[58]

---

[57] "[...] El buen vivir requerirá que las personas, comunidades, pueblos y nacionalidades gocen efectivamente de sus derechos, y ejerzan responsabilidades en el marco de la interculturalidad, del respeto a sus diversidades, y de la convivencia armónica con la naturaleza", no original. [N.E.]

[58] "El sistema nacional descentralizado de planificación participativa organizará la planificación para el desarrollo. El sistema se conformará por un Consejo Nacional de Planificación, que

Além das precisões equatorianas, o conceito de Bem Viver nas opções defendidas pelas organizações cidadãs, especialmente aquelas próprias de povos indígenas, tem como base um amplo diálogo ou encontro intercultural, no qual são sobrepostas novas concepções sobre o mundo social e natural (Gudynas, 2011a; Acosta, 2012). Não é uma postura estritamente indígena; aproveita alguns elementos de algumas culturas indígenas, e, por fim, se mistura à crítica existente nas margens da modernidade. Essa hibridização ou criação permite entender a potência dessas ideias na região andina, bem como sua limitada penetração no Brasil.

Assim como lidamos com uma grande diversidade cultural, o mesmo acontece com o marco ecológico, muito diversificado na América Latina. A diversidade cultural caminha de mãos dadas com a heterogeneidade ecológica. Cada um desses contextos ecológicos oferece distintas condições e oportunidades para os usos humanos e expressa diversas exigências de conservação, abrindo rotas diferenciadas para o Bem Viver.

Portanto, sob o Bem Viver não há manuais rígidos a serem aplicados em todos os países, ao modo das receitas de desenvolvimento que muitos defendem na academia

> integrará a los distintos niveles de gobierno, con participación ciudadana, y tendrá una secretaría técnica, que lo coordinará. Este consejo tendrá por objetivo dictar los lineamientos y las políticas que orienten al sistema y aprobar el Plan Nacional de Desarrollo, y será presidido por la Presidenta o Presidente de la República.
>
> Los consejos de planificación en los gobiernos autónomos descentralizados estarán presididos por sus máximos representantes e integrados de acuerdo con la ley.
>
> Los consejos ciudadanos serán instancias de deliberación y generación de lineamientos y consensos estratégicos de largo plazo, que orientarán el desarrollo nacional", no original. [N.E.]

ou em instituições como o Banco Mundial, segundo as quais se deveria seguir o mesmo padrão de progresso, seja na Colômbia, seja em Moçambique, seja na Hungria.

Não é casual que muitas das postulações originais do Bem Viver fossem reações ao extrativismo minerador, petrolífero ou agrícola que se tornou dominante em vários países. Isso também explica muitos dos conflitos sociais enfrentados pelos governos de países como Bolívia, Colômbia, Equador e Peru. No entanto, os governos progressistas equatoriano e boliviano se valeram do rótulo do Bem Viver para justificar seus planos de desenvolvimento, que continuavam a ser convencionais. Isso resultou em outra polêmica, quando diferentes atores cidadãos, especialmente indígenas, denunciavam que governos e empresários distorciam as ideias originais do Bem Viver, desrespeitavam os direitos da Natureza ou da Pacha Mama e acabavam repetindo o conhecido desenvolvimento ocidental.

Não é exagero insistir, uma vez mais, que o Bem Viver não implica uma Natureza intocada; o biocentrismo entende a necessidade de aproveitar o meio ambiente, mas a ajusta especificamente para assegurar a qualidade de vida das pessoas, desligando-se do atual consumismo opulento. Essa perspectiva não significa necessariamente apequenar, reduzir ou encolher as economias, mas as reordenar. Posturas como as de "retração" podem ter aplicações necessárias diante da atual crise nos países industrializados — e nos grupos de hiperconsumo entrincheirados no Sul. A retração pode ser entendida como marco para reduzir as economias de países como Alemanha e França, mas esse objetivo não pode ser postulado para a situação latino-americana. Da mesma forma, contudo, é verdade que se exige uma retração na opulência dos países industrializados para reduzir a pressão sobre os recursos naturais no Sul e para permitir formas mais equitativas de acesso. Ao mesmo tempo, na América Latina, também do ponto de vista econômico, alguns setores devem crescer (por exemplo, moradia, saúde e educação).

Uma vez esclarecidas essas particularidades, é muito importante levar em conta que sob o Bem Viver o crescimento econômico não é postulado como uma meta global e final; busca-se, na verdade, melhorar a qualidade de vida das pessoas e garantir a sobrevida da Natureza. Seria possível dizer que, em certo sentido, o Bem Viver ignora o crescimento, tira-o de um lugar privilegiado e volta a focar a qualidade de vida e a Natureza.

É um conjunto de alternativas que podem ser qualificadas como pós-materiais, que serão mais austeras, mas de melhor qualidade. Sua ênfase estará no bem-estar das pessoas, não na posse material de objetos ou na compra de serviços. São opções cujo foco, por exemplo, é antes o transporte público do que os automóveis individuais, a eficiência energética em vez de equipamentos de ar-condicionado residenciais, os alimentos saudáveis e próprios, no lugar de comidas químicas importadas, e assim sucessivamente. Mas, além disso, é pós-material em outro sentido: a dependência da apropriação material da Natureza se reduz e, por isso, exige-se uma renovação substancial das ideias e práticas da conservação da biodiversidade.

12. Conservação: ética, ciências e crise

O percurso de uma ética para a Natureza deve ser completado com a abordagem do papel a ser desempenhado pelas disciplinas responsáveis pela conservação da biodiversidade. É uma maneira apropriada de completar o percurso das implicações dos direitos da Natureza, pois de uma forma ou de outra qualquer tarefa que tenha como foco a preservação estará ligada a uma ética ambiental.

Efetivamente, o interesse em garantir a proteção das espécies vivas e seus hábitats sempre esteve sujeito a diferentes interpretações sobre seus conteúdos éticos. Muitos argumentavam, seguindo uma postura utilitarista, que essa proteção era necessária para manter usos produtivos e atender a necessidades humanas, enquanto outros o faziam por razões éticas, sensibilidades espirituais e até por reconhecerem valores intrínsecos nos seres vivos. Ou seja, as tensões entre um antropocentrismo dominante e o biocentrismo expressado nos direitos da Natureza também se repetem no interior da conservação.

No presente capítulo, são examinados alguns dos aspectos mais recentes dessa questão, com foco principalmente nas vinculações da conservação com os valores intrínsecos. Como não é possível tratar de toda a rica e longa história das relações entre ética, preservação e conservação, serão consideradas apenas as questões mais recentes.

12.1. Uma conservação biocêntrica diante da crise

A questão dos valores esteve presente já nas primeiras reivindicações de preservação de áreas naturais ou espécies significativas. Desde meados do século XIX, nos Estados Unidos, R. W. Emerson e H. D. Thoreau defenderam uma postura mais romântica e transcendentalista, revestindo a Natureza de atributos quase religiosos. Nessa mesma linha, John Muir lutou ativamente para proteger espaços silvestres a partir do que, em uma linguagem atual, chamaríamos de um olhar biocêntrico. A ética da terra, de Aldo Leopold, se inscreve, em linhas gerais, nessa mesma tendência.

Uma perspectiva utilitarista, baseada na gestão e no manejo de recursos naturais, foi defendida intensamente por Gifford Pinchot. Tal posição, imposta no começo do século XX nos Estados Unidos, argumenta que a conservação deve servir às pessoas e assegurar os maiores benefícios para o maior número de indivíduos. Antes de mais nada, é preciso "reconhecer o direito da atual geração ao maior uso de todos os recursos" disponíveis, e, em seguida, garantir o bem-estar das gerações futuras, apontava Pinchot (1910). O "primeiro grande fato acerca da conservação é que está a serviço do desenvolvimento", acrescentava, dissipando qualquer dúvida. A conservação deveria, portanto, impedir a destruição porque isso asseguraria uma apropriação eficiente e sem desperdícios. A visão utilitarista prevaleceu e se consolidou, sobretudo, nas disciplinas da gestão da vida silvestre e dos recursos naturais. Na América Latina, essa é atualmente a base conceitual por trás de muitas medidas governamentais.

Por outro lado, o transcendentalismo inicial, que era um biocentrismo precoce, teve alcance limitado. Na América Latina, também existiram, no início do século XX, alguns antecedentes de uma sensibilidade similar às de Thoreau e Muir, ainda que tenham sido independentes e do campo da literatura, como no caso do escritor boliviano Man Césped (comentado no capítulo 2).

A partir da década de 1970, outra perspectiva ética adquiriu crescente relevância nos debates sobre a conservação e em como eram entendidas as articulações entre meio ambiente e desenvolvimento (algumas cujos aspectos foram vistos em capítulos anteriores). Um antecedente antigo foi o texto de David Ehrenfeld (1970), seguido pela Conferência Internacional sobre Biologia da Conservação, realizada em 1978, e pela clássica recopilação de ensaios de Soulé e Wilcox (1980), na qual são aprofundados os vínculos com a ecologia e a evolução. Tais contribuições mostram que estava em marcha uma espécie de rebelião, em que muitos biólogos se sentiam em desacordo com as posturas prevalecentes da administração e da gestão da vida silvestre.

Em 1980, a primeira estratégia mundial da conservação apresentou uma das primeiras formulações sobre um desenvolvimento que deveria ser sustentável, na qual o papel da conservação e da preservação era detalhado (IUCN, WWF & PNUMA, 1980). Novos argumentos se somam, como mudanças nos entendimentos sobre a estrutura e o funcionamento dos ecossistemas que levam ao abandono do paradigma de uma Natureza organicista e em equilíbrio, com comunidades que seguiam sucessões ecológicas para chegar a um clímax. Em toda essa discussão, a ética se infiltrava com força inusitada, incluindo a visão dos valores próprios.

Em 1986, Michael Soulé publicou o que pode ser qualificado como o artigo fundador da biologia da conservação. Muitos dos avanços na ecologia foram aproveitados, como a biogeografia de ilhas e a genética das populações. Não se alinhava à posição convencional do "manejo de recursos" (*wildlife management*); em vez disso, reconhecia a gravidade de uma crise da biodiversidade. Seus promotores eram, portanto, mais militantes. Soulé (1985) entende que os sujeitos da conservação são espécies, comunidades, ecossistemas perturbados por seres humanos e outros. Mas postula uma prática similar, ao apresentá-la como uma "disciplina da crise" no sentido de que é necessário agir antes de conhecer todos os fatos. Portanto, é uma mescla entre arte e ciência, em que intuição e informação se articulam.

A conservação, entendida dessa maneira, tem vínculos estreitos com o que poderia ser chamado de ciências básicas, e Soulé os descreve como análogos aos mantidos pela fisiologia e a cirurgia. O mandato da conservação não é fazer diagnósticos ambientais ou estudos de espécies, e sim agir para evitar o desaparecimento de espécies e ecossistemas. Dessa maneira, tais diagnósticos ou estudos são meios para esse fim, não metas em si mesmas.

Levando em consideração todas essas particularidades, a biologia da conservação se caracteriza por sua missão de conservar espécies e ecossistemas, e suas tarefas devem estar orientadas pelos valores. Defende uma prática heterodoxa, uma mescla de ciência e arte, informação e intuição, orientada diretamente para a ação. Recebe contribuições de várias disciplinas, tanto aquelas próprias da biologia (como a ecologia, a genética e a fisiologia) quanto outras de característica social e até a filosofia ambiental. É holística, tanto pelo objeto de atenção (de populações a ecossistemas) como pelas disciplinas com que contribuem e por suas perspectivas (incorporando, inclusive, a ética). Sua escala de tempo é muito longa, algo necessário para garantir a proteção das espécies.

Soulé descreve para a biologia da conservação postulados funcionais, por um lado, e normativos, por outro. Entre os primeiros, é reconhecida a importância dos processos coevolutivos nas comunidades naturais (as espécies não evoluem isoladamente, e sim em relação umas com as outras e com seu meio físico). Os processos ecológicos que explicam os atuais meios ambientes operam sob estreitas condições, e por cima (ou por baixo) de tais condições podem acontecer descontinuidades, detenções ou marchas caóticas, gerando-se outros ecossistemas. Os processos genéticos e demográficos das diferentes espécies também encontram limitações, podendo ocorrer efeitos aleatórios ou que impeçam a adaptação das espécies. Por fim, ele alerta que as reservas naturais são limitadas para garantir a sobrevida das espécies de grande porte ou raras.

Paralelamente, Soulé defende quatro postulados normativos: i) a diversidade dos organismos é boa; ii) a complexidade ecológica é boa; iii) a evolução é boa; e iv) a diversidade biótica tem um valor intrínseco que não depende de valores instrumentais ou utilitários.

Essa caracterização da biologia da conservação ofereceu várias novidades. Por um lado, os postulados funcionais e normativos têm o mesmo nível de hierarquia. Assim, na biologia da conservação, é tão importante cuidar do funcionamento dos ecossistemas como defender a biodiversidade, porque ela é boa por si só. Por outro lado, os postulados normativos mostram clara perspectiva biocêntrica.

Essa é uma conservação que parece muito mais adaptada para lidar com os problemas da crise da biodiversidade (especialmente no caso latino-americano). Dessa maneira, os valores próprios infiltram-se na interface entre ciências e práticas. Tais práticas são as que acontecem na interação entre o campo acadêmico e o "mundo real" (Soulé, 1986a), em que se enfrentam as condicionantes econômicas, políticas, sociais etc. É importante advertir que não se renega a ciência, mas se reconhece que é preciso trabalhar com hipóteses que tenham validade provisória e com linhas de base incertas ou difusas. Chega-se, assim, a uma prática da conservação que sai do cerco da biologia e busca influir em outros campos, como a economia, educação, comunicação etc.

Mas a conservação também exige certa paixão e coragem, como afirma Soulé (1986a), acrescentando que "provavelmente haverá biólogos da conservação que serão relutantes em ensinar a seus alunos como amar a natureza", e que se dirá em defesa dessa atitude que isso "não é um assunto científico, que essa paixão revela subjetivismo, e que, além de tudo, um biólogo não é um especialista em amar a natureza". A reação de Soulé é taxativa: "Isso é bobagem". Ele responde que todos sabemos que "paixão e entusiasmo inspiram, e que o amor por um assunto é infeccioso", e que "ninguém tem mais experiência em amar a natureza do que os naturalistas ou gestores profissionais que passam suas carreiras, ou suas vidas, estudando e admirando plantas e animais" (Soulé, 1986a, p. 8).

Não somente concordo com Soulé, como também considero que um dos atuais problemas da conservação está no fato de que apesar da existência de atores nesse campo que amam a Natureza, há outros que executam suas tarefas sem paixão, com compromissos escassos, como se fosse um trabalho qualquer. A resistência em lidar com os componentes éticos na conservação é um dos exemplos dessa questão.

Não se pode deixar de destacar que naquele livro inicial da biologia da conservação compilado por Soulé (1986b) um capítulo inteiro é dedicado aos valores intrínsecos, escrito por seu mais destacado defensor na época, o filósofo norueguês Arne Naess (1986). Nesse texto, Naess recorda as bases da proposta da ecologia profunda e sustenta que o florescimento da vida dos humanos e dos não humanos tem valor próprio. Esclarece que o valor das formas de vida não humanas é independente de sua utilidade para os propósitos humanos. Na visão de Naess, naquela época, a maior parte das pessoas concordava com essa postura, e chega a argumentar que eram comuns as opiniões cidadãs que consideravam que os cientistas e especialistas ambientais os haviam abandonado na promoção da causa. Portanto, era uma tarefa necessária aproximar esses dois âmbitos.

Paralelamente, Naess considera que não basta enunciar princípios; é preciso fazer a conexão entre as valorações básicas e as decisões e ações na gestão. Esse pedido leva a se exigir, por exemplo, que as reivindicações de preservação de uma área devem explicitar a ética normativa nas quais se baseiam. Nesses esforços, desempenham papel importante metáforas como "Deixemos o rio viver", discutíveis do ponto de vista ecológico (pois o rio não é um ser vivo), e que, portanto, muitas vezes produzem resistência no interior da academia. Mas tais imagens são importantes para transmitir sensibilidades, valores e compromissos.

12.2. Distanciamento, tensões e restrições em relação à ética ambiental

Conforme a biologia da conservação avançava como disciplina acadêmica, o impulso ético inicial começou a encontrar crescentes problemas. O passo seguinte de destaque, com a publicação do manual de Richard Primack (1993), foi definido com base em duas metas: investigar os impactos humanos na diversidade biológica e desenvolver aproximações práticas que impedissem a extinção das espécies. Os aspectos éticos foram reconhecidos, apontando-se que a diversidade da vida é boa e que a extinção de populações e espécies é ruim; a complexidade ecológica e a evolução são boas, e a biodiversidade tem valores intrínsecos. No entanto, surgem as primeiras divergências com Soulé (1985), porque esses princípios éticos estão desassociados dos elementos fundantes da definição da biologia da conservação. De maneira similar, o clássico texto de estudo de Meffe e Carroll (1994) mantém o sentido de missão e reconhece a importância da ética (incluindo os valores intrínsecos), mas não são ressaltados como elementos centrais na concepção da disciplina.

Nos anos seguintes, essa divergência se aprofundou, e o olhar ético passou a ocupar planos cada vez mais secundários — ou então foi incluído nos antecedentes históricos da disciplina. Paralelamente, ressurgem entendimentos de que a conservação não deve se opor ao crescimento econômico, e sim ser subsidiária ao desenvolvimento convencional. Examinemos brevemente essa situação por sua influência na América Latina.

Um exemplo se encontra nos ensaios recopilados por Fielder e Kareiva (1998) sobre biologia da conservação "para a próxima década", que não abordam a questão ética. Esta aparece marginalmente em discussões sobre valoração econômica ou fica relegada diante do que tais autores qualificam como uma necessidade de ser pragmático, porque não é possível conservar tudo. Ou seja, a julgar por Fielder e Kareiva, no fim dos anos 1990 não se percebia que, para a conservação, as questões éticas seriam de muita importância na década seguinte.

Nos anos seguintes, insiste-se em considerar a conservação sobretudo como uma "ciência" que oferece descrições objetivas e neutras de um ponto de vista ético, tudo em tom cartesiano. Um exemplo disso encontra-se em Hunter e Gibbs (2007), que, embora reconheçam as raízes da biologia da conservação na ética (incluindo os valores intrínsecos), definem-na como a "ciência aplicada para a manutenção da diversidade biológica da terra". Ela é apresentada como uma disciplina científica, o que não é igual à perspectiva de disciplina de crise no sentido de Soulé. Além disso, são questionadas as posições que apresentam a conservação como uma ciência com uma missão e as posturas que rompem com a neutralidade valorativa que se esperaria das disciplinas científicas (Hunter & Gibbs, 2007).

Paralelamente, insiste-se em uma conservação que não contradiga os desenvolvimentos convencionais nem lhes exija mudanças radicais. A conservação deveria ser funcional a eles, fazendo com que, em muitos casos, corresponda a uma sustentabilidade fraca. Pouco a pouco, a perspectiva biocêntrica ficou reduzida, e em seu lugar voltaram a emergir questões como a necessidade de garantir o benefício humano da biodiversidade, garantir a rentabilidade própria nos empreendimentos de conservação e ampliar a mercantilização da Natureza por meio de bens e serviços ambientais. Nos capítulos anteriores, tensões similares foram examinadas em outros campos, em que as posições de ruptura radical são contra-atacadas por aquelas que tentam se manter dentro do antropocentrismo que sustenta o desenvolvimentismo atual.

12.3. Uma "nova" ciência da conservação

O processo descrito na seção anterior fez as exigências por utilidade, controle e manipulação, próprias do antropocentrismo, canalizarem boa parte da conservação atual. Generalizaram-se perspectivas que a entendem como uma prática científica que fornece informações para uma posterior tomada de decisões e que busca insistentemente alcançar equilíbrios com fins econômicos (e, em alguns casos, políticos). Pode-se argumentar que o objetivo final não é a garantia da preservação de espécies e ecossistemas. Em vez disso, a conservação é reposicionada em função do bem-estar humano — segundo o que se declara — e do crescimento econômico — na prática. Ou seja, é uma postura distante do biocentrismo e que conta com uma conservação que, em vez de exigir os direitos da Natureza, ignora-os. Não apenas se abraça a mercantilização da Natureza, como também se torna muito importante gerir bens e serviços ambientais. O crescimento econômico seria necessário para permitir a proteção das espécies, e a necessidade de se mergulhar em duros debates de ecologia política para mudar o desenvolvimento atual é diluída.

Um dos exemplos mais contundentes dessas mudanças é a *ciência da conservação*, impulsionada, entre outros, por Peter Kareiva (Kareiva & Marvier, 2012). Parte-se da discutível afirmação de que a "biologia da conservação" (Soulé, 1985) estava interessada somente no bem-estar de uma Natureza não humanizada. Em seguida, apresenta-se como uma "nova alternativa" uma posição especificamente focada em melhorar a vida humana por meio da gestão do meio ambiente, em que as estratégias devem simultaneamente beneficiar a biodiversidade e as pessoas (Kareiva & Marvier, 2012).

Ao ser concebida sobretudo como uma "ciência", são reforçadas as posturas que não aceitam a conservação como uma disciplina de crise, na qual a evidência científica deveria articular-se com a experiência e a necessidade de ação. Insiste-se agora em uma perspectiva científica mais convencional, supostamente mais objetiva e neutra, com menos discussão sobre valores e moral. Paralelamente, concebe-se que a Natureza está sempre antropizada, minimizam-se os efeitos da degradação ambiental e da extinção, acredita-se que os ecossistemas não são frágeis nem necessariamente colapsam, e as capacidades de recuperação e restauração ambiental são exageradas, entendidas como resiliência. Diz-se, inclusive, que é preciso intervir nos ecossistemas para assegurar o benefício das pessoas, especialmente dos pobres.

Esse entendimento e essa sensibilidade são conhecidos na América Latina, e exemplificados nos programas de instituições como Nature Conservancy, Conservation International e, mais recentemente, com a guinada corporativa do WWF. Seu vocabulário insiste em capital natural, bens e serviços ecossistêmicos e resiliência.

É aceitável que a conservação tenha como foco meios ambientes antropizados, já que atualmente cobrem as maiores superfícies, mas a partir daí essa nova perspectiva toma uma direção surpreendente: os "conservacionistas devem abandonar suas noções idealizadas de natureza, parques, áreas silvestres — ideias que nunca foram apoiadas por uma boa ciência da conservação — e forjar uma visão otimista, mais amigável aos seres humanos" (Kareiva *et al.*, 2011). Os conservacionistas têm ambições fantasiosas, segundo Kareiva *et al.* (2011), ao perguntar se "deter o desmatamento na Amazônia" é algo possível, e mesmo necessário (uma posição que celebraria, por exemplo, o novo governo de Jair Bolsonaro). Entendem que uma conservação com sentido ecológico coloca as pessoas contra a Natureza (usando como exemplo as tentativas de deslocar grupos indígenas de áreas naturais para formar parques). Portanto, tais autores afirmam ser preciso abandonar as oposições binárias, como "conservação *versus* crescimento". Não é nenhuma surpresa, então, que entre os novos "postulados normativos" que defendem se encontrem o seguinte: "os conservacionistas devem trabalhar com as corporações"; somente por meio de uma maximização conjunta dos objetivos econômicos e conservacionistas é que a conservação teria possibilidade de sucesso (Kareiva & Marvier, 2012).

Muitas das afirmações dessa nova ciência da conservação têm sérias limitações. Argumentar que instrumentos como parques ou áreas naturais carecem de base científica é um erro crasso. Minimizar graves problemas como o desmatamento amazônico revela que não são compreendidas suas consequências em perda de biodiversidade e alteração de processos ecológicos continentais e globais. Seus postulados normativos nem ao menos estão fundamentados em questões ambientais, e outros são muito discutíveis (por exemplo, quais são os valores em jogo quando se diz que necessariamente se deve trabalhar com corporações para que a conservação tenha sucesso?). Segue-se uma análise política e social (em sentido amplo) simplista; Kareiva e Marvier (2012) afirmam, por exemplo, que as corporações em "essência são as 'espécies-chave' dos ecossistemas globais". Isso deixa claro que não entendem o que é uma corporação transnacional, quais são suas dinâmicas, a responsabilidade de muitas delas em graves problemas ambientais e sociais, ou o que é a atual globalização. Da perspectiva de uma política ambiental enraizada na América Latina, não se pode deixar de notar que tais proposições estão tingidas de um colonialismo epistêmico e político.

Essa nova conservação faz desaparecer os mandatos normativos de uma ética ambiental e, mesmo que se aceite que haverá quem busque a conservação por causa dos valores intrínsecos, deriva em posturas utilitaristas: a conservação se deve a interesses humanos. Portanto, a proteção da biodiversidade não deve ser feita somente porque as espécies estão em perigo, mas também porque é de interesse para a sobrevida humana, algo que sem dúvida é verdade, mas que no contexto dessa "nova" conservação nos deixa novamente aprisionados dentro do utilitarismo — mais especificamente, em um próprio das corporações e da globalização. Não se admite como deveria existir limites ecológicos ao desenvolvimento contemporâneo, e a mensagem é de aceitação de um capitalismo benévolo, no qual as corporações, juntamente com governos e comunidades locais, resolverão os problemas ambientais. Não há uma visão crítica sobre o papel do atual tipo de desenvolvimento como principal causa do problema ambiental.

Um exemplo concreto dessas posições é a estratégia de conservação amazônica de T. Killeen (2007), da Conservation International. Sua avaliação da situação é grave. Ele prognostica que se conseguirá preservar apenas entre 30% e 40% da Amazônia. Mas, na sua visão, a pressão da globalização é enorme, e pouco ou nada pode ser feito para enfrentá-la. Não haveria alternativas, não são tentadas opções diferentes de vinculação da Amazônia com seus próprios países e com a globalização. A conservação deveria reconhecer o predomínio dos mercados e se adaptar a eles (por exemplo, cobrando pelos "serviços ambientais"). Portanto, sua proposta busca somente criar uma rede de ilhas protegidas que possam ser autofinanciadas pela venda de seus serviços e bens ambientais, créditos de carbono etc., enquanto o restante dos territórios é dado como perdido. Não são discutidos outros processos produtivos, distintas inserções exportadoras, opções diferentes de integração continental. Tampouco será encontrada uma ética biocêntrica, e isso é o que obriga o autor a navegar no utilitarismo, tendo como consequência a resignação: somente uma pequena porção da Amazônia será salva.

As posturas de Kareiva *et al.* (2011) são politicamente conservadoras e repetem ideias que também são expostas por governos e empresas. Entre elas, estão os pedidos de abandonar o que entendem como ideias fantasiosas sobre a Natureza e seu fatalismo sobre a impossibilidade de salvar a Amazônia do desmatamento.

12.4. Ecologia, sociedade e desenvolvimento

Uma análise rigorosa da "nova" ciência da conservação e de ideias similares evidencia outras limitações; entre elas, a reivindicação do protagonismo da ciência, mas sem considerar alguns consensos atuais. A ecologia contemporânea mostra que os ecossistemas silvestres expressam complexas estruturas e funcionalidades, e que as intervenções humanas em direção à sua artificialização sempre os simplificam, tornando-os mais frágeis e colocando em risco especialmente espécies pouco conhecidas (por exemplo, invertebrados). Os meios ambientes tropicais, principalmente, são muito complexos, enquanto o entendimento sobre seu funcionamento e sua composição é reduzido; portanto, deveriam prevalecer posturas de precaução e reconhecimento de incertezas.

A "nova" conservação apresenta como uma novidade o fato de que as dinâmicas ecológicas não podem ser separadas dos sistemas humanos, e comumente aborda essa condição recorrendo à ecologia da resiliência. Aparentemente esqueceram, ou ignoraram, que mais ou menos o mesmo vem sendo dito desde o começo do século xx, começando pela própria definição de ecossistema e seguindo pelas contribuições das antropologias ecológicas, das ecologias políticas, da economia ecológica.[59] A partir daí, cai-se em um

---

59 A "nova" ciência da conservação evoca a ecologia da resiliência (citando repetidamente C. Folke, entre outros; ver, por exemplo, sua revisão de 2006, e os ensaios em Berkes *et al.*, 2003) para abordar as estreitas relações entre sistemas ambientais e sociais. As limitações de espaço impedem uma análise mais detalhada dessa "ecologia da resiliência", mas é apropriado indicar que, em sua

uso exagerado da ideia de resiliência que, entre outras coisas, gera análises muito limitadas sobre o desenvolvimento e a política; portanto, as propostas de reforma ou transformação são muito fracas ou vagas. É possível que seja por isso que a questão da extinção é minimizada em alguns momentos, e se assume que, quando uma espécie desaparece, outra poderá substituí-la, cumprindo funções similares em um ecossistema.

É também uma postura que se autoimpõe a tarefa de garantir o crescimento econômico. Uma vez que define a si mesma como um compromisso humanitário, e ao mesmo tempo sustenta que as exigências substantivas de proteção ecológica são anti-humanitárias, não pode fazer muitas reivindicações em temas ambientais. Soulé (2013) explica adequadamente essa contradição: os conservacionistas tradicionais não demandam que os humanitários deixem de prestar assistência aos pobres e marginalizados, mas essa "nova" conservação, que se diz "humanitária", exige não que a Natureza seja protegida para seu próprio bem, e sim que seja conservada somente se beneficiar materialmente os seres humanos. É o regresso, atualizado, da velha conservação ao estilo Gifford Pinchot, própria do século XIX, funcional às estratégias convencionais de desenvolvimento.

> essência, não oferece contribuições inéditas; é, na verdade, um conjunto de reformulações genéricas de diferentes abordagens sobre as relações entre "sistemas" ambientais e humanos.
> É importante não perder de vista que os "sistemas" humanos e ambientais são de qualidades muito diferentes, e os modos de estudar e intervir entre espécies da fauna e da flora não podem ser transferidos ao que acontece na sociedade — o "sistema" humano. Minimizam-se complexos problemas sociais (como poder, ideologias políticas, concepções de justiça etc.), há confiança exagerada em visões simplistas de "governança", não se dá atenção adequadamente aos imperativos econômicos etc.
> Em resumo, a ecologia da resiliência, nesse sentido expandido, contém uma ecologia política limitada.

Além disso, é uma perspectiva que se encaixa perfeitamente no discurso de vários governos em defesa dos extrativismos como meio de financiar a redução da pobreza, e é também aceitável para as corporações, que por isso financiam essas organizações.

Todas essas particularidades explicam o fato de que essa "nova" conservação não possa aceitar uma ética biocêntrica e fique relegada a valorações utilitaristas, embora não as reconheça explicitamente. Esse fato é muito frequente no antropocentrismo utilitarista. Evita-se o terreno da ética, e a conservação é apresentada com base em um mandato moral. Desse modo, não se nega a proteção ambiental, que, no entanto, se torna subsidiária dessas outras considerações sobre crescimento e satisfação de necessidades materiais. Na prática, são posições que também dão muita importância a substitutos das análises de planejamento e custo-benefício econômico — o que os leva a propor, por exemplo, a venda de áreas protegidas em que o preço da terra é alto para se comprar outras áreas (Kareiva, 2010).

A conservação desempenha um papel-chave em uma necessária redefinição do desenvolvimento e na busca de alternativas. É necessário que proporcione contribuições de alta qualidade em seu terreno específico, como o estado do meio ambiente, a situação de espécies ameaçadas e as vias para se assegurar a efetividade das áreas protegidas. Mas não é uma disciplina concebida para, por exemplo, resolver os problemas do desemprego ou da pobreza; para tais objetivos, existem outros campos de reflexão e ação. A "nova" conservação não compreende essas diferenciações e acaba sendo diluída em razão de seu compromisso com a garantia do crescimento econômico. Não se discute o papel dos países latino-americanos como fornecedores de recursos naturais nem as injustiças ambientais.

Uma analogia permite complementar a descrição do problema resultante: é como se, no terreno da saúde pública, os médicos estivessem dedicados a assegurar a sobrevida dos pacientes em função do crescimento econômico do setor de saúde, e argumentassem, por exemplo, que desejar que todas as pessoas estejam saudáveis são "ambições fantasiosas"; em vez disso, deveríamos aceitar que haverá muitos doentes ou promover a venda de alguns hospitais para conseguir dinheiro.

O custo de excluir o biocentrismo, em particular, e a ética ambiental, em geral, é muito alto. A consequência é uma conservação marcada pela resignação, pois se aceita que ocorrerão extinções inevitáveis de espécies, que ecossistemas serão perdidos, que pouco pode ser feito para sair das armadilhas do desenvolvimento atual. Surgem, então, profissionais da conservação que se especializam em ponderar os *trade-offs*, em proteger algumas áreas em detrimento de outras, em decidir quais espécies merecem ser salvas e quais não (Marris, 2007), e tudo isso é apresentado como uma discussão científica neutra. (Os ensaios de Leader-Williams *et al.* [2010] oferecem diferentes tipos de abordagem.)

Retomando a analogia feita anteriormente, isso seria como pensar um sistema de saúde de um país que, por ter um orçamento anual reduzido, cria uma junta médica para determinar o tipo de doentes que se tentará curar e quais simplesmente serão deixados para morrer. A analogia não é extrema; pelo contrário, expressa as situações dramáticas às quais se chega quando se impõem uma desvinculação da ética e um conformismo político com o desenvolvimento atual. Embora se diga que a ética ambiental é deixada do lado de fora, quando isso acontece sempre permanece oculta uma ética antropocêntrica utilitarista.

12.5. Antropocentrismo e biocentrismo, novamente

Como fica evidente, a "nova" conservação integra as perspectivas antropocêntricas prevalentes. Articula-se facilmente com outras posturas, ideias e instrumentos desse tipo de abordagem, que, por sua vez, apoiam-se uns nos outros. O antropocentrismo reproduz a fé em um crescimento econômico sempre expansivo, serve à mercantilização dos elementos e processos da Natureza e estimula a ilusão de que uma gestão financeirizada e rentista garantirá a proteção ambiental.

As consequências desse olhar valorativo são enormes, e muitos de seus aspectos já foram considerados neste livro. Mas não é exagero insistir que, ao se assumir a valoração econômica, a Natureza imediatamente se transforma em um tipo de "capital" que pode ser intercambiado e substituído de forma plena por outras variedades de capital. Essa substituição perfeita de capitais é um postulado importante nos modelos econômicos neoclássicos em que, por exemplo, parafusos podem ser intercambiados por mesas (e o dinheiro serve a essa mediação). O uso crescente das categorias como "bens" e "serviços" ambientais opera no mesmo sentido, assumindo que tanto elementos como processos ecossistêmicos poderiam ser tratados como mercadorias (ou capital) e, dessa maneira, integrados aos processos econômicos. Note-se que o resultado disso é esperar que a conservação seja uma forma de "investimento" em capital natural.

Embora vários efeitos desse olhar já tenham sido analisados em outros capítulos, é apropriado acrescentar as influências nas disciplinas científicas envolvidas com a conservação. A predominância desse tipo de utilitarismo inclinado para a mercantilização impõe a necessidade de uma Natureza que o capital possa reconhecer e manejar. Tanto o Estado como o capital reivindicam da ciência que faça coisas e imponha medidas funcionais a essa racionalidade de mercado. Mas a ciência não pode realizar essa tarefa de forma estável e satisfatória, como adverte Robertson (2006), e o resultado dessas tentativas é a criação de cada vez mais âmbitos diferenciados para a circulação do capital, úteis para os empresários interessados em tais negócios — um "capitalismo verde" —, mas de duvidoso rigor científico e escassos resultados quanto à proteção ambiental.

Aparentemente, esquece-se que assimilar as espécies vivas ou a dinâmica ecológica a uma forma de capital é uma ilusão. Por mais dinheiro que se tenha, este não se transforma em árvores; a partir dos pregos não é possível regressar ao ecossistema natural do qual os minérios foram extraídos. Muitas perspectivas ficam aprisionadas em *nonsenses* ecológicos, pois uma floresta não se restaura nem se regenera simplesmente com injeções de dinheiro, nem a intercambiando por outras variedades de capital. Porém, a penetração cultural do olhar antropocêntrico é tão profunda, é tão culturalmente aceita, que é sempre difícil propor alternativas.

Além disso, continuam surgindo novas propostas próprias do antropocentrismo, com foco no desenvolvimento convencional. Entre as mais recentes, encontra-se a "economia verde" (*green economy*), um ambicioso programa promovido pelas Nações Unidas, apoiado por diversos países industrializados, acadêmicos e ONGs, e discutido intensamente no processo da cúpula sobre meio ambiente e desenvolvimento no Rio de Janeiro (2012). É uma posição que não oculta sua intenção de reimpulsionar o crescimento econômico; sua prioridade é arrefecer a crise nos países industrializados, e seu interesse está em expandir ainda mais os mercados de bens e serviços ambientais. É uma posição tão extrema que até se pode duvidar se representa uma forma de sustentabilidade fraca.

No terreno das práticas, também se observam várias tensões. Temos, por um lado, uma conservação que poderíamos chamar de "militante", em que há cientistas, biólogos e muitos outros que batalham diariamente para preservar diferentes ecossistemas e espécies. Mas também há um campo em que, parafraseando MacDonald *et al.* (2007b), há novos "cientistas da conservação" que trocaram as botas cheias de barro por sapatos lustrados, e que não trabalham mais entre árvores e arbustos, mas nos resplandecentes corredores de governos ou empresas, e, como não é possível estar ao mesmo tempo contra todos os perversos extremos atuais, assumem que alguns impactos deverão ser aceitos.

Ao apontar essa situação, não rejeito o papel da ciência em geral e da ecologia e outras disciplinas em particular, nem reivindico que as valorações econômicas sejam descartadas. Pelo contrário, considero que as melhores ciências ambientais são fundamentais para poder executar boas estratégias de conservação. Mas a neutralidade científica não é suficiente para enfrentar a crise ambiental. Continua vigente a velha premissa da ecologia política, que postula que o mero acúmulo de informação técnica sobre nossos males ecológicos não desencadeará as mudanças sociais e políticas necessárias. Para buscar tais transformações, o papel da ética é essencial. A valoração econômica não pode ser usada para impedir a expressão de outras dimensões éticas, nem como modo de imposição de uma gestão ambiental mercantilizada. Pelo contrário: a melhor conservação será alcançada onde for explorada a multiplicidade ética.

Além disso, para buscar com seriedade a garantia dos direitos da Natureza, é preciso contar com uma biologia da conservação que coloque entre seus postulados centrais os valores intrínsecos da Natureza. Isso significa que a conservação própria do biocentrismo é, sem dúvida, diferente das conservações abrigadas no antropocentrismo. Dessa forma, as práticas também mudam: a paixão na realização dessa tarefa é celebrada, e o cientista da conservação é também um militante comprometido.

Por fim, a conservação não pode tolerar uma camisa de força que a obrigue a aceitar os estilos de desenvolvimento atuais, como o papel das economias latino-americanas como fornecedoras de recursos naturais. É nesse tipo de desenvolvimento, e na ética que o sustenta, que se originam todos os atuais problemas ambientais. Buscar alternativas ao desenvolvimento, tanto para superar a desigualdade e a pobreza como para assegurar a sobrevida das espécies e ecossistemas, somente será possível se os marcos éticos também forem modificados.

13. Desafios de uma nova ética ambiental

Ao longo das últimas décadas, uma enorme quantidade de informação sobre a gravidade da crise ambiental vem se acumulando. Na América Latina, todos os diagnósticos coincidem em apontar a contínua perda de espécies silvestres e áreas naturais, enquanto em escala planetária mudanças globais em várias frentes já são consideradas, como em relação ao clima e aos oceanos. Apesar de todos os alertas, os mesmos tipos de desenvolvimento persistem — ainda que, diante de situações de iminente gravidade, como as mudanças climáticas, não se chegue a compromissos concretos de mudanças. O acúmulo de toda essa informação sobre a crise ambiental por si só não tem gerado alternativas substantivas nas políticas ambientais, nos marcos morais ou nas bases éticas que os sustentam.

Isso não é surpresa alguma, pois enquanto prevalecerem éticas que concebam o meio ambiente como um conjunto de recursos que devem ser aproveitados, posições utilitaristas se repetirão, e se insistirá na manipulação, bem como no controle. Todos os capítulos anteriores mostram que, enquanto não for possível entender e sentir a Natureza em seu conjunto, e de maneira diferente à de um mero amontoado de recursos a serem explorados, pouco se poderá avançar.

Portanto, qualquer alternativa substancial sobre as estratégias de desenvolvimento e as posturas sobre a Natureza devem necessariamente incorporar a ética.

Essa necessidade, repetida em todos os capítulos, não responde a manias acadêmicas, e sim aparece como um imperativo primário. A experiência das últimas décadas mostra que, se as formas de valorar o meio ambiente não mudam, sempre se volta a cair em sua exploração descontrolada. Essa não é uma tarefa simples, uma vez que as valorações prevalecentes são parte da essência de nossas culturas. Não é uma mera mudança política; na verdade, visa a modificar a essência das atuais ontologias, dos modos de nos entendermos no mundo. As diferentes questões analisadas ao longo dos capítulos deste livro permitem destacar alguns componentes dessa tarefa.

13.1. A construção de uma nova ética

O primeiro ponto a ser defendido é a importância de promover e construir outro tipo de ética em relação ao meio ambiente. É comum entender as questões éticas como restritas a filósofos ou políticos, distantes das necessidades concretas das pessoas ou das políticas públicas. Mas, na verdade, os que conduzem as decisões práticas do desenvolvimento, como autorizar um empreendimento de mineração ou assinar permissões de exploração agrícola, reconheçam ou não, estão lidando com valores. O mesmo acontece com as posições de profissionais, como biólogos ou economistas, com as resoluções de funcionários estatais ou políticos, com o apoio ou o repúdio de cidadãos, e assim sucessivamente. É necessário deixar isso claro, tornando visíveis esses aspectos éticos. Mas, além disso, em todos esses campos, as considerações sobre a ética devem ser ativamente promovidas. Não são secundárias, e sim componentes da maior importância para se ponderar perspectivas e decisões.

Em segundo lugar, é evidente que há muitos ensaios, experiências e novidades nessa frente. O olhar ético avançou substancialmente nos últimos anos, notavelmente no caso do Equador, com o reconhecimento dos direitos da Natureza. Esta continua sendo a experiência mais promissora, e uma mudança de tal magnitude era impensável poucos anos atrás. Porém, essa preocupação também será encontrada nos atuais debates sobre o desenvolvimento sustentável, na biologia da conservação e em alternativas como o Bem Viver, entre outros. O mesmo acontece com muitas experiências cidadãs, cujas práticas e sensibilidades são claramente biocêntricas. Um balanço dessas situações mostra que as mudanças são possíveis, que o valor do exemplo é enorme para se promover a difusão de abordagens inéditas, e que as atuais discussões não são as mesmas que as de dez anos atrás.

No entanto, em terceiro lugar, também se deve admitir que as resistências são enormes e que os avanços na promoção de perspectivas biocêntricas se chocam frequentemente com o núcleo duro do antropocentrismo dominante em nossas culturas. Isso não deixa de ser compreensível, uma vez que reconhecer valores próprios no meio ambiente implica mudanças que atacam as raízes da ontologia da modernidade. Portanto, ocorrerão avanços e retrocessos. Estamos diante de fenômenos que poderiam ser descritos como um "choque biocêntrico", em razão do fato de que essa nova ética coloca tantos elementos em discussão e exige tantas mudanças que os reflexos iniciais quase sempre são negações ou resistências.

Tal dinâmica de tensões e contradições permite abordar um quarto ponto. Vivemos momentos de exploração e construção de éticas para as alternativas, e não de propostas acabadas e definidas. Os casos comentados neste livro expressam tentativas ou ensaios de reposicionar as questões ambientais e, sobretudo, de fortalecer uma defesa mais enérgica da biodiversidade, em particular situando-a no âmbito da ideia de direitos da Natureza.

Nessa etapa de explorações, nem sempre há descrições precisas; por outro lado, há evocações diversas (como a defesa das justiças ambiental e ecológica a partir de várias normativas). Muitos ensaios se expressam a partir das metáforas, que abordam não apenas questões instrumentais como também afetividades e sensibilidades. Não há consensos sobre tais questões, e todas elas estão sob debate público. Esse é um espaço de fronteira.

É apropriado recordar a história do conceito de direitos humanos para ilustrar essa particularidade. A ideia de que as pessoas possuem direitos, que estes cobrem certas questões e que podem ser violados, e que por isso é possível apresentar reivindicações ou demandas, não foi estabelecida da noite para o dia (Weston, 1992). Começou com retóricas e metáforas, avanços em alguns lugares, retrocessos em outros, protestos e mobilizações, e ensaios bem-sucedidos que sustentaram avanços ainda maiores. É muito útil revisar a recopilação da Unesco (1949), na qual personalidades como Jaques Maritain, Mahatma Gandhi, Edward Hallett Carr, Benedetto Croce e Teilhard de Chardin oferecem opiniões sobre o que tais direitos das pessoas deveriam ser. Essa história é vista atualmente como um processo fluido e unitário, mas somente o é em retrospectiva, pois as ideias prevalecentes condicionam sua compreensão, ofuscando outras posturas e tentativas. É, além disso, um processo que continua até hoje, como fica evidente nos debates atuais sobre os alcances dos direitos de terceira geração, e em particular com os direitos da Natureza.

A ética convencional também resiste a lidar com esses ensaios ou tentativas iniciais de novas valorações, precisamente por seu caráter heterodoxo, às vezes impreciso e contraditório, ainda em construção, e que em certas ocasiões não se encaixa adequadamente em nenhuma tradição filosófica ocidental. O ecologista ou o militante ambiental orientado ao biocentrismo não inicia suas práticas necessariamente a partir de um *a priori* sobre os valores, sabendo tudo que é preciso; na realidade, é essa tarefa que permite pensar e avaliar outras éticas. Mas nada disso é negativo em si, e é necessário aceitar que estão vindo à luz éticas mescladas, heterogêneas e diversificadas.

As abordagens em ética ambiental crescem, nutrem-se e até se poderia dizer que coevoluem com as práticas ambientais e outras contribuições. O significado desse quinto aspecto é que não se deve considerar que primeiramente será desenvolvida uma ética ambiental, e que dela derivarão morais e guias de ação. Não se pode esperar que a ética seja um procedimento sistematizado, que gere valorações ambientais precisas e delimitadas, como uma reflexão desconectada de outros campos da ciência, da gestão e da cotidianidade, e que seria aplicada em diferentes práticas. Essa postura hierárquica e linear é inapropriada (Weston, 1992).

Pelo contrário, as ações concretas, as reivindicações cidadãs, os êxitos e fracassos igualmente alimentam a reflexão sobre a ética ambiental. As práticas, a reflexão e a imaginação de alternativas estão estreitamente associadas, nutrem-se mutuamente e avançam em conjunto. As práticas concretas, sejam as dos biólogos que defendem programas de conservação, sejam as de comunidades locais que denunciam impactos ambientais, são contribuições indispensáveis para se chegar a outras valorações. Por meio delas, ensaiam-se novas defesas dos direitos, recuperam-se outros olhares éticos, tornando-se parte dos debates públicos. A mobilização social, os debates políticos e a tarefa científica também contribuem para a exploração de múltiplas valorações. A situação equatoriana é um exemplo dramático, uma vez que a aprovação dos direitos da Natureza não foi uma consequência da recomendação de um grupo de filósofos ou éticos universitários, mas partiu de atores muito variados, de políticos a líderes indígenas.

Um sexto ponto é que essa construção deve acontecer com base em um diálogo entre culturas. É uma necessidade imperiosa, especialmente no contexto multicultural da América Latina. A recuperação de outras formas de valoração próprias dos povos indígenas ilumina a atual discussão, cumpre um papel fundamental para se chegar a alternativas em relação à nossa própria modernidade, e parece indispensável para enfrentar o futuro. Uma nova ética ambiental não postula que, por exemplo, os seguidores da ecologia profunda tentem convencer diferentes povos indígenas sobre as bondades de sua versão biocêntrica, e sim que ambos compartilhem tais sensibilidades, aprendam uns com os outros e eventualmente possam alcançar novas sínteses em direção ao futuro. A construção da ideia do Bem Viver é um exemplo extremamente valioso das potencialidades alternativas de um diálogo intercultural que conceda um papel de protagonistas a saberes e sensibilidades dos povos indígenas. Também é preciso que exista diálogo e aprendizagem com outros movimentos sociais, e entre eles destaco o feminismo, pois a nova ética ambiental também deve tirar suas camisas de força patriarcais.

Por fim, como sétimo aspecto, destacam-se as articulações que vão além do campo dos valores para incidir nas concepções fundamentais das pessoas e seus mundos. Uma nova ética ambiental passa por abordar as ontologias, nossos entendimentos sobre o que é a Natureza, os papéis principais do ser humano em relação a ela, e assim sucessivamente. É verdade que as novas éticas ambientais estão em estágios iniciais, mas está claro que muitas buscam transcender o antropocentrismo próprio da ontologia da modernidade. Nesses casos, tem-se como consequência choques ontológicos.

13.2. Direitos e políticas a partir da perspectiva do biocentrismo

Uma vez reconhecido que nos encontramos em um processo em marcha, com reflexões e sensibilidades variadas, embora coincidentes em valorar a Natureza de outras maneiras, é possível destacar algumas das contribuições que pessoalmente considero fundamentais.

O aspecto central é o reconhecimento de valores próprios na Natureza, independentemente de usos, apreciações ou inferências humanas. Portanto, a Natureza passa a ser um sujeito de valoração, e a partir daí é possível introduzir essa nova perspectiva nas atuais estruturas políticas e normativas por meio do reconhecimento de seus direitos.

Uma questão delicada é precisar qual é o sujeito que passa a ostentar tais direitos, ou seja, determinar o que se entende por "Natureza" quando se fala em direitos da Natureza. Aqui, tem-se insistido nesse termo por várias razões. Entre elas, está a recuperação de suas propriedades holísticas, revertendo as tendências a fragmentá-la em objetos, componentes e recursos. Em particular, a reivindicação do termo "Natureza" serve também como meio de resistência à atual mercantilização, o que é, possivelmente, uma tarefa urgente. É um melhor conceito para se defender sua incomensurabilidade, no sentido de que possui muitas e diferentes propriedades e atributos, que serão valorados cada um deles de forma diferente e, portanto, não podem ser resumidos em um único indicador. Ao mesmo tempo, o termo *Natureza* tem claras ressonâncias com as ideias de meios ambientes de baixa ou mínima modificação pelos seres humanos, ou então de áreas que possam ser restauradas. Não faz muito sentido se referir aos direitos da Natureza em relação ao jardim de uma casa, uma plantação industrial de árvores ou qualquer outro meio ambiente artificial.

Pois essa Natureza, que é sujeito, engloba conjuntos de espécies de animais e plantas próprios de cada região, de cada país, e que necessitam da integralidade dessas estruturas ecossistêmicas para poder sobreviver. Isso tampouco significa cair em outro extremo, assumindo que somente é possível uma Natureza silvestre sem humanos. Pelo contrário, a ideia de Natureza aqui defendida inclui os meios ambientes com pessoas, como povos indígenas, coletores amazônicos, camponeses e agroecologistas, que aproveitam os recursos sem destruir os ecossistemas em que residem. Essa é, além disso, uma das vias de articulação da ideia de Pacha Mama com o conceito de Natureza.

Outra via de abordagem corresponde à necessidade de se sustentar uma perspectiva intercultural em relação ao meio ambiente. A mesma pluralidade de valorações sobre o meio ambiente torna obrigatórios o respeito e a inclusão de perspectivas como as dos povos indígenas, principalmente caso permitam avançar, para além da ontologia antropocêntrica, em direção a outras, biocêntricas. Essa é uma das grandes vantagens do conceito de Pacha Mama e de sua particular associação com o conceito de Natureza.

É preciso aceitar as tensões entre as posturas antropocêntricas e biocêntricas, e que serão cada vez mais intensas à medida que avancem as reivindicações pelos direitos da Natureza. Não pode ser de outra maneira, dado o profundo arraigamento cultural e político do antropocentrismo que sustenta, a partir das concepções políticas, as ciências contemporâneas.

Por exemplo, é comum que se tente caracterizar ou detalhar os valores intrínsecos, mas isso nos faz voltar às posturas antropogênicas, no sentido da origem humana dessas apreciações. Da perspectiva do biocentrismo, não é preciso descrevê-los, classificá-los ou caracterizá-los, e o essencial e suficiente está em seu reconhecimento.

De todo modo, é necessário detalhar os níveis de aplicação desses direitos para que possam ser incorporados nos debates morais e políticos, nas normas e na gestão. No meu modo de ver, a melhor opção consiste em posicionar os direitos da Natureza e da Pacha Mama no nível das espécies. Dessa forma, garantem-se, por um lado, a sobrevida das espécies e a continuidade dos processos evolutivos e, por outro lado, que sempre sejam possíveis os usos e aproveitamentos humanos, quando sejam sustentáveis. Essa decisão está baseada, entre outros, em argumentos provenientes da ecologia e biologia da conservação. Por sua vez, a defesa da restauração da Natureza como outro direito também se apoia em algumas ciências ambientais que buscam recuperar ecossistemas danificados. Nesses dois casos, surgem novas tensões, pois tais contribuições vêm de ciências contemporâneas que historicamente foram geradas no âmbito do antropocentrismo da modernidade. Mas deixam sem argumento aqueles que, exagerada ou equivocadamente, afirmam que o biocentrismo proibiria o aproveitamento humano da Natureza. Na verdade, os direitos da Natureza tornam obrigatórios os usos criteriosos e ajustados; a sustentabilidade fica realmente delimitada à capacidade de carga dos ecossistemas. Portanto, o "desenvolvimento" será mais austero, e efetivamente focado na qualidade de vida das pessoas.

Como se pode ver a partir desses exemplos, trata-se de um biocentrismo que, embora proponha direitos da Natureza, não renega as ciências contemporâneas, mas as contextualiza e orienta de outra maneira. Será, por exemplo, uma conservação que terá como um dos pilares os valores próprios da Natureza e, como outro, a missão de assegurar a sobrevida da biodiversidade. Esse tipo de ecologia tem contribuições indispensáveis, tanto em nível local quanto continental e global. Nem sempre são evidentes as degradações ambientais, nem as interações que se dão em diferentes escalas geográficas (por exemplo, o encadeamento de efeitos do desmatamento amazônico em nível local, no regime climático e hidrológico da bacia, seus efeitos no resto do continente e, por fim, sobre todo o planeta).

Reconheço que outras tensões residem no fato de que as ideias sobre os direitos e a cidadania também são provenientes da modernidade ocidental. Mas entendo ser inevitável, e até necessário, articular uma postura biocêntrica com essa estrutura, pois todas as normas, a política e a gestão são sustentadas por alicerces modernos. Paralelamente, as reivindicações das comunidades locais são, em muitos casos, também do campo dos direitos humanos ou do papel dos cidadãos. Descrevendo essa situação de forma esquemática, uma vez que os atuais marcos de políticas, direitos e gestão estão pensados, escritos e aplicados a partir da ontologia da modernidade, a proteção dos direitos da Natureza, para ser efetiva, deve se articular inevitavelmente com eles. Tampouco se deve esquecer que o biocentrismo defende uma multiplicidade de valorações, e isso o obriga a reconhecer aqueles que seguem unicamente um olhar antropocêntrico, que está por trás de quase todas as normas atuais. O melhor exemplo para abordar isso é a solução equatoriana, que estabeleceu vias distintas, mas paralelas e articuladas, entre direitos humanos e direitos da Natureza.

Essas aberturas a posturas biocêntricas não podem ser ingênuas nem estar restritas a aspectos testemunhais. Devem servir como aberturas a reformas e transformações em vários planos, como uma justiça ecológica que garanta os direitos da Natureza ou uma redefinição ampliada das cidadanias em seus contextos ecológicos. Com isso, quero dizer que a abertura ao biocentrismo impõe transformações sucessivas em muitas outras dimensões; é o pontapé inicial de um longo processo.

Entre essas mudanças estão as formas de discutir, elaborar e praticar as políticas ambientais. Tais formas devem se pluralizar nos vários sentidos descritos no capítulo 7. Não podem mais ser um mero exercício de informação pública e avaliações de custo-benefício; precisam incorporar outras escalas de valoração e participações substantivas ao longo de toda sua elaboração. Devem conter meios de representar e tutelar outros seres vivos e seus meios ambientes, a partir de seus próprios valores, sem passar por uma "tradução" a termos econômicos. Essa nova política biocêntrica é, além disso, territorializada, pois as cidadanias e os ecossistemas são próprios de cada localidade. A política biocêntrica também é intercultural, reconhecendo que cada cultura apresenta suas próprias valorações. Em outras palavras, recorrendo a uma das lições do colombiano Orlando Fals Borda, devem ser políticas enraizadas, com raízes territoriais e culturais. Também devem abrigar outros sujeitos (não humanos) e outras vias de representação (para o não representável diretamente pela política convencional).

Segundo minha experiência, tais processos funcionam em ambas as direções. O reconhecimento dos valores intrínsecos permite defender os direitos da Natureza, e isso desencadeia mudanças em planos como as ciências ambientais, a justiça, as políticas etc. Mas, por sua vez, expressões que partem dos debates políticos obrigam a reconsiderar as valorações convencionais. É comum, por exemplo, que, em conflitos ambientais, distintos atores locais defendam áreas ou espécies independentemente de seu valor econômico. Também é comum que em vários casos a liderança de tais conflitos esteja nas mãos de mulheres, que oferecem uma perspectiva de gênero que muitas vezes aponta em direção ao biocentrismo.

Certamente, as aprendizagens operam a partir das ontologias biocêntricas que se encontram entre povos indígenas, mas isso não quer dizer que não seja possível promover mudanças nelas. Efetivamente, os direitos da Natureza também exigem transformações, por exemplo, naqueles que habitam o mundo da Pacha Mama, pois os atuais problemas ambientais são de gravidade e envergadura inéditas e requerem estratégias de conservação inéditas para todos.

Em quaisquer desses sentidos, as mudanças políticas promovidas a partir do biocentrismo sempre devem estar atentas para garantir sua legitimidade. Isso significa que elas precisam ser entendidas e aceitas por amplas maiorias, que as devem reconhecer como necessárias e assumir seus princípios. O biocentrismo não pode ser imposto por uma minoria para as maiorias, pois é essencialmente democrático; sua própria reivindicação pela multiplicidade de valorações susupõe essa condição. Isso terá como consequência processos que deverão avançar passo a passo, explorando diferentes transições, sem que para isso abandone sua radicalidade.

13.3. Contextos locais e demandas universais

Outro assunto que representa desafios importantes está nas formas de equilibrar componentes que aparecem como universalistas com a construção de éticas ambientais, morais e políticas, que são locais e estão territorializadas. O biocentrismo é sempre construído localmente e está arraigado em territórios, mas, ao mesmo tempo, é necessária uma ética ambiental global para que seja possível atender às mudanças planetárias e sustentar cada uma de suas expressões locais. Esse tipo de tensões entre a possibilidade de fundamentos éticos universais e construções particulares tem afetado a ética já há um longo tempo. É uma questão delicada e que está muito bem expressa em vários debates em torno dos direitos humanos, defendidos, de fato, com pretensões de universalidade (inclusive na Declaração Universal dos Direitos Humanos), embora claramente tenham origem ocidental. Por outro lado, há culturas que resistem a esse tipo de direitos e defendem outras posições (alguns governos da Ásia empregam suas próprias versões de valores e direitos). Em determinadas circunstâncias, é compreensível a necessidade de defender outras especificidades culturais, mas em outros casos as situações são muito mais complexas.

Sem dúvida, existem culturas e comunidades que defendem uma ética ambiental biocêntrica a partir de seus territórios, mas também existem grupos e governos que consideram que a ideia de uma Natureza com direitos é uma invenção do Norte, qualificam-na de imperialista e a rechaçam, alegando que impede o "direito ao desenvolvimento" no Sul (como o fizeram vários governos latino-americanos). Assim, utilizam uma denúncia contra o "Norte" para justificar os impactos ambientais. Essa situação se assemelha, em parte, ao debate sobre a igualdade de gênero e o respeito às mulheres. São demandas que se universalizaram, mas, nos lugares em que as mulheres são mantidas em posições subordinadas à vontade dos homens, resiste-se a tais direitos por meio da evocação de uma ética tradicional própria. Mas o bom senso nos indica que é preciso ocorrer uma mudança nessas culturas para que seja possível alcançar a igualdade de direitos e as oportunidades entre mulheres e homens. A ética ambiental sofre com tensões similares, já que precisa ter certo alcance universal, mas, ao mesmo tempo, está baseada em expressões que são próprias de cada lugar e cultura. Portanto, as culturas que, por exemplo, superexplorem uma espécie animal até levá-la à extinção, por mais que justifiquem esse fato com suas tradições ou religiosidades, adotam práticas inaceitáveis.

A melhor maneira de resolver tais tensões, no meu modo de ver, deve nutrir-se da observação atenta de diferentes práticas. Ao se compreender que uma ética biocêntrica está arraigada em territórios e comunidades, e é, portanto, relativa a cada um desses contextos, nada impede que se defenda que o reconhecimento desses valores intrínsecos seja uma posição ética universal. Local ou regionalmente, determinam-se as formas específicas sob as quais se expressam os modos de entender essas múltiplas valorações sobre a Natureza. Aceitar valores intrínsecos da Natureza tem consequências na moral, na política e na justiça, uma vez que, na medida em que a vida deve ser protegida em todos os cantos do planeta, são gerados imperativos universais. Problemas ambientais globais, como as mudanças climáticas ou a acidificação dos oceanos, reforçam ainda mais tal postura.

Dessa maneira, articula-se uma escala universalista, mas que só pode ser expressa localmente em territórios e culturas. É possível evocar valores intrínsecos tanto em uma selva da Malásia como na Amazônia, tanto nas savanas africanas como nos pampas sul-americanos, mas suas conformações serão diferentes em cada lugar, e, dessa forma, também o serão as políticas ambientais derivadas. Da mesma forma, como já foi dito, na medida em que as comunidades estão interconectadas, estabelecem-se diálogos e aprendizagens umas com as outras. Isso acontece com as questões ambientais, e umas pegam ideias e sensibilidades das outras, reformulam-nas e as hibridizam com suas próprias ideias e posturas.

Como se pode ver, tais ideias se baseiam nas práticas atuais, e não coincidem necessariamente com a reflexão acadêmica. O reconhecimento desse marco territorial e cultural se aproxima em parte de algumas posições dos chamados comunitaristas, como os filósofos Alasdair MacIntyre e Charles Taylor — duros críticos de uma ética utilitarista, essencialmente individualista, e defensores de políticas de reconhecimento de comunidades tolerantes com as diferenças culturais. Mas os comunitaristas criticam também as pretensões de universalidade de liberais e utilitaristas. Distanciando-se dessa postura, a defesa do reconhecimento de valores próprios à Natureza em escala universal, como se faz aqui, tem ressonância com a filosofia kantiana.

As mudanças ecológicas em escala planetária tornam necessários o esforço para se adotar um olhar planetário e o alcance universal de uma ética biocêntrica. Os problemas ambientais já atingiram uma enorme gravidade em escala global, e, portanto, são necessárias respostas coordenadas e consistentes nessa mesma escala.

Estabelecidas tais condições, de toda forma é preciso levar em consideração que conceitos e sensibilidades como a Pacha Mama apresentam claras conotações andinas e podem ser utilizadas de maneira ampliada em boa parte da América Latina. Isso não significa, porém, que esta seja a melhor solução para todo o planeta. Do mesmo modo, não se deve adotar marcos normativos europeus ou norte-americanos para serem impostos às constituições ou leis da América Latina.

Efetivamente, a ética ambiental que proponho não aceita qualquer relativismo justificado pelos contextos territoriais ou culturais. Pelo contrário, existem expressões e práticas muito diferentes em que umas servem para preservar os direitos da Natureza e outras, não. Em caso de dúvida, é adequado voltar ao mandato moral de Leopold, segundo o qual o correto é o que "tende a preservar a integridade, estabilidade e beleza da comunidade biótica". Consequentemente, as noções do "bom" estão estreitamente associadas à manutenção da biodiversidade e à marcha evolutiva de cada espécie. Portanto, o marco moral indica que o correto é aquilo que garante a vida, incluída a vida não humana.

13.4. Urgência, desafios e alternativas

A construção de novas formas de valorar o meio ambiente é urgente. Não há tempo a perder. As diferentes valorações ecológicas coincidem em alertar sobre diversas situações graves, e algumas delas, como as mudanças climáticas, continuam progredindo sem que sejam adotadas medidas concretas para detê-las — e menos ainda para revertê-las. É imprescindível aceitar o contexto de urgência que caracteriza toda a questão ambiental.

A América Latina encontra-se situada em um notável contexto ecológico, cultural e histórico para essa tarefa. A enorme riqueza e variedade de fauna, flora e paisagens do continente deixa muito claro que é urgente e necessário recuperar os sentidos da ideia de Natureza. Refiro-me às concepções que aceitam sua integralidade, as estreitas relações entre componentes e processos, suas propriedades holísticas e que resistem às tentativas de fragmentá-la. Isso faz com que essas alternativas sejam éticas com relação à Natureza, ou então de entendimentos próximos (com uma ética da Pacha Mama).

Como foi indicado antes, estamos em uma etapa inicial de ensaios e explorações dessas alternativas. Portanto, não se pode esperar que exista um repentino consenso nacional ou internacional sobre uma ética da Natureza e da conservação; ou, pensando em países específicos como o Equador, que a aprovação de uma nova Constituição por si só seja suficiente para alcançar o respeito efetivo aos direitos da Natureza. Estamos em uma etapa de construção, com todos os seus defeitos e potencialidades. Mas a diversidade cultural latino-americana é uma fonte inesgotável de explorações e novidades para se abordar essas questões. A isso, somam-se as particularidades históricas, que resultam em momentos em que há mais opções para as transformações políticas que uma ética ambiental pressupõe. As mudanças políticas em vários países, embora limitadas ao plano ambiental, mostram igualmente que transformações substantivas são possíveis e que atores como indígenas e camponeses têm enorme capacidade de ação política.

É preciso uma mudança de atitude para avançar nesse terreno. As explorações e as metáforas são parte desses ensaios e devem ser respeitadas. As reações zombeteiras e pejorativas em relação àqueles que reivindicam o reconhecimento dos direitos de animais ou plantas não têm fundamento; os que exigem que esse olhar deva ter uma base "sólida" em uma ciência biológica mecanicista não entendem o que está acontecendo. As valorações alternativas sobre os seres vivos devem ser entendidas como esforços para gerar novas perspectivas éticas, o que as torna muito importantes, não somente em seus conteúdos específicos, como também nas sensibilidades e emoções que envolvem, e em suas práticas, seus modos de ação. Não somente as respostas são relevantes, como também são indispensáveis os modos e conteúdos de novas perguntas (Weston, 1992).

Essas e outras reações permitem colocar um limite à pretensão da valoração econômica de representar a essência do valor de tudo, ou quase tudo. Esse é um terreno no qual é urgente reconquistar a multiplicidade de valorações, tornando-o um espaço para as perspectivas biocêntricas. Toda a evidência disponível, resumida na persistente degradação ambiental na América Latina e em todo o planeta, é prova contundente de que os enfoques utilitaristas não funcionam e que, em longo prazo, reforçam a lógica de apropriação da Natureza e de um desenvolvimento reduzido ao crescimento.

Na América Latina, estamos em tempo de pôr em prática essa mudança, pois estamos cercados de exemplos e iniciativas que valoram a Natureza de outra maneira, e estão sendo executadas práticas de conservação desconectadas do mercado e imbuídas de um espírito biocêntrico. Nesse sentido, é importante resgatar uma experiência pessoal que aconteceu em maio de 2003, nas proximidades da cidade de Temuco, na região de Araucanía, no Chile. É significativa também porque é um lugar distante dos Andes centrais, o que mostra que também é possível se avançar nessa ética em outros locais.

Nessa região, a paisagem original era de densas florestas nativas que vêm sofrendo sucessivas modificações, desde a agricultura e a criação de gado até a disseminação de plantações florestais industriais. Nessa zona, visitei a propriedade de seu José, um veterano *lonko*[60] mapuche de uma comunidade rural. Ele é dono de pouco menos de vinte hectares, onde cria algumas poucas cabeças de gado e realiza alguns cultivos, além de manter protegida uma pequena área de bosque. Esse pequeno bosque, com alguns carvalhos austrais e colihues,[61] chamou a minha atenção, e, após eu ter-lhe perguntado mais a respeito, seu José disse que sua intenção era deixar intocado esse bosquezinho, sem modificá-lo e sem produção agropecuária, pois era um legado que desejava deixar para seus filhos.

Se tivesse prevalecido uma perspectiva antropocêntrica convencional, seu José certamente o teria substituído por cultivos ou pastos para seu gado, com a esperança de ganhar mais dinheiro. Mais de um técnico agropecuário indicaria que se está perdendo dinheiro ao se manter essa pequena superfície como "improdutiva". Se tivesse seguido ideias como a da economia verde, ele somente teria protegido seus bosques se alguém, uma empresa ou o Estado

---

60 Chefe tribal dos Mapuche, povo originário que habita regiões de Chile e Argentina. [N.T.]

61 Árvores típicas da região. [N.T.]

lhe houvesse pagado pelos bens e serviços ambientais que essas árvores ofereciam.

No entanto, esse *lonko* mapuche mantinha essa parcela de terra fora do mercado. Não a concebia como uma forma de capital, e sim como um patrimônio recebido como herança de seus pais (e que sua mãe recebeu de seus pais) e que deveria proteger, e, ele sentia, deveria legar a seus seis filhos. Seu José nada sabia sobre a ecologia profunda ou o capitalismo verde, mas sua sensibilidade, intuição e compreensão estavam claramente arraigadas em posturas biocêntricas. Ele considera esse bosque um patrimônio natural, não um capital natural. Afirma com orgulho: "Nós, os Mapuche, falamos com a Natureza; nosso pensamento *é na* Natureza porque somos parte dela". Fica claro que a própria identificação da pessoa se dá dentro da Natureza. Tudo isso sustenta, por sua vez, um sentido de responsabilidade, pois ele se refere uma e outra vez a seu dever de preservar esse bosque; é um biocentrismo que gera uma moral cujo foco é protegê-lo. Existem muitos outros casos e experiências como essas em todo o continente, muitas invisibilizadas pelas estratégias de desenvolvimento e pela política convencional, mas que tentam abrir caminho e subsistir.

Exemplos como esses são promissores e deixam claro que existe uma grande variedade de opções a serem identificadas e apoiadas. Contudo, também devemos ser conscientes de que boa parte da população latino-americana está urbanizada, e sua experiência da Natureza é cada vez mais distante. Esses numerosos contingentes apresentam vivências muito reduzidas sobre animais, plantas e paisagens naturais, quase sempre vinculadas ao turismo e às férias. Portanto, uma cota de realismo nos obriga a colocar entre as tarefas urgentes um grande esforço para reconectar os habitantes urbanos com a Natureza. Para tal, seriam necessárias atividades em muitos campos, desde a educação ambiental até a remodelação urbana, para dar lugar à Natureza dentro das cidades.

A reconexão com o mundo natural é também assunto dos sentimentos. É importante promover mudanças de atitude no sentido de abandonar toda a vergonha de exigir a proteção da Natureza a partir de perspectivas afetivas ou estéticas. Não faz muito sentido adotar sempre uma neutralidade cartesiana, em que o amor à Natureza somente pode estar situado no âmbito da vida privada, sem se infiltrar na profissionalidade científica. Inclusive, deveria ser estudada a criação de um código ético para os profissionais em temas ambientais e, em particular, na conservação. Se esse tipo de compromisso existe nas ciências médicas, formalizado em um juramento, é bem-vindo que o mesmo aconteça com as disciplinas da conservação.

Como se pôde ver ao longo deste livro, a ética biocêntrica promove políticas e gestões ambientais que se pluralizam em várias frentes. Defende que a vida, os seres vivos e a Natureza têm valores em si mesmos que vão além da utilidade para os seres humanos. Não pretende que as plantas e animais falem, apresentem-se em tribunais ou formem partidos políticos. Reivindica, em vez disso, que sejamos nós, os seres humanos, que comecemos a escutar, a entender e a aprender com os seres vivos e seus ambientes.

Referências bibliográficas

ACOSTA, A. (2008). *Bitácora constituyente*. Quito: Abya Yala.

_____(2010). "Hacia la declaración universal de los derechos de la Naturaleza", em *América Latina en Movimiento*, ALAI, n. 454, pp. 8-11.

_____(2011). "Los derechos de la Naturaleza: una lectura sobre el derecho a la existencia", em ACOSTA, A. & MARTÍNEZ, E. (orgs.). *La Naturaleza con derechos: de la filosofía a la política*. Quito: Abya Yala / Universidad Politécnica Salesiana, pp. 317-67.

_____(2012). *Buen Vivir. Sumak kawsay. Una oportunidad para imaginar otros mundos*. Quito: AbyaYala. [Ed. bras.: *O Bem Viver: uma oportunidade para imaginar outros mundos*. São Paulo: Elefante / Autonomia Literária.]

ACSELRAD, H.; HERCULANO, S. & PÁDUA, J. A. (orgs.) (2003). *Justiça ambiental e cidadania*. Rio de Janeiro: Relume-Dumará.

ACSELRAD, H; CAMPANELLO DO AMARAL MELLO, C. & DAS NEVES BEZERRA, G. (2008). *O que é justiça ambiental*. Rio de Janeiro: Garamond.

AGAR, N. (2001). *Life's intrinsic value: science, ethics, and nature*. Nova York: Columbia University Press.

ALAYZA, A. & GUDYNAS, E. (2012). "Sociedad civil y transiciones al postextractivismo: ensayos, dinámicas y lecciones", em VELARDI, N. & ZEISSER, P. (orgs.). *Desarrollo territorial y extractivismo: luchas y alternativas en la región Andina*. Cusco: Centro Bartolomé de las Casas / CooperAcción / GRET, pp. 235-64.

ANDERSON, T. L. & LEAL, D. R. (1991). *Free market environmentalism*. Boulder: Pacific Research Institute for Public Policy & Westview Press.

ATTFIELD, R. (1999). *The ethics of the global environment*. Edimburgo: Edinburg University Press.

_____(2013). "Biocentrism", em LAFOLLETTE, H. (org). *International Encyclopedia of Ethics*. Oxford: Blackwell, pp. 526-35.

ÁVILA SANTAMARÍA, R. (2011a). *El neoconstitucionalismo transformador: el Estado y el derecho en la Constitución de 2008*. Quito: Universidad Andina Simón Bolívar / Fundación Rosa Luxemburgo / Abya Yala.

_____(2011b). "El derecho de la naturaleza: fundamentos", em ACOSTA, A. & MARTÍNEZ, E. (orgs.). *La Naturaleza con derechos: de la filosofía a la política*. Quito: Abya Yala / Universidad Politécnica Salesiana, pp. 173-238.

BARNOSKY, A. D. *et al.* (2012). "Approaching a state shift in Earth's biosphere", em *Nature*, n. 486, pp. 52-8.

_____(2011). "Has the Earth's sixth mass extinction already arrived", em *Nature*, n. 471, pp. 51-7.

BARRY, J. (2006). "Resistance is fertile: from environmental to sustainability citizenship", em DOBSON, A. & BELL, D. (orgs.). *Environmental citizenship*. Cambridge: MIT Press, pp. 21-48.

BASS, M. S. *et al.* (2010). "Global Conservation Significance of Ecuador's Yasuní National Park", em *PLoS ONE*, v. 5, n. 1, e8767. Disponível em <doi:10.1371/journal.pone.0008767>.

BAXTER, B. (2005). *Theory of ecological justice*. Londres: Routledge.

BELL, D. R. (2006). "Political liberalism and ecological justice", em *Analyse & Kritik*, n. 28, pp. 206-22.

BERKES, F.; COLDING, J. & FOLKE, C. (orgs.) (2003). *Navigating social-ecological systems: building resilience for complexity and change*. Cambridge: Cambridge University Press.

BLASER, M. (2013). *Un relato de la globalización desde el Chaco*. Popayán: Editorial Universidad Cauca.

BLASER, M. & DE LA CADENA, M. (2009). "Introducción", em *World Anthropologies Network*, *WAN e journal*, n. 4, pp. 3-9. Disponível em <www.ram-wan.net>.

BOFF, L. (2002). *El cuidado esencial: ética de lo humano, compasión por la Tierra*. Madri: Trotta. [Ed. bras.: *Saber cuidar: ética do humano, compaixão pela Terra*. Rio de Janeiro: Vozes, 1999.]

_____ (2012). "El horizonte de los derechos de la naturaleza", em *América Latina en Movimiento*, ALAI, n. 479, pp. 1-3, 12.

BOLTANSKI, L. (2000). *El amor y la justicia como competencias*. Buenos Aires: Amorrortu.

BONASSO, M. (2011). *El mal: el modelo K y la Barrick Gold*. Buenos Aires: Planeta.

BOOKCHIN, M. (1987). *Philosophy of Social Ecology*. Nova York: Black Rose Books.

BOYD, D. (2012). *The environmental rights revolution*. Vancouver: University British Columbia Press.

BRADLEY, B. (2013). "Intrinsic value", em LAFOLLETTE, H. (org.) *International Encyclopedia of Ethics*. Oxford: Blackwell, pp. 2770-9.

BUGALLO, A. I. (2011). *La filosofía ambiental en Arne Naess: influencias de Spinoza y James*. Río Cuarto: Icala.

CALLICOTT, J. B. (1984). "Non-anthropocentric value theory and environmental ethics", em *American Philosophical Quaterly*, v. 21, n. 4, pp. 299-309.

_____ (1989). *In defense of the land ethic: essays in environmental philosophy*. Albany: SUNY Press.

_____ (1994). "Toward a global environmental ethic", em BROWN, N. J. & QUIBLIER, P. (orgs.). *Ethics and Agenda 21: Moral Implications of a Global Consensus*. Nova York: United Nations Environment Programme, pp. 9-12.

_____ (1998). "En busca de una ética ambiental", em KWIATKOWSKA, T. & ISSA, J. (orgs). *Los caminos de la ética ambiental*. México: Plaza y Valdés / CONACYT, pp. 85-159.

CARAPÓ, R. L. (1994). *Racionalidad andina en el uso del espacio*. Lima: Pontificia Universidad Católica del Perú.

CARLSON, R. (1962). *Silent spring*. Boston: Houghton Mifflin. [Ed. Bras.: *Primavera silenciosa*. São Paulo: Global, 2010.]

CASTREE, N. (2003). "Environmental issues: relational ontologies and hybrid politics", em *Progress in Human Geography*, n. 27, pp. 203-11.

CEP (Corporación de Estudios y Publicaciones) (2008). *Proyecto de constitución política del Ecuador aprobado por la Asamblea Constituyente*. Quito: Corporación de Estudios y Publicaciones.

CHÉRREZ, C.; PADILLA, C.; OTTEN, S. & YUMBLA, M. R. (orgs.) (2011). *Cuanto tiemblan los derechos: extractivismo y criminalización en América Latina*. Quito: Observatorio Conflictos Mineros en América Latina (OCMAL).

CHUJI, M. (2008). "Políticas ambientales: los límites del desarrollismo y la plurinacionalidad", em *La Tendencia*, n. 7, pp. 49-55.

CDMAALC (Comisión de Desarrollo y Medio Ambiente de América Latina y el Caribe) (1990). *Nuestra propia agenda*. Bogotá: Banco Interamericano de Desarrollo / Programa de Naciones Unidas para el Desarrollo.

CMMAD (Comisión Mundial del Medio Ambiente y el Desarrollo) (1989). *Nuestro futuro común*. Madri: Alianza Editorial.

DALY, H. E. (1993). "Free market environmentalism (book review)", em *Ecological Economics*, n. 7, pp. 173-81.

DE LA CADENA, M. (2009). "Política indígena: un análisis más allá de 'la política'", em *World Anthropologies Network*, WAN *e journal*, n. 4, pp. 139-71.

DESCOLA, P. (2000). "Ecología e cosmologia", em DIEGUES, A. C. (org.). *Etnoconservação: novos rumos para a proteção nos trópicos*. São Paulo: Hucitec, pp. 149-64.

_____ (2012). *Más allá de naturaleza y cultura*. Buenos Aires: Amorrortu.

DEVALL, B. & SESSIONS, G. (orgs.) (1985). *Deep ecology: living as if Nature mattered*. Salt Lake City: Smith.

DI TELLA, T. S. (1989). *Diccionario de ciencias sociales y políticas*. Buenos Aires: Puntosur.

DOBSON, A. (2003). *Citizenship and the Environment*. Oxford: Oxford University Press.

EHRENFELD, D. (1970). *Biological conservation*. Nova York: Holt, Rinehart and Winston.

EKINS, P.; GUPTA, J. & BOILEAU, P. (orgs.) (2019). *Global environmental outlook GEO-6. Healthy planet, healthy People*. Cambridge: UNEP / Cambridge University Press.

ELLIOT, R. (1997). *Faking Nature: the ethics of environmental restoration*. Londres: Routledge.

EPA (Environmental Protection Agency) (1996). *Environmental Justice Implementation Plan*. Washington: Office of Environmental Justice, EPA.

ESCOBAR, A. (2010). "Postconstructivist political ecologies", em REDCLIFF, M. R. & WOODGATE, G. (orgs.). *The international handbook of environmental sociology*. Cheltenham: E. Elgar, pp. 91-105.

_____ (2012). *La invención del desarrollo*. Popayán: Editorial Universidad Cauca.

ESTERMANN, J. (2006). *Filosofía andina: sabiduría indígena para un mundo nuevo*. La Paz: ISEAT.

ESTEVA, G. (2009). "Más allá del desarrollo: la buena vida", em *América Latina en Movimiento*, ALAI, n. 445, pp. 1-5.

EWING, B.; MOORE, D.; GOLDFINGER, S.; OURSLER, A.; REED, A. & WACKERNAGEL, M. (2010). *Ecological footprint atlas 2010*. Oakland: Global Footprint Network.

FIELDER, P. L. & KAREIVA, P. M. (orgs.) (1998). *Conservation biology for the coming decade*. Nova York: Springer Science+Business.

FOLKE, C. (2006). "Resilience: The emergence of a perspective for social-ecological systems analyses", em *Global Environmental Change*, n. 16, pp. 253-67.

FONTAINE, G. & NARVÁEZ, I. (eds.) (2007). *Yasuní en el siglo XXI: el Estado ecuatoriano y la conservación de la Amazonía*. Quito: FLACSO Ecuador.

FORO INTERNACIONAL ONG & MOVIMIENTOS SOCIALES, RIO DE JANEIRO, BRASIL (1992), Tratados alternativos de Rio 92. Disponível em <http://www.eurosur.org/NGONET/rio92.htm>.

FRASER, N. (2008). *Escalas de justicia*. Barcelona: Herder.

FRANKENA, W. (2006). "Value and valuation", em BORCHERT, D. M. (org.). *Encyclopedia of Philosophy*", v. 9, pp. 636-41.

GAARD, G. (2011). "Ecofeminism Revisited: Rejecting Essentialism and Re-Placing Species in a Material Feminist Environmentalism", em *Feminist Formations*, v. 23, n. 2, pp. 26-53.

GALAZ, V.; CRONA, B.; OSTERBLOM, H.; OLSSON, P. & FOLKE,
C. (2012). "Polycentric systems and interacting planetary boundaries. Emerging governance of climate change — ocean acidification marine biodiversity", em *Ecological Economics*, n. 81, pp. 21-32.

GALEANO, E. (2008). "La naturaleza no es muda", em *Brecha*, 18 abr. 2008.

GARAY SALAMANCA, L. J. (org.) (2013). *Minería en Colombia: derechos, políticas públicas y gobernanza*. Bogotá: Contraloría General de la República.

GARCÍA LINERA, A. (2012). *Geopolítica de la Amazonía: poder hacendal-patrimonial y acumulación capitalista*. La Paz: Vicepresidencia del Estado / Presidencia Asamblea Legislativa Plurinacional.

GIDDENS, A. (1989). *Sociología*. Madri: Alianza.

GOLLEY, F. B. (1994). *A history of the ecosystem concept in ecology: more than the sum of the parts*. New Haven: Yale University Press.

GUDYNAS, E. (1990). "The search for an ethic of sustainable development in Latin America", em ENGEL, R. J. & GIBB ENGEL, J. (orgs.). *Ethics of environment and development*. Londres: J. Wiley.

_____ (2004). *Ecología, economía y ética del desarrollo sostenible*. Montevidéu: Coscoroba.

_____ (2007). "El MAP entre la integración regional y las zonas de frontera en la nueva globalización", em *MAPiensa*, v. 1, n. 1, pp. 11-9.

_____ (2005). "Geografias fragmentadas: sítios globalizados, áreas relegadas", em *Revista del Sur*, n. 160, pp. 3-13.

_____ (2009a). "La ecología política del giro biocéntrico en la nueva Constitución de Ecuador", em *Revista Estudios Sociales*, n. 32, pp. 34-47.

_____ (2009b). *El mandato ecológico: derechos de la Naturaleza y políticas ambientales en la nueva Constitución*. Quito: Abya Yala.

_____ (2009c). "Ciudadanía ambiental y meta-ciudadanías ecológicas: revisión y alternativas en América Latina", em *Desenvolvimento e Meio Ambiente*, n. 19, pp. 53-72.

_____ (2010a). "Imágenes, ideas y conceptos sobre la naturaleza en América Latina", em MONTENEGRO, L. *Cultura y Naturaleza*. Bogotá: Jardín Botánico J. C. Mutis, pp. 267-92.

_____ (2010b). "La ecología política del progresismo sudamericano: los límites del progreso y la renovación verde de la izquierda", em *Sin Permiso*, n. 8, pp. 147-67.

_____ (2010c). "La senda biocéntrica: valores intrínsecos, derechos de la Naturaleza y justicia ecológica", em *Tábula Rasa*, n. 13, pp. 45-71.

_____ (2011a). "Buen Vivir: germinando alternativas al desarrollo", em *América Latina en Movimiento*, ALAI, n. 462, pp. 1-20.

_____ (2011b). "Los derechos de la Naturaleza en serio. Respuestas y aportes desde la ecología política", em ACOSTA, A. & MARTÍNEZ, E. *La Naturaleza con derechos: de la filosofía a la política*. Quito: Abya Yala & Universidad Politécnica Salesiana, pp. 239-58.

_____ (2011c). "Sentidos, opciones y ámbitos de las transiciones al postextractivismo", em LANG, M. & MOKRANI, D. *Más allá del desarrollo*. Quito: Fundación Rosa Luxemburgo / AbyaYala, pp. 265-98.

_____ (2012). "Buen Vivir y críticas al desarrollo: saliendo de la Modernidad por izquierda", em HIDALGO FLOR, F. & MÁRQUEZ FERNÁNDEZ, A. *Contrahegemonía y Buen Vivir*. Quito: Universidad Central del Ecuador / Universidad del Zulia.

_____ (2013). "Ecuador: la caída de la moratoria petrolera en la Amazonia", em VV. AA. *Sacralización y desacralización del Yasuní*. Quito: Centro Pensamiento Crítico, Cuadernos Políticos, n. 3, pp. 31-5.

_____ (2014). "Conflictos y extractivismos: conceptos, contenidos y dinámicas", em *Decursos, Revista Ciencias Sociales*, CESU, n. 27-28, pp. 79-115.

GUHA, R. (1989). "Radical American environmentalism and wilderness preservation: A Third World critique", em *Environmental Ethics*, n. 11, pp. 71-83.

HANEKAMP, E. & PONCE, J. (2005). *Quién conspira contra el ambiente*. IV Foro en Ecología y Política. Quito: Abya-Yala.

HAYWARD, T. (2005). *Constitutional environmental rights*. Oxford: Oxford University Press.

HELD, V. (2006). *The ethics of care. Personal, political, and global*. Nova York: Oxford University Press.

HIDALGO-CAPITÁN, A. L.; GUILLÉN, G. & DÉLEG G. (orgs.) (2014). *Sumak Kawsay Yuyay. Antología del pensamiento indigenista ecuatoriano sobre Sumak Kawsay*. Huelva: CIM, Universidad Huelva / PYDLOS, Universidad Cuenca.

HONTY, G. (2011). *Cambio climático: negociaciones y consecuencias para América Latina*. Montevideo: Coscoroba.

HUNTER JR., M. L. & GIBBS, J. (2007). *Fundamentals of conservation biology*. Malden: Blackwell.

IPCC (2014). Climate Change 2014: Impacts, Adaptation, and Vulnerability. Summary for policymakers. IPCC WGII AR5. Berlim: International Panel Climate Change.

IUCN, PNUMA & WWF (1980). *Estrategia Mundial de la conservación: Conservación de los recursos vivos para el desarrollo sostenible*. Gland: IUCN.

_____(1991). *Cuidar la Tierra. Estrategia para el futuro de la vida*. Genebra: IUCN / PNUMA / WWF.

JARIA I MANZANO, J. (2013). "Si fuera solo una cuestión de fe. Una crítica sobre el sentido y la utilidad del reconocimiento de derechos a la naturaleza en la Constitución de Ecuador", em *Revista Chilena Derecho Ciencia Política*, v. 4, n. 1, pp. 43-86.

JELIN, E. (2000). "Towards a global environmental citizenship", em *Citizenship Studies*, v. 4, n. 1, pp. 47-63.

KAREIVA, P. (2010). "Trade-in to trade-up", em *Nature*, n. 466, pp. 322-3.

KAREIVA, P. & MARVIER, M. (2012). "What is conservation science?", em *BioScience*, n. 62, pp. 962-9.

KAREIVA, P.; MARVIER, M. & LALASZ, R. (2011). "Conservation in the Anthropocene. Beyond solitude and fragility", em *The Breakthrough*, n. 2, pp. 29-37.

KERNOHAN, A. (2012). *Environmental ethics. An interactive introduction*. Peterborough: Boradview.

KILLEEN, T. (2007). "Una tormenta perfecta en la Amazonia", em *Advances Applied Biodiversity Science*, n. 7. Arlington: Conservation International.

KNIGHT, R. L. & RIEDEL, S. (orgs.) (2002). *Aldo Leopold and the ecological conscience*. Nova York: Oxford University Press.

KUSCH, R. ([1976] 2000). "Geocultura del hombre americano", em *Obras completas*, tomo III, pp. 5-239. Buenos Aires: Fundación Ross.

LEADER-WILLIAMS, N.; ADAMS, W. M. & SMITH, R. J. (2010). *Trade-offs in Conservation: deciding what to save*. Oxford: Willey-Blackwell.

LEFF, E. (org.) (2001). *Justicia ambiental. Construcción y defensa de los nuevos derechos ambientales, culturales y colectivos en América Latina*. México: Foros / Debates Ambientales, PNUMA.

_____ (org.) (2002). *Ética, vida, sustentabilidad*. México: Red de Formación Ambiental para América Latina y el Caribe, PNUMA.

LEOPOLD, A. (1966). A sand county almanac. Nova York: Ballantine.

LIGHT, A. & ROLSTON III, H. (2003). Environmental ethics. An anthology. Malden: Blackwell.

LOVELOCK, J. E. (1982). *Gaia. A new lool at life on Earth*. Oxford: Oxford University Press.

LOW, N. & GLEESON, B. (1998). *Justice, society and nature. An exploration of political ecology*. Londres: Routledge.

LUTZ NEWTON, J. (2006). Aldo Leopold's odyssey. Washington: Island Press / Shearwater.

MACDONALD, D. W.; COLLINS, N. M. & WRANGHAM, R. (2007). "Principles, practice and priorities: the quest for 'alignment'", em MACDONALD, D. W. & SERVICE, K. (orgs.). *Key Topics in Conservation Biology*. Malden: Blackwell, pp. 271-90.

MACY, J. (2005). "The council of all beings", em TAYLOR, B. R. *The Encyclopedia of religion and nature*, v. 1. Londres: Thoemmes Continuum, pp. 425-9.

MAE (Ministerio del Ambiente de Ecuador) (1999). *Estrategia ambiental para el desarrollo Sostenible*. Quito: Ministerio del Ambiente de Ecuador.

MALIANDI, R. (2004). *Etica: conceptos y problemas*. Buenos Aires: Biblos.

MARRIS, E. (2007). "What to let go", em *Nature*, n. 450, pp. 152-5.

MCNEELY, Jeff A. et al. (1990). *Conserving the world's biological diversity*. Washington: World Bank / WRI / IUCN / WWF.

MARSHALL, T. H. (1950). *Citizenship and social class and other essays*. Cambridge: Cambridge University Press.

_____ (1965). *Class, citizenship and social development*. Nova York: Anchor Books.

MARTÍNEZ ALIER, J. (2010). El ecologismo de los pobres. *Conflictos ambientales y lenguajes de valoración*. Callao: Espiritrompa.

MARTÍNEZ, E. (org.) (2000). *El Ecuador post petrolero*. Quito: Acción Ecológica.

_____ (2009). "Los derechos de la Naturaleza en los países amazónicos", em ACOSTA, A. & MARTÍNEZ, E. (orgs.). *Derechos de la Naturaleza. El futuro es ahora*. Quito: Abya Yala, p. 85-98, In:

MARTÍNEZ, E. & ACOSTA, A. (orgs.) (2010). *ITT-Yasuní entre el petróleo y la vida*. Quito: Universidad Politécnica Salesiana / Abya Yala.

MEFFE, G. K. & CARROLL, C. R. (1994). *Principles of conservation biology*. Sunderland: Sinauer.

MELLOR, M. (2000). *Feminismo y ecología*. México: Siglo XXI.

MILLER, D. (1996). "Igualdad compleja", em MILLER, D. & WALZER, M. *Pluralismo, justicia e igualdad* (orgs.). Buenos Aires: Fondo de Cultura Económica, pp. 257-92.

MULGAN, T. (2007). *Understanding utilitarianism*. Strocksfield: Acumen.

NAESS, A. (1973). "The shallow and the deep, long-range ecology movement", em *Inquiry*, n. 16, pp. 95-100.

_____ (1986). "Intrinsic values: will the defenders of Nature plase rise?", em SOUYLÉ, M. E. (org.). *Conservation biology. The science of scarcity and diversity*. Sunderland: Sinauer, pp. 504-15.

_____ (1989). *Ecology, community and lifestyle: outline of an ecosophy*. Cambridge: Cambridge University Press.

_____ (2005). *The selected works of Arne Naess, Deep ecology of wisdom. Explorations in unities of nature and cultures*. Selected papers, v. x. Dordrecht: Springer.

NAESS, A. & SESSIONS, G. (1985). Basic principles of deep ecology, em DEVALL, B. & SESSIONS, G. (orgs.). *Deep ecology: living as if Nature mattered*. Salt Lake City: Smith, p. 69-73.

NARVÁEZ, I. & NARVÁEZ, M. J. (2012). *Derecho ambiental en clave neoconstitucional (Enfoque político)*. Quito: FLACSO.

NODDINGS, N. (2003). *O cuidado. Uma abordagem feminina à ética e à educação moral*. São Leopoldo: Unisinos.

NUSSBAUM, M. C. (2006). *Frontiers of justice. Disability, nationality, species membership*. Cambdrige: Belknap Press.

O'DONNELL, G. (1997). *Contrapuntos. Ensayos escogidos sobre autoritarismo y democratización*. Buenos Aires: Paidós.

O'NEILL, J. (1993). *Ecology, policy and politics. Human well-being and the natural world*. Londres: Routledge.

OSPINA, P. R. (2008). *Ecuador: al ritmo de la iniciativa política del gobierno de la revolución ciudadana*. Quito: CEP (Centro Ecuménico de Proyectos).

OUDERKIRK, W. & HILL, J. (orgs.) (2002). *Land, value, community. Callicott and environmental philosophy*. Albany: State University New York Press.

PACARI, N. (2009). "Naturaleza y territorio desde la mirada de los pueblos indígenas", em ACOSTA, A. & MARTÍNEZ, E. *Derechos de la Naturaleza*. Quito: AbyaYala, pp. 31-7.

PACHA MAMA, F. (2010). Reconocimiento de los derechos de la naturaleza en la Constitución ecuatoriana. Quito, Ciudadanizando la Política Ambiental, n. 1. Grupo Faro.

PINCHOT, G. (1910). *The Fight for Conservation*. Nova York: Doubleday / Page & Co. Disponível em <http://www.gutenberg.org/ebooks/11238>.

PNUMA (2001). Informe Final del XIII Reunión del Foro de Ministros de Medio Ambiente de América Latina y el Caribe. Rio de Janeiro, 21- 23 out. 2001. México: Oficina Regional para América Latina y el Caribe, PNUMA.

_____ (2003). Manifiesto por la vida: por una ética para la sustentabilidad. México: Red de Formación Ambiental para América Latina y el Caribe, PNUMA.

_____ (2010). *Perspectivas del medio ambiente: América Latina y el Caribe* GEO ALC 3. Panamá: Programa de las Naciones Unidas para el Medio Ambiente.

_____ (2011). *Hacia una economía verde. Guía para el desarrollo sostenible y la erradicación de la pobreza. Síntesis para los encargados de la formulación de políticas*. Nairóbi: PNUMA.

PONTARA, G. (1994). "Utilitarismo", em BOBBIO, N.; MATTEUCCI, N. & PASQUINO, G. (orgs.). *Diccionario de Política*. México: Siglo XXI, pp. 1607-18.

PORTO GONÇALVES, C. W. (2001). *Geo-grafías. Movimientos sociales, nuevas territorialidades y sustentabilidad*. México: Siglo XXI.

PRIETO MÉNDEZ, J. M. (2013). *Derechos de la naturaleza. Fundamento, contenido y exigibilidad jurisdiccional*. Quito: Corte Constitucional del Ecuador, Nuevo Derecho Ecuatoriano, n. 4.

PRIMACK, R. B. (1993). *Essentials of conservation biology*. Sunderland: Sinauer.

RAISG (2012). Amazonia bajo presión. Red Amazónica de Información Socioambiental Georreferenciada (RAISG). Disponível em <www.raisg.socioambiental.org>.

RAWLS, J. (1979). *Teoría de la justicia*. México: Fondo de Cultura Económica.

REGAN, T. (1981). "The nature and possibility of an environmental ethic", em *Environmental Ethics*, v. 3, n. 1, pp. 19-34.

_____ (1984). *The case for animal rights*. Londres: Routledge.

_____ (1992). "Does environmental ethics rest on a mistake", em *Monist*, v. 75, n. 2, pp. 161-82.

_____ (2001). *Animal rights, human wrongs. An introduction to moral philosophy*. Lanham: Rowman & Littlefield.

REID, W. V. & MILLER, K. R. (1989). *Keeping options alive. The scientific basis for biodiversity conservation*. Washington: World Resources Institute.

RIECHMANN, J. (2005). *Todos los animales somos hermanos. Ensayos sobre el lugar de los animales en las sociedades industrializadas*. Madri: Catarata.

ROBERTSON, M. M. (2006). "The nature that capital can see: science, state, and market in the commodification of ecosystem services", em *Environment and Planning D*, n. 24, pp. 367-87.

ROCHELEAU, D. & ROTH, R. (2007). "Rooted networks, relational webs and powers of connection: rethinking human and political ecologies", em *Geoforum*, n. 38, 2007, pp. 433-7.

RODRÍGUEZ-BECERRA, M. & ESPINOZA, G. (2002). *Gestión ambiental en América Latina y el Caribe*. Washington: Banco Interamericano de Desarrollo.

ROCKSTRÖM, J. *et al.* (2009). "A safe operating space for humanity", em *Nature*, n. 461, pp. 472-5.

ROLSTON III, H. (1986). *Philosophy gone wild. Essays in environmental ethics*. Buffalo: Prometheus.

ROSENBAUM, W. A. (2002). *Environmental politics and policy*. Washington: CQ Press.

SAGOFF, M. (1988). *The economy of the Earth: philosophy, law, and the environment*. Cambridge: Cambridge University Press.

SAMANIEGO, P.; VALLEJO, M. C. & MARTÍNEZ-ALIER, J. (2017). "Commercial and biophysical deficits in South America, 1990-2013", em *Ecological* Economics, n. 133, pp. 62-73.

SANDLER, R. & PEZZULLO, P. C. (orgs.) (2007). *Environmental justice and environmentalism*. Cambridge: MIT Press.

SCHLOSBERG, D. (1999). *Environmental justice and the new pluralism*. Nova York: Oxford University Press.

_____ (2009). *Defining environmental justice. Theories, movements, and Nature*. Nova York: Oxford University Press.

SEAGER, J. (2003). "Pepperoni or Broccoli? On the cutting wedge of feminist environmentalism", em *Gender, Place and Culture*, v. 10, n. 2, pp. 167-74.

SHRADER-FRECHETTE, K. (2002). *Environmental justice. Creating equality, reclaiming democracy*. Nova York: Oxford University Press.

SINGER, P. (1999). *Liberación animal*. Madri: Trotta.

_____ (1975). Animal Liberation. *A New Ethics for our Treatment of Animals*. Nova York: Random House.

SLICER, D. (1995). "Is there an ecofeminism — deep ecology 'debate'", em *Environmental Ethics*, v. 17, n. 2, pp. 151-69.

SOULÉ, M. E. (1985). "What is conservation biology?", em *BioScience*, v. 35, n. 11, pp. 727-34.

_____ (1986a). "Conservation biology and the 'real world'", em *Conservation biology. The science of scarcity and diversity*. Sunderland: Sinauer, pp. 1-12.

_____ (org.) (1986b). *Conservation biology. The science of scarcity and diversity*. Sunderland: Sinauer.

_____ (2013). "The 'new conservation'", em *Conservation Biology*, v. 27, n. 5, pp. 895-7.

SOULÉ, M. E. & WILCOX, B. A. (orgs.) (1980). *Conservation biology. An evolutionary-ecological perspective*. Sunderland: Sinauer.

STONE, C. D. (1972). "Should trees have standing? Toward legal rights for Natural objects", em *California Law Review*, n. 450, pp. 306-12.

SUÁREZ, S. (2013). Defendiendo la naturaleza: retos y obstáculos en la implementación de los derechos de la naturaleza. Caso río Vilcabamba. Quito: CEDA / FES ILDIS, Serie Análisis.

SUTHERLAND, W. J. *et al.* (2010). "A horizon scan of global conservation issues for 2010", em *Trends Ecology & Evolution*, v. 25, n. 1, pp. 1-7.

TANSLEY, A. G. (1935). "The use and abuse of vegetational concepts and terms", em *Ecology*, v. 16, n. 3, pp. 284-307.

TAYLOR, P. W. (1981). "La ética del respeto a la Naturaleza", em KWIATKOWSKA, T. & ISSA, J. (orgs.). *Los caminos de la ética ambiental*. México: Plaza y Valdéz, pp. 269-87.

_____ (1986). *Respect for Nature. A theory of environmental ethics*. Princeton: Princeton University Press.

TRINCADO AZNAR, E. (2009). *Crítica del utilitarismo. Utilidad frente a realidad presente*. Madri: Maia.

TORO PÉREZ, C.; FIERRO MORALES, J.; CORONADO DELGADO, S. & ROA AVENDAÑO, T. (orgs.) (2012). *Minería, territorio y conflicto en Colombia*. Bogotá: Universidad Nacional Colombia y CENSAT.

ULLOA, A. (2004). *La construcción del nativo ecológico*. Bogotá: Instituto Colombiano de Antropología e Historia.

UNESCO (1949/1973). *Los derechos del Hombre*. Barcelona: Laia.

VAN ANDEL, J. & GROOTJANS, A. P. (2006). "Concepts in restoration ecology", em VAN ANDEL, J. & ARONSON, J. *Restoration ecology:*

the new frontier. Malden, Blackwell, pp. 16-28.

VAN DEN BERG, H. & SCHIFFERS, N. (1992). *La cosmovisión aymara*. La Paz: Hisbol / Universidad Católica Boliviana.

VIVEIROS DE CASTRO, E. (2004). "Perspectivismo y multiculturalismo en la América indígena", em SURRALLES, A. & GARCÍA HIERRO, P. (orgs.). *Tierra adentro. Territorio indígena y percepción del entorno*. Lima: Grupo Internacional de trabajo sobre Asuntos Indígenas (IWGIA), pp. 37-80.

WALZER, M. (1993). *Las esferas de la justicia. Una defensa del pluralismo y la igualdad*. México: Fondo de Cultura Económica.

WARD, B. & DUBOS, R. (1972). *Una sola Tierra: el cuidado y la conservación de un pequeño planeta*. México: Fondo de Cultura Económica.

WESTON, A. (1992). "Before environmental ethics", em *Environmental Ethics*, n. 14, pp. 321-38.

ZAFFARONI, E. R. (2011). "La Pacha Mama y el humano", em ACOSTA, A. & MARTÍNEZ, E. (orgs.). *La Naturaleza con derechos. De la filosofía a la política*. Quito: Abya Yala / Universidad Politécnica Salesiana, pp. 25-137.

ZAHEDI, K. & GUDYNAS, E. (2008). "Etica y desarrollo sostenible. América Latina frente al debate internacional", em GOTTSBACHER, M. & LUCATELLO, S. (orgs.). *Reflexiones sobre la ética y la cooperación internacional para el desarrollo: los retos del siglo XXI*. México: Instituto Mora, pp. 273-92.

Sobre o autor

Eduardo Gudynas nasceu em Montevidéu, Uruguai, em 1960. Como pesquisador do Centro Latino Americano de Ecología Social (Claes), acompanha e apoia movimentos sociais e instituições acadêmicas da região em temas como meio ambiente e desenvolvimento. Em 2016, tornou-se o primeiro latino-americano a receber a Cátedra Arne Naess em Justiça Global e Meio Ambiente, concedida pela Universidade de Oslo, na Noruega, e faz parte da lista dos 75 pensadores-chave sobre desenvolvimento, ao lado de Samir Amin, Arturo Escobar, Celso Furtado, Ignacy Sachs e Frantz Fanon, de acordo com o guia *Key Thinkers On Development* (Routledge, 2019), editado por David Simon, professor da Universidade de Londres. Contribui regularmente com veículos de imprensa latino-americanos e participou ativamente dos debates ocorridos durante a Assembleia Constituinte do Equador, em 2017. Além de *Direitos da Natureza: ética biocêntrica e políticas ambientais*, que chega agora ao Brasil, é autor de *Extractivismos: ecología, economía y política de un modo de entender el desarrollo y la naturaleza* [Extrativismos: ecologia, economia e política de um modo de entender o desenvolvimento e a natureza] e *Extractivismos y corrupción: anatomía de una íntima relación* [Extrativismos e corrupção: anatomia de uma íntima relação], ambos publicados em vários países.

[cc] Editora Elefante, 2019
[cc] Eduardo Gudynas, 2019

Você tem a liberdade de compartilhar, copiar, distribuir e transmitir esta obra, desde que cite a autoria e não faça uso comercial.

Primeira edição, setembro de 2019
Primeira reimpressão, outubro de 2021
São Paulo, Brasil

Dados Internacionais de Catalogação na Publicação (CIP)
Angélica Ilacqua CRB-8/7057

Gudynas, Eduardo
    Direitos da natureza: ética biocêntrica e políticas ambientais / Eduardo Gudynas; tradução Igor Ojeda. São Paulo: Elefante, 2019.
    340 p.

ISBN 978-85-93115-47-9

1. Ética ambiental 2. Política ambiental 3. Meio ambiente
I. Título II. Ojeda, Igor

19-1987   CDD 363.7

Índices para catálogo sistemático:
1. Ética ambiental

EDITORA ELEFANTE
editoraelefante.com.br
editoraelefante@gmail.com
facebook.com/editoraelefante
instagram.com/editoraelefante

fontes GT Walsheim Pro & Fournier MT Std
papel Kraft 240 g/m² e Ivory cold 65 g/m²
impressão BMF Gráfica